GESCHICHTE
ENTDECKEN

herausgegeben von
Arnold Bühler,
Christian Fritsche
und Franz Hohmann

C.C.Buchner

Geschichte entdecken – Bayern

Unterrichtswerk für Geschichte an Realschulen

Band 4 für die Jahrgangsstufe 9

Herausgeber: Arnold Bühler, Christian Fritsche und Franz Hohmann

Beraterin: Sonja Then

Bearbeiter: Hans-Peter Eckart, Sonja Lemberger, Andreas Reuter, Christina Stegner und Sonja Then

Zu diesem Titel ist erhältlich:
- Digitales Lehrermaterial **click & teach** Einzellizenz, Bestell-Nr. 300341
- Digitales Lehrermaterial **click & teach** Box (Karte mit Freischaltcode), ISBN 978-3-661-30034-4
- Lehrerband, ISBN 978-3-30029-0

Weitere Materialien finden Sie unter www.ccbuchner.de

Dieser Titel ist auch als digitale Ausgabe **click & study** unter www.ccbuchner.de erhältlich.

1. Auflage, 1. Druck 2021
Alle Drucke dieser Auflage sind, weil untereinander unverändert, nebeneinander benutzbar.

Dieses Werk folgt der reformierten Rechtschreibung und Zeichensetzung. Ausnahmen bilden Texte, bei denen künstlerische, philologische oder lizenzrechtliche Gründe einer Änderung entgegenstehen.

Die Mediencodes enthalten zusätzliche Unterrichtsmaterialien, die der Verlag in eigener Verantwortung zur Verfügung stellt.

Redaktion: Markus Brogl
Korrektorat: Kerstin Schulbert
Umschlag, Layout und Satz: zweiband.media, Berlin
Druck und Bindung: Firmengruppe Appl, aprinta Druck, Wemding

www.ccbuchner.de

ISBN: 978-3-661-**30024**-5

Inhaltsverzeichnis

6 Längsschnitt: Menschenrechte – Rechte für alle Menschen 160

Anhang

So findet ihr euch im Buch zurecht

Auftaktseiten – damit ihr wisst, worum es geht

Die Kapitel in dem Buch haben zwei unterschiedliche Grundfarben. Die ersten vier behandeln bestimmte Zeiträume der Geschichte (blau). Bei den beiden letzten handelt es sich um sogenannte Längsschnitte. Sie gehen der Frage nach, was zum Thema des Kapitels zu unterschiedlichen Zeiten geschehen ist (violett).

Worum es bei den Kapiteln geht, erfahrt ihr auf den Auftaktseiten mit einem kurzen Text und Bildern. Unten rechts findet ihr Aufgaben. Bei einigen Fragen könnt ihr auch zeigen, was ihr schon wisst.

Orientierung in Raum und Zeit

Texte, Bilder und Karten auf diesen Seiten geben euch einen Überblick über das Kapitel. Die Arbeitsaufträge regen dazu an, die Materialien auf diesen Seiten zu untersuchen.
Über welches Wissen und Können ihr am Ende des Kapitels verfügen solltet, wird jeweils auf der linken Seite unten aufgelistet.

Bei den Längsschnitten (Kap. 5 und 6) findet ihr auf der rechten Seite einen Vorschlag, wie ihr die folgenden Seiten gemeinsam bearbeiten könnt.
Die Zeitleiste ganz unten hilft dabei, sich den Zeitraum vorzustellen sowie wichtige Zeitabschnitte und Ereignisse kennenzulernen.

Mediencodes

Manchmal haben wir in den Randspalten Tipps angegeben. Mit ihnen könnt ihr über das jeweilige Thema noch mehr erfahren.
Wenn ihr die **Tipps** einsehen wollt, müsst ihr nur unsere Homepage *www.ccbuchner.de* aufrufen und in das Suchfeld oben rechts den Mediencode eingeben.

Teilkapitel – das Wichtigste übersichtlich angeordnet

In den Darstellungen (Verfassertexten = VT) auf der linken Seite haben die Verfasser aufgeschrieben, was sie für wichtig halten. Ein Bild oder ein kurzer Text leitet diese Seiten immer ein.

Zusätzliche Erklärungen findet ihr in der Randspalte. Dabei sind die grundlegenden Begriffe mit einem Ausrufezeichen ⚠ und durch Fettdruck besonders hervorgehoben.

Grundlegende Daten sind rot unterstrichen.

Andere Texte sowie Bilder oder Karten werden mit Q oder M unterschieden. Quellen (Q) stammen aus der damaligen Zeit, Materialien (M) aus späterer Zeit.

Arbeitsvorschläge stehen jeweils am Ende der Seiten. Sie helfen euch, die Texte und Materialien zu untersuchen und eigenständig zu arbeiten. Zu Aufgaben mit einem ➔ Pfeil am Ende findet ihr auf der angegebenen Seite Hilfen oder Tipps.

Grundlegende Daten und Begriffe – alle auf einen Blick

Hinten im Buch sind alle besonders wichtigen Begriffe und Daten, die ihr in diesem und den letzten Schuljahren gelernt habt, übersichtlich aufgelistet. Dazu findet ihr Erklärungen.

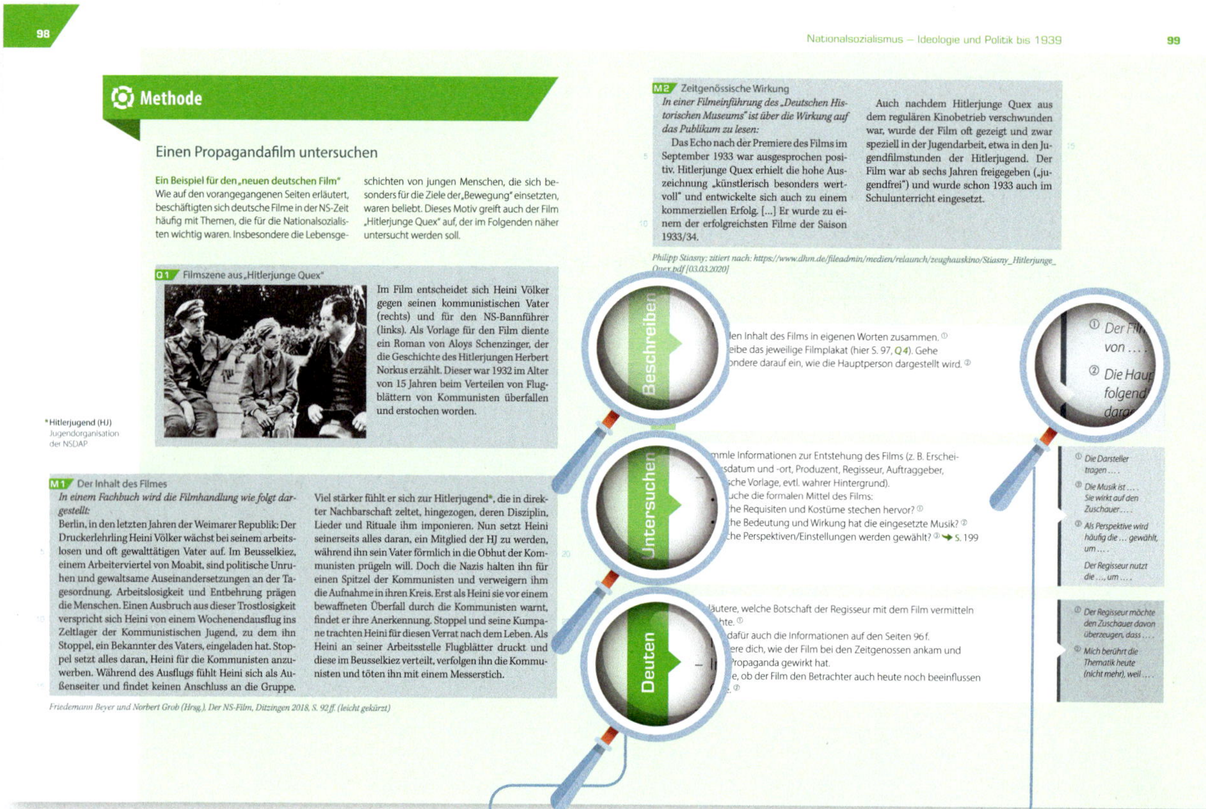

98

Nationalsozialismus – Ideologie und Politik bis 1939 99

Methode

Einen Propagandafilm untersuchen

Ein Beispiel für den „neuen deutschen Film"
Wie auf den vorangegangenen Seiten erläutert, beschäftigten sich deutsche Filme in der NS-Zeit häufig mit Themen, die für die Nationalsozialisten wichtig waren. Insbesondere die Lebensgeschichten von jungen Menschen, die sich besonders für die Ziele der „Bewegung" einsetzten, waren beliebt. Dieses Motiv greift auch der Film „Hitlerjunge Quex" auf, der im Folgenden näher untersucht werden soll.

Q1 Filmszene aus „Hitlerjunge Quex"

Im Film entscheidet sich Heini Völker gegen seinen kommunistischen Vater (rechts) und für den NS-Bannführer (links). Als Vorlage für den Film diente ein Roman von Aloys Schenzinger, der die Geschichte des Hitlerjungen Herbert Norkus erzählt. Dieser war 1932 im Alter von 15 Jahren beim Verteilen von Flugblättern von Kommunisten überfallen und erstochen worden.

*Hitlerjugend (HJ) Jugendorganisation der NSDAP

M1 Der Inhalt des Filmes

In einem Fachbuch wird die Filmhandlung wie folgt dargestellt:

Berlin, in den letzten Jahren der Weimarer Republik: Der Druckerlehrling Heini Völker wächst bei seinem arbeitslosen und oft gewalttätigen Vater auf. Im Beusselkiez, einem Arbeiterviertel von Moabit, sind politische Unruhen und gewaltsame Auseinandersetzungen an der Tagesordnung. Arbeitslosigkeit und Entbehrung prägen die Menschen. Einen Ausbruch aus dieser Trostlosigkeit verspricht sich Heini von einem Wochenendausflug ins Zeltlager der Kommunistischen Jugend, zu dem ihn Stoppel, ein Bekannter des Vaters, eingeladen hat. Stoppel setzt alles daran, Heini für die Kommunisten anzuwerben. Während des Ausflugs fühlt Heini sich als Außenseiter und findet keinen Anschluss an die Gruppe. Viel stärker fühlt er sich zur Hitlerjugend*, die in direkter Nachbarschaft zeltet, hingezogen, deren Disziplin, Lieder und Rituale ihm imponieren. Nun setzt Heini seinerseits alles daran, ein Mitglied der HJ zu werden, während ihn sein Vater förmlich in die Obhut der Kommunisten prügeln will. Doch die Nazis halten ihn für einen Spitzel der Kommunisten und verweigern ihm die Aufnahme in ihren Kreis. Erst als Heini sie vor einem bewaffneten Überfall durch die Kommunisten warnt, findet er ihre Anerkennung. Stoppel und seine Kumpane trachten Heini für diesen Verrat nach dem Leben. Als Heini an seiner Arbeitsstelle Flugblätter druckt und diese im Beusselkiez verteilt, verfolgen ihn die Kommunisten und töten ihn mit einem Messerstich.

Friedemann Beyer und Norbert Grob (Hrsg.), Der NS-Film, Ditzingen 2018, S. 92ff. (leicht gekürzt)

M2 Zeitgenössische Wirkung

In einer Filmeinführung des „Deutschen Historischen Museums" ist über die Wirkung auf das Publikum zu lesen:

Das Echo nach der Premiere des Films im September 1933 war ausgesprochen positiv. Hitlerjunge Quex erhielt die hohe Auszeichnung „künstlerisch besonders wertvoll" und entwickelte sich auch zu einem kommerziellen Erfolg. [...] Er wurde zu einem der erfolgreichsten Filme der Saison 1933/34. Auch nachdem Hitlerjunge Quex aus dem regulären Kinobetrieb verschwunden war, wurde der Film oft gezeigt und zwar speziell in der Jugendarbeit, etwa in den Jugendfilmstunden der Hitlerjugend. Der Film war ab sechs Jahren freigegeben („jugendfrei") und wurde schon 1933 auch im Schulunterricht eingesetzt.

Philipp Stiasny; zitiert nach: https://www.dhm.de/fileadmin/medien/relaunch/zeughauskino/Stiasny_Hitlerjunge_Quex.pdf [03.03.2020]

Quellen und Materialien richtig untersuchen

Wer Quellen und Materialien (z. B. Texte, Bilder, Karten) verstehen will, muss sie richtig untersuchen. Wie das geht, wird euch auf den Methodenseiten erklärt.

Nach einem einleitenden Text lernt ihr anhand eines Beispiels, wie ihr schrittweise vorgeht. Dabei gibt es meistens drei Bereiche: Beschreiben – Untersuchen – Deuten.
Die Methode auf S. 128/129, bei der ihr eine Exkursion unternehmen sollt, hat den Dreischritt *Planen – Durchführen – Auswerten.*

In der Spalte ganz rechts findet ihr Hilfen, welche Worte ihr wählen könnt, und Tipps.

Um die Beispiele richtig zu verstehen, braucht ihr noch weitere Informationen. Seiten mit diesen Infos haben oben rechts ein kleines Zeichen.

Bei den Arbeitsaufträgen sagen euch Verben, was ihr jeweils tun sollt. In diesem Fall werden diese Verben Operatoren genannt. Ganz hinten im Buch findet ihr eine Operatoren-Liste mit Erklärungen und Hinweisen.

Hinten im Buch sind Karten zu Methoden aus der 6., 7., 8. und 9. Jahrgangsstufe abgedruckt.

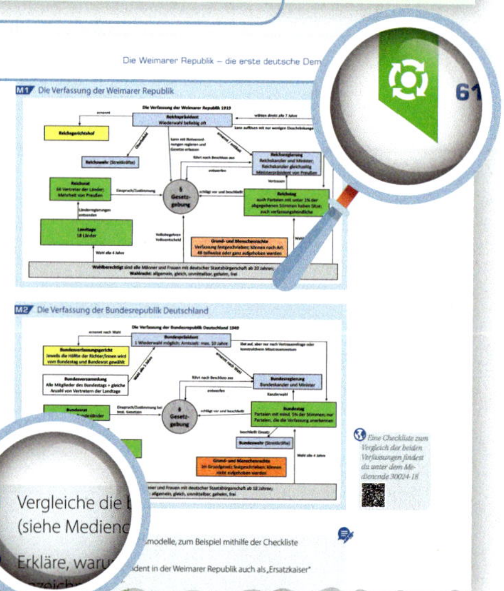

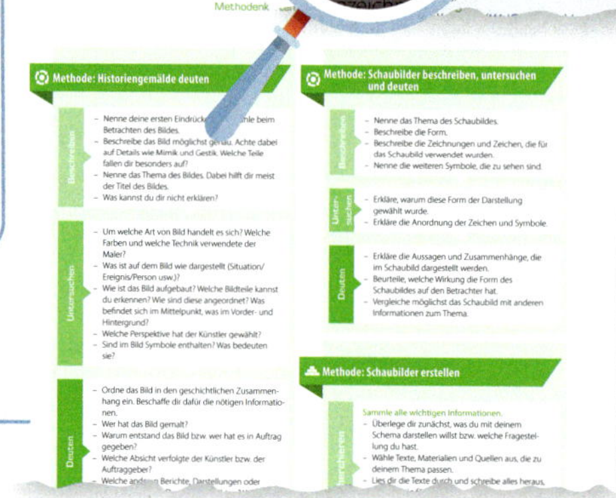

Geschichte hört nicht auf

Geschichte geht uns auch heute noch etwas an und ist noch nicht abgeschlossen. Denn vieles, was uns umgibt, hat mit Geschichte zu tun. Diese Doppelseiten greifen solche Themen auf und helfen euch, sie richtig zu verstehen. Außerdem untersucht ihr Gemeinsamkeiten und Unterschiede zwischen der Vergangenheit und der Gegenwart.

Click in Geschichte

Das Internet richtig nutzen und eigene digitale Produkte zu Geschichte erstellen: Auf diesen Seiten erfahrt ihr, wie es geht. Dabei könnt ihr euer Wissen und Können erweitern oder unter Beweis stellen.

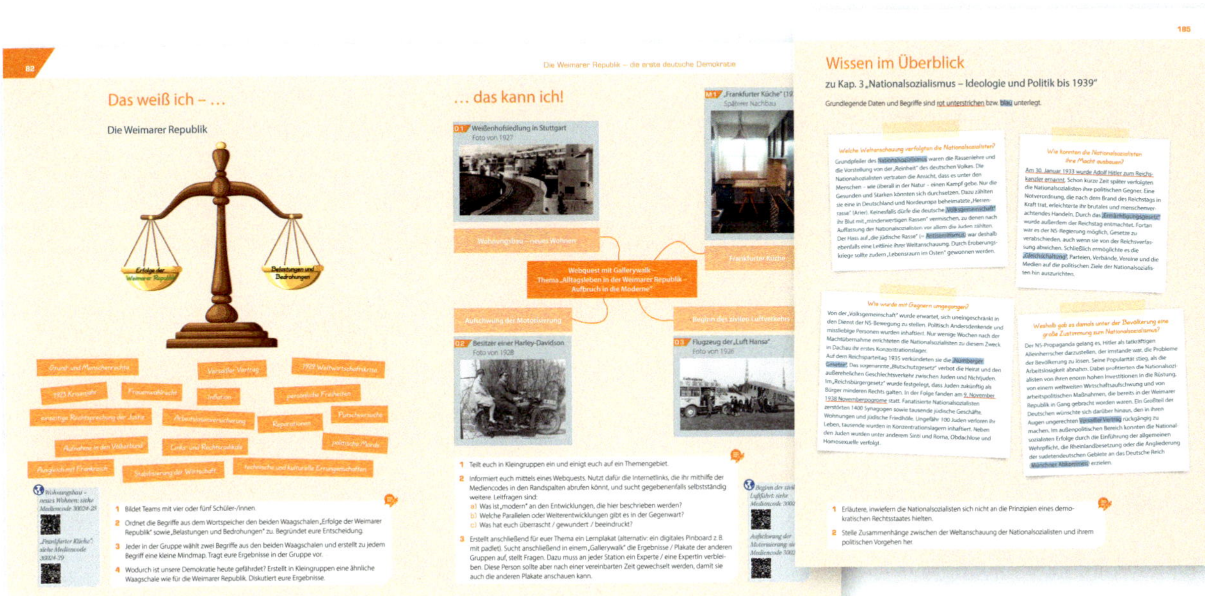

Das weiß ich – das kann ich!

Am Ende des Kapitels seid ihr Experten für die behandelte Zeit.

Auf der linken Seite ist das, was ihr gelernt habt, in einem Schaubild übersichtlich dargestellt. Mithilfe der Arbeitsaufträge könnt ihr euer Wissen testen.

Rechts findet ihr neues Material und eine Lernaufgabe. Dabei sollt ihr nicht nur zeigen, was ihr gelernt habt. Ihr sollt es auch kompetent anwenden, selbstständig arbeiten und eigene Lösungen finden.

Am Ende des Buches befinden sich außerdem zu den ersten vier Kapiteln Zusammenfassungen in kleinen Kärtchen und Arbeitsaufträge dazu.

1 Imperialismus und Erster Weltkrieg

M1 Friedhof von Douaumont
Im Hintergrund ist das Beinhaus zu sehen. Die Karte rechts zeigt den Frontverlauf der deutschen und französischen Armee im Jahr 1916 bei der Schlacht um Verdun.

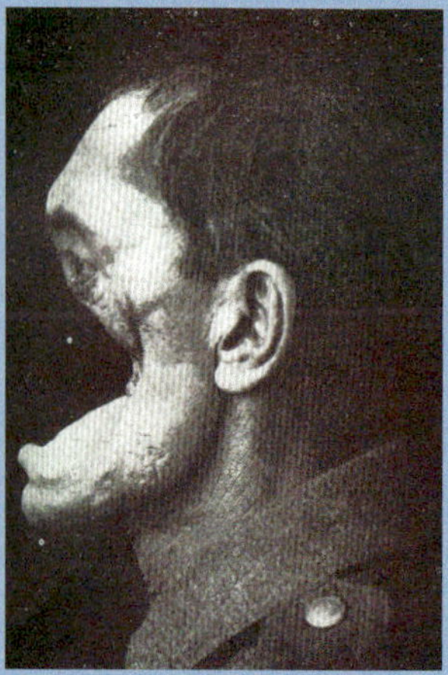

Q1 Entstellung
Foto von 1918
Das Bild zeigt einen Soldaten des Osmanischen Reiches, der während des Ersten Weltkrieges sehr schwer verletzt wurde. Die weggerissenen Teile des Kopfes wurden in mehreren Operationen wieder angefügt. Dennoch blieb er stark eingeschränkt und sein Gesicht entstellt. Sprechen konnte er nie mehr.

Auf dem abgebildeten Soldatenfriedhof bei Verdun in Frankreich befinden sich über 16 000 Gräber gefallener französischer Soldaten. Im sogenannten Beinhaus im Hintergrund liegen zusätzlich die Knochen von etwa 130 000 französischen und deutschen Soldaten, die nicht mehr identifiziert werden konnten.
So viele Tote an einem Ort? So viele sind es vergleichsweise gar nicht: Bei der Schlacht von Verdun fielen während des Ersten Weltkriegs (1914–1918) schätzungsweise sogar 800 000 Soldaten. Insgesamt fanden in diesen fast viereinhalb Kriegsjahren etwa 8,5 Millio-

Q2 „The Rhodes Colossus. Striding from Cape Town to Cairo"
Britische Karikatur von 1892
Cecil Rhodes war ein britischer Unternehmer, der sich dafür einsetzte, dass Großbritannien mehr Kolonien erwarb. Er selbst eroberte in mehreren Kriegen ein großes Gebiet im Süden Afrikas. In der Karikatur steht ein Fuß an der Stelle, wo Kapstadt (Cape Town) liegt, der andere, wo Kairo (Ägypten) liegt.

Q4 Kampf um Verdun
Foto von 1916

Q3 „Deutschland voran!"
Aussichtskarte, zwischen 1900 und 1914
Kaiser Wilhelm II. (links) ließ eine starke Flotte aufbauen. Auf der Karte ist neben einem Kriegsschiff auch Eichenlaub zu sehen. Die Eiche galt als „deutscher Baum" und war ein Symbol für Standhaftigkeit und Stärke.

nen Soldaten den Tod, weitere 7,7 Millionen gelten als vermisst bzw. gefangen. Verwundet wurden zudem 21,2 Millionen Soldaten, die durch körperliche oder psychische Schäden den Rest ihres Lebens unter den Folgen des Krieges litten.
Angesichts dieser Zahlen verstehst du vielleicht besser, warum Historiker den Ersten Weltkrieg auch als „Urkatastrophe des 20. Jahrhunderts" bezeichnen. Auf den folgenden Seiten kannst du nachvollziehen, warum es überhaupt hierzu kam, was der Imperialismus sowie die Politik unter dem Deutschen Kaiser Wilhelm II. damit zu tun haben. War der Erste Weltkrieg das logische Ende einer langfristigen Entwicklung?

Was weißt du schon?

Sprecht in der Klasse über eure Vorstellung von Kolonien und euer Wissen zum Ersten Weltkrieg:

- Was weißt du über den Ersten Weltkrieg?
- Gibt es in eurem Heimatort ein Denkmal oder einen Friedhof für gefallene Soldaten (*M 1*)? Diskutiert die Notwendigkeit solcher Orte.
- Der Koloss von Rhodos gehörte zu den Sieben Weltwundern der Antike und war eine monumentale Statue über der Hafeneinfahrt der Insel Rhodos. Wie stellt der Karikaturist Rhodes dar? Was möchte er damit aussagen (*Q 2*)?
- Charakterisiere Kaiser Wilhelm II., wie er auf der Ansichtskarte dargestellt wird (*Q 3*).

Orientierung

Imperialismus und Erster Weltkrieg

Q1 **Aufbahrung**
Foto vom 29. Juni 1914
Die Ermordung des österreichisch-ungarischen Thronfolgerpaares war der Anlass für den Ersten Weltkrieg.

In der 8. Klasse hast du bereits erfahren, dass mit der Gründung des Deutschen Kaiserreiches 1871 ein neuer starker Staat in der Mitte Europas entstand. Du weißt auch, dass die Industrialisierung zum Aufschwung und zum Erstarken des Landes beitrug.
Gegen Ende des 19. und zu Beginn des 20. Jhs. konkurrierten die europäischen Mächte in verschiedenen Bereichen um die Vorherrschaft (Imperialismus). Dafür wollten sie ihren Einfluss und ihre Macht auf möglichst viele Teile der Erde, vor allem aber in Afrika und Asien, ausdehnen. Hierzu gehörte auch der Kampf um die stärkste Flotte, um die Kolonialgebiete zu sichern. Dies und weitere Faktoren führten letztlich dazu, dass sich ab 1914 verschiedene Mächte im Ersten Weltkrieg gegenüberstanden – ein Ereignis, das Historiker als Zeitenwende bezeichnen.
Eine Zeitenwende deshalb, weil nie zuvor in der Geschichte der Menschheit ein Krieg mit so vielen Beteiligten ausgetragen wurde und nie zuvor so viele Menschenleben forderte. Eine Zeitenwende aber auch, weil die weitere Geschichte des 20. Jhs. in Deutschland nur mit dem Ersten Weltkrieg und seinen Folgen verständlich wird. Zuletzt eine Zeitenwende auch, weil sich die politische Grundkonstellation verschob: Die wirtschaftliche und politische Führungsrolle in der Welt wurde seitdem nicht mehr nur von Großbritannien, Frankreich und Deutschland bestimmt: Die USA und die Sowjetunion etablierten sich – wenn auch zeitlich verzögert – als neue Großmächte.

Am Ende des Kapitels könnt ihr

- wesentliche Ursachen des Ersten Weltkriegs erläutern;
- die Gründe und die Folgen für die Kolonialpolitik bewerten;
- begründen, warum der Erste Weltkrieg eine Epochenwende markiert;
- Kriegspropaganda untersuchen;
- untersuchen, welche Rolle das Volk bei der Neugestaltung nach dem Ersten Weltkrieg spielte.

1871 Gründung des Deutschen Kaiserreiches

1888 Wilhelm II. wird Deutscher Kaiser

1890 Rücktritt Bismarcks

1904 Völkermord an den Herero und Nama

28.6.1914 Attentat von Sarajewo

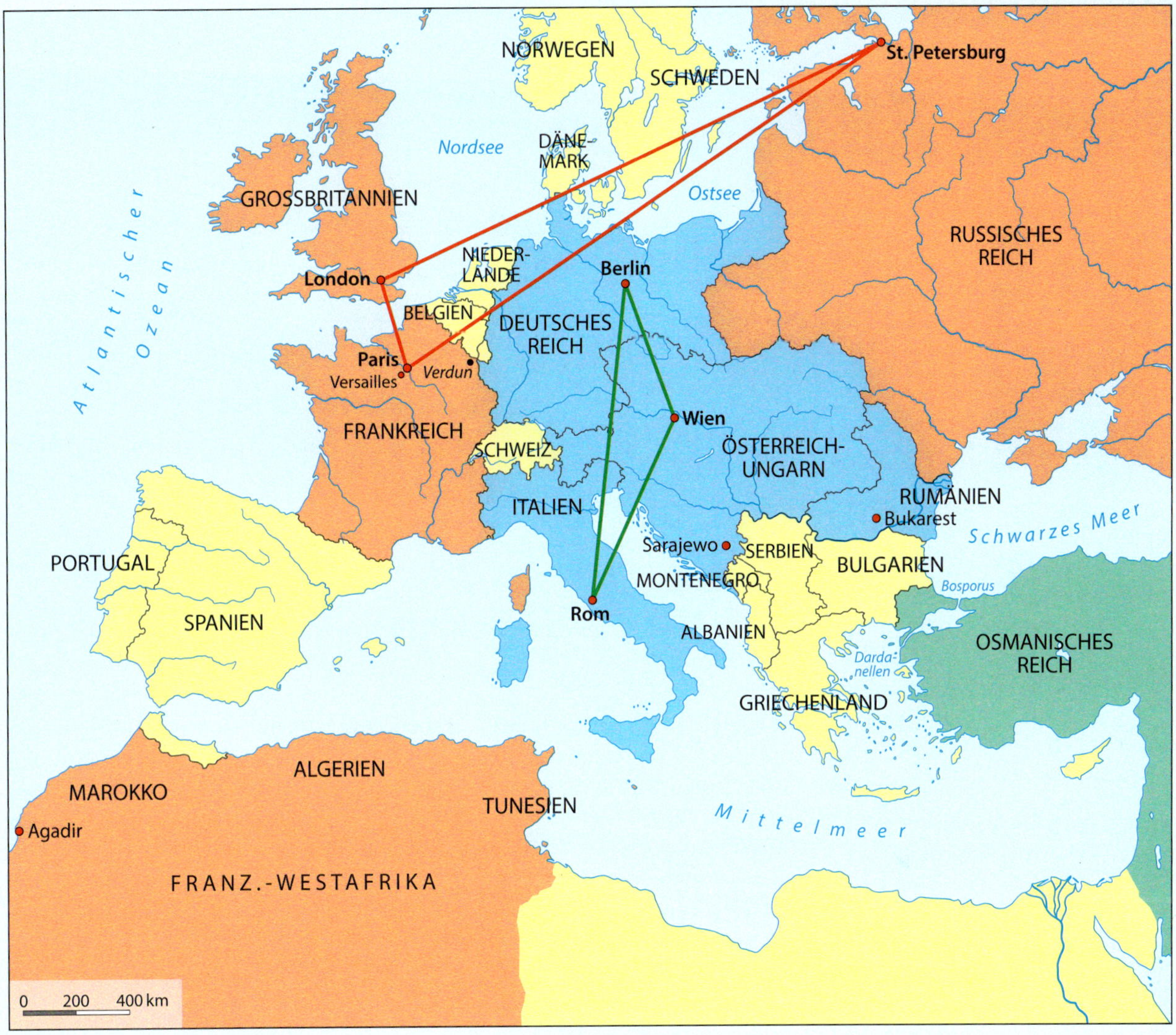

M 1 Europa um das Jahr 1914

- Fasse anhand der Karte (*M 1*) zusammen, welche Staaten sich 1914 gegenüberstanden.
- Stelle Vermutungen an, welchen Zusammenhang es zwischen dem Imperialismus und dem Ersten Weltkrieg geben könnte.
- Diskutiert, wie ein Staat darauf reagieren könnte, wenn sein Herrscher oder sein zukünftiger Herrscher in einem anderen Land ermordet wird (*Q 1*).

1914–1918 Erster Weltkrieg

April 1917 Eintritt der USA in den Ersten Weltkrieg

1917 Oktoberrevolution in Russland

1918 Novemberrevolution: Ende des Kaiserreiches, Gründung des Freistaats Bayern

1919 Vertrag von Versailles

Die Europäer teilen Afrika und Asien auf

Q1 Queen Victoria
Foto um 1882

M1 Kolonialgebiete in Afrika und Asien um 1914

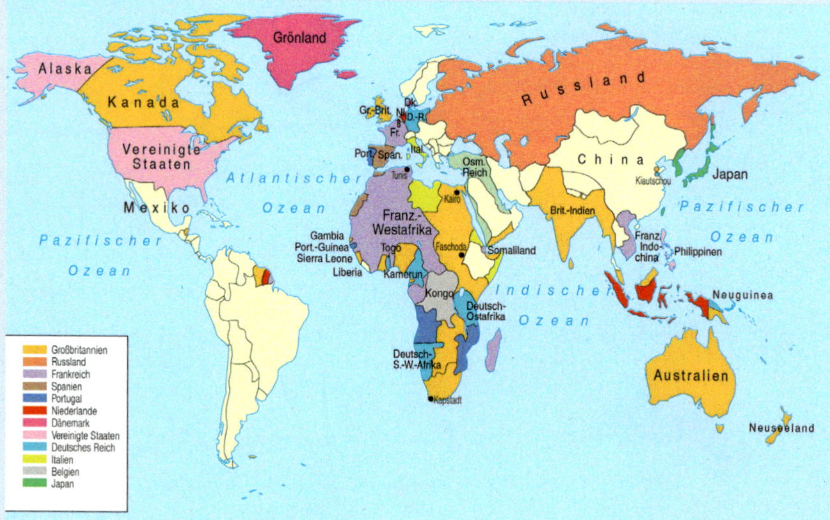

Imperialismus
Bezeichnung für das Bestreben von einzelnen Staaten, ihren wirtschaftlichen, politischen und militärischen Einflussbereich auf andere Gebiete auszudehnen. Historiker verbinden damit die Zeit zwischen 1880 und 1914, als Europäer, die USA und Japan Afrika und große Teile Asiens in Besitz nahmen.

Ein Video mit Karten zu den Kolonialreichen um 1914 findest du mithilfe von Mediencode 30024-01

Imperialismus

Im 19. Jh. strebten Politiker, Kaufleute und Unternehmer aus Europa, den USA und Japan danach, den Reichtum sowie Einflussbereich ihres Landes zu vergrößern. Das wollten sie vor allem durch die Besitznahme von Gebieten in Afrika und Asien erreichen. Sie wollten die dort eroberten Gebiete wirtschaftlich erschließen und nutzen. Ab etwa 1880 teilten deshalb diese Mächte nahezu den ganzen afrikanischen Kontinent und weite Teile des asiatischen untereinander auf. Diese Zeit bezeichnet man als **Imperialismus**.
Auch das Deutsche Kaiserreich kam zu Kolonien: Mit Togo, Kamerun, Deutsch-Südwestafrika (heutiges Namibia) und Deutsch-Ostafrika (heutiges Tansania) sowie kleineren Gebieten in China und im Südpazifik verfügte das Deutsche Reich über eine Fläche, die etwa fünf Mal so groß war wie das Mutterland.

Unausweichliche Konflikte

Eine Folge des Imperialismus der europäischen Mächte war ein Konkurrenzkampf der Staaten um die meisten und besten Kolonialgebiete. In der Berliner Afrika-Konferenz von 1884/85 legten alle europäischen Staaten zwar politische Richtlinien für den Erwerb von Kolonien fest, um Kriege untereinander zu verhindern. Dennoch kam es zwischen Frankreich und Großbritannien 1898 zur „Faschoda-Krise". An diesem Ort im heutigen Sudan trafen Truppen beider Länder aufeinander: Frankreich beanspruchte in Afrika ein Gebiet in west-östlicher Richtung (von Dakar bis Djibuti) für sich, Großbritannien bestand auf der „Kap-Kairo-Linie" (von Süd nach Nord, vgl. hierzu die Rhodes-Karikatur, S. 11). Dieser Konflikt wurde diplomatisch beigelegt. Insgesamt führte das Streben nach Kolonien jedoch zu einer verstärkten Rivalität der europäischen Mächte und schon vor der Jahrhundertwende zu einer militärischen Aufrüstung.

Wie wird ein Gebiet zur Kolonie?

Die militärische Besetzung von Gebieten stellte die Ausnahme dar. Oft waren es Handelsgesellschaften und Kaufleute, die von den Küstenregionen aus Geschäfte mit dem Hinterland machen wollten, Verträge mit den lokalen Herrschern abschlossen oder Gebiete in Besitz nahmen. Um die europäischen Händler vor einheimischen Aufständischen zu schützen, kamen dann Beamte und Soldaten aus deren Mutterländern in die Kolonien.

Wusstest du?
Zur Zeit von Königin Victoria von England (1819–1901) erreichte das Britische Empire den Höhepunkt seiner wirtschaftlichen und politischen Macht. Historiker sprechen deshalb vom Viktorianischen Zeitalter.

Q2 „Der Kuchen der Könige und Herrscher“

Karikatur aus dem französischen „Le Petit Journal“ von 1898

China wird darin als Kuchen dargestellt, den die Großmächte unter sich aufteilen.

Q3 „… die vergnüglichste Stimmung“

Carl Peters von der Gesellschaft für Deutsche Kolonisation berichtet 1912, wie er im heutigen Tansania Gebiete einnahm:

Zogen wir in einen Kraal* ein, begaben [wir] uns zu seiner Hoheit und fragten, ob er gestatte, dass auch wir unser Lager aufschlügen. In Mbusine, bei Mbuela, knüpften wir sofort ein recht kordiales* Verhältnis an, indem wir den Sultan zwischen uns auf ein Lager nahmen, von beiden Seiten unsere Arme um ihn schlagend. Wir tranken dann einen Trunk guten Grogs* und brachten Seine Hoheit von vornherein in die vergnüglichste Stimmung. Alsdann wurden die Ehrengeschenke ausgetauscht […]. Nach dem Essen […] begannen auch die diplomatischen Verhandlungen, und aufgrund derselben wurde der Kontrakt* abgeschlossen.

Als dies geschehen war, wurden die Fahnen auf einer die Umgebung beherrschenden Umgebung gehisst, der Vertrag in deutschem Text verlesen, ich hielt eine kurze Ansprache, wodurch ich die Besitzergreifung als solche vornahm, die mit einem Hoch auf Seine Majestät den Deutschen Kaiser endete, und drei Salven, von uns und den Dienern abgegeben, demonstrierten den Schwarzen, was sie im Falle einer Kontraktbrüchigkeit zu erwarten hätten.

Carl Peters, Gesammelte Schriften. Mit Unterstützung des Reichsinstituts für Geschichte des neuen Deutschlands, hrsg. von Walter Frank, Bd. 1, München/Berlin 1943, S. 302

Q4 Bitte um Schutz?

Im Schutz- und Freundschaftsvertrag zwischen dem Deutschen Reich und dem Stamm der Herero vom 21.10.1885 steht u. a.:

Art. 1: Der Oberhäuptling Maharero […] bittet seine Majestät den Deutschen Kaiser, die Schutzherrlichkeit über ihn und sein Volk zu übernehmen. Seine Majestät […] nimmt dieses Gesuch an und sichert dem Maharero seinen Allerhöchsten Schutz zu.

Art. 2: Der Oberhäuptling der Hereros verpflichtet sich, sein Land oder Teile desselben nicht an eine andere Nation oder Angehörige derselben ohne Zustimmung Seiner Majestät des Deutschen Kaisers abzutreten […].

Art. 3: Der Oberhäuptling sichert allen deutschen Staatsangehörigen […] das Recht und die Freiheit zu, in seinem Lande […] Wohnsitz zu nehmen, Handel und Gewerbe zu treiben.

Bundesarchiv Berlin, R 1001/Akte 2103, Bl. 14–15

*Kraal
dorfähnliche Siedlung

*kordial
herzlich

*Grog
heißer Rum

*Kontrakt
Vertrag

1 Beschreibe anhand der Karte *M 1* die Aufteilung Afrikas und Asiens durch die Europäer.

2 Erarbeite folgende Aufgaben zur Karikatur (*Q 2*):
- a) Erkläre den in der Karikatur dargestellten bildhaften Vergleich.
- b) Stelle Vermutungen über die abgebildeten Personen bzw. die Länder an, für die sie stehen, und begründe deine Einschätzung.
- c) Die französische Karikatur trifft auch eine Aussage über das Verhältnis der Staaten zueinander. Arbeite diese heraus.

3 Fasse das Vorgehen von Carl Peters bei der Besitznahme zusammen und bewerte dies aus heutiger Sicht (*Q 3*).

4 Den Vertrag des Deutschen Kaiserreiches mit den Herero (*Q 4*) kann man als kriminell oder mafiös bezeichnen. Überprüfe diese Einschätzung.

Warum werden Kolonien gegründet?

Q1 Kultur, Wohlstand und Frieden für Marokko

Titelseite des Le Petit Journal vom 19. November 1911

Im Mittelpunkt steht die Nationalfigur Frankreichs, Marianne. Die Bildunterschrift lautet: „Frankreich wird Marokko Kultur, Wohlstand und Frieden bringen können."

*Rassismus
bezeichnet die Ansicht, dass Menschen aufgrund äußerer biologischer oder kultureller Merkmale weniger wert sind als andere. Diese angebliche Minderwertigkeit wurde als Rechtfertigung für politische und soziale Unterdrückung herangezogen.

Nationalismus
Einstellung, die die eigene Nation oder den eigenen Staat hochschätzt. Damit verbunden ist der Anspruch auf nationale Selbstständigkeit.
Heute wird mit dem Begriff Nationalismus ein Nationalgefühl bezeichnet, das gleichzeitig Menschen anderer Völker abwertet.

Rassismus

Im 19. Jh. glaubten viele Europäer an die Überlegenheit der „weißen Rasse" gegenüber allen anderen Menschen. Sie hielten sich für die biologisch besseren und wertvolleren Menschen, die zu höheren Leistungen fähig seien. In diesem Weltbild wurden vor allem Afrikaner und Asiaten als minderwertig angesehen. Aus diesem Rassismus* heraus leiteten die europäischen Kolonialmächte ihren Anspruch ab, fremde Völker und Kulturen zu unterdrücken und zu beherrschen. Die westlich-europäische Lebensweise und der christliche Glauben sollten in die ihrer Meinung nach unterentwickelten und primitiven Regionen der Welt gebracht werden.

Großmachtpolitik

Politisch war die zweite Hälfte des 19. Jhs. von einem übersteigerten **Nationalismus** geprägt. Viele Politiker und Regenten in Europa vertraten den Standpunkt, dass ihr Land nur dann eine Großmacht ist, wenn es über möglichst großen Kolonialbesitz verfügt. Man sah sich in einem Konkurrenzkampf und befürchtete, ohne Kolonien an Einfluss, Macht und Stärke zu verlieren und damit hinter andere Nationen zurückzufallen.

Frankreich und Großbritannien hatten schon ab dem 17. Jh. Kolonien und verstärkten vor allem im 19. Jh. ihre Anstrengungen, weitere Teile der Erde einzunehmen. Der deutsche Reichskanzler Otto von Bismarck lehnte lange Zeit Kolonien ab, weil er Konflikte mit anderen Kolonialstaaten wie Frankreich und Großbritannien befürchtete. Aber das Deutsche Kaiserreich erwarb ebenso Kolonien (ab 1884) wie andere europäische Staaten, die USA und Japan auch. Dies führte letztlich zur Besitznahme fast des gesamten afrikanischen Kontinents sowie großer Teile Asiens durch die Kolonialmächte.

Wirtschaftliche Beweggründe

Die Befürworter von Kolonien begründeten deren Notwendigkeit auch mit wirtschaftlichen Erwägungen: Sie erhofften sich einerseits neue Absatzmärkte für die Fertigprodukte ihrer Industrien und Fabriken. Andererseits sahen sie in den eroberten Gebieten eine Möglichkeit, günstig an jene Rohstoffe zu gelangen, die es im Mutterland nicht gibt. Der Anbau von beispielsweise Kaffee, Kakao und Kautschuk (Ausgangsstoff für Gummi) sollte sich ebenso positiv auf die heimische Wirtschaft auswirken wie der Ausbau der Verkehrswege (Eisenbahn, Häfen) in den Kolonien.

Wusstest du?

Nach Cecil Rhodes wurden zwei britische Kolonien benannt: Nord- und Südrhodesien. Die Fläche entspricht größtenteils dem heutigen Simbabwe.

Q2 „… die erste Rasse der Welt …“

Der britische Unternehmer und spätere Finanzminister Cecil Rhodes rechtfertigt 1877 die englische Kolonialpolitik:

Ich behaupte, dass wir die erste Rasse der Welt sind und dass es umso besser für die menschliche Rasse ist, je mehr wir von der Welt bewohnen […]. Darüber hinaus bedeutet es einfach das Ende aller Kriege, wenn der größte Teil der Welt unter unserer Herrschaft steht […]. Da [Gott] offensichtlich die englischsprechende Rasse zu seinem Werkzeug auserwählt hat und durch sie eine Gesellschaft hervorbringen wird, die auf Gerechtigkeit, Freiheit und Frieden gegründet ist, muss er offenbar wünschen, dass ich tue, was ich kann, um jener Rasse so viel Macht als möglich zu geben. Ich denke daher, wenn es einen Gott gibt, so möchte er gern von mir, dass ich so viel von der Karte Afrikas britisch rot anmale als möglich und den Einfluss der englischsprechenden Rasse ausdehne.

Zitiert nach: Wolfgang Mommsen, Imperialismus. Seine geistigen, politischen und wirtschaftlichen Grundlagen, Hamburg 1977, S. 48 f.

Einen Podcast zu Cecil Rhodes findest du mithilfe von Mediencode 30024-02

M1 Staatliche Einnahmen und Ausgaben (in Millionen Mark)

Kolonie	Einnahmen*	Ausgaben**
Deutsch-Südwestafrika	24,180	34,810
Kamerun	10,330	10,950
Togo	3,510	3,310
Deutsch-Ostafrika	15,580	18,970
Deutsch-Neuguinea	0,870	1,480
Deutsch-Samoa	1,180	1,000
Kiautschou	7,750	15,830

** Steuern, Zölle, und andere Verwaltungseinnahmen*
*** Kosten für Verwaltung, Bau und Unterhalt von Eisenbahn- und Hafenanlagen und andere Infrastukturmaßnahmen (u. a. Schulen und Krankenhäuser)*
Arnulf Scriba, Angaben nach: https://www.dhm.de/lemo/kapitel/kaiserreich/aussenpolitik/statistische-angaben-zu-den-deutschen-kolonien.html [27.04.2020] CC BY NC SA 4.0

Q3 „… die Völker zu zivilisieren …“

Der französische Ministerpräsident Jules Ferry äußert sich 1885 folgendermaßen:

[Eine] kluge und maßvolle Kolonialpolitik ist für Frankreich einfach lebensnotwendig zu einer Zeit, in der alle Länder sich gegen ausländische Erzeugnisse sperren, was jedes Land nötigt, sich die für seine Landwirtschaft und seine Industrie unentbehrlichen Absatzmärkte zu sichern […]. Die überlegenen Rassen haben außerdem ein Recht gegenüber den unterlegenen Rassen, und in dieser Hinsicht sollte Frankreich sich nicht der Pflicht entziehen, die Völker zu zivilisieren, die mehr oder minder barbarisch geblieben sind […]. Wenn Frankreich verzichtet, wenn es seine Rechte verfallen lässt, werden andere seinen Platz einnehmen […].

Ludwig Zimmermann, Der Imperialismus. Seine geistigen, wirtschaftlichen und politischen Zielsetzungen, Stuttgart 1971, S. 27

1 *Q 1* stellt einerseits dar, wie sich Frankreich als Kolonialmacht sieht. Andererseits zeigt die Bildquelle den französischen Blick auf die Menschen in den Kolonien (im vorliegenden Fall Marokko). Arbeite beides heraus.

2 Cecil Rhodes baut seine Einschätzung zur Kolonialpolitik argumentativ auf: Fasse seine Behauptung(en), seine Begründung sowie die Folgen mit eigenen Worten zusammen (*Q 2*).

3 Jules Ferry begründet ebenfalls, warum Kolonien erworben werden sollten. Vergleiche mit Cecil Rhodes (*Q 2* und *Q 3*).

4 In den Quellen *Q 1* bis *Q 3* kommt ein bestimmtes Menschenbild zum Vorschein. Sammle Adjektive, die dir helfen, dieses aus heutiger Sicht zu bewerten.

5 Erörtert anhand der Statistik (*M 1*), wer von den Kolonien profitierte und wer nicht.

Imperialismus – die Folgen für die Kolonien

Q1 Überlebende Herero
Foto nach 1904

Das Foto entstand nach der Flucht in die Omaheke-Wüste. Die Überlebenden wurden in weit entfernte Lager gebracht und mussten Zwangsarbeit leisten.

Völkermord an den Herero

Das Volk der Herero – ebenso wie jenes der Nama – in Deutsch-Südwestafrika lehnte sich 1904 gegen die deutsche Fremdherrschaft auf: Die Deutschen hatten zuvor das fruchtbare Land besetzt und den Einheimischen waren nur die weniger fruchtbaren Gebiete geblieben. Außerdem schnitt eine neu errichtete Bahnlinie die Herero von den Wasserstellen ab. Unter Kommandeur Lothar von Trotha schlugen deutsche Truppen den Aufstand jedoch gewaltsam und auf grausame Art nieder: Nach der entscheidenden Schlacht am Waterberg flohen die Herero in die Omaheke-Wüste, wo deutsche Soldaten die wenigen Wasserstellen besetzten und das indigene Volk verdursten ließen. Man geht davon aus, dass etwa 40 000 bis 60 000 Herero umkamen, was 80 % der damaligen Bevölkerung entspricht. Im Jahr 2015 bezeichnete das Auswärtige Amt diese Vorgänge erstmals als Völkermord*.

*Völkermord oder auch **Genozid** bezeichnet die Absicht, eine nationale, ethnische, rassische oder religiöse Gruppe als solche ganz oder teilweise zu zerstören.

Wandel von Kultur, Wirtschaft und Grenzen

Die Herrschaft der Europäer führte zu einem grundlegenden Wandel für die Menschen in den Kolonien:

- Oft wurden jahrhundertealte Sitten und Bräuche verboten; die einheimische Bevölkerung sollte christlich werden.
- Viele Nomaden konnten durch die willkürliche Grenzziehung nicht mehr wie bisher umherwandern, wenn ihre ursprünglichen Wanderungs- und Siedlungsgebiete in verschiedenen Kolonien lagen.
- Monokulturen auf großen Plantagen (Kaffee, Kakao, Kautschuk) ließen keinen Platz für die Kleinbauern, die sich auf ihren Feldern selbst versorgten.
- Der traditionelle Stammes- und Familienverband löste sich häufig auf, wenn Einheimische – auch unter Zwang – dazu verpflichtet wurden, in entfernten Gebieten Häfen und Eisenbahnlinien aufzubauen oder auf den Plantagen zu arbeiten.
- Die Kolonialmächte bauten zudem Bodenschätze sowie Edelhölzer ab. Damit griffen sie massiv in die Natur ein, teilweise erodierte der Boden und der ursprüngliche Urwald versteppte.

Positives aus der Kolonialzeit?

Eine Folge des Imperialismus bestand auch im Aufbau der Infrastruktur in den jeweiligen Kolonien. Straßen, Häfen und die Eisenbahn wurden aber nur deshalb aufgebaut, um Ressourcen und Waren schnell in die Heimatländer zu transportieren. Schulen sollten sicherstellen, dass schon die Kinder der einheimischen Bevölkerung die Sprache der Kolonialmacht lernten.

Q2 Rohstoff Elfenbein
Foto um 1895

Das Foto zeigt Europäer und Bewohner der Kolonie Belgisch-Kongo. Elefanten wurden damals und werden heute noch gejagt wegen ihrer sehr wertvollen Stoßzähne.

Q3 Ursachen des Herero-Aufstandes

Nach dem Herero-Aufstand äußert sich ein zum Christentum bekehrter Herero zu dessen Ursachen:

Der Krieg ist von ganz kleinen Dingen gekommen und hätte nicht zu kommen brauchen. Einmal waren es die Stuurmann [= Kaufleute] mit ihrem schrecklichen Wucher und eigenmächtigen, gewaltsamen Eintreiben [der Schulden]. [...] Wer nicht zahlen konnte oder wollte, den verfolgten und plagten sie. Dann ist es der Branntwein gewesen, der die Leute schlecht und gewissenlos gemacht hat. Wenn jemand trinkt, dann ist es ihm gleich, was er tut. Aber das schlimmste Übel ist, was viel böses Blut und Streit hervorgerufen hat, die Vergewaltigung unserer Frauen durch Weiße. Manche Männer sind totgeschossen worden wie Hunde, wenn sie sich weigerten, ihre Frauen und Töchter preiszugeben, und drohten, sie mit der Waffe in der Hand zu verteidigen. Wären solche Dinge nicht geschehen, wäre kein Krieg gekommen [...].

Horst Gründer (Hrsg.), „... da und dort ein junges Deutschland gründen." Rassismus, Kolonien und kolonialer Gedanke vom 16. bis zum 20. Jahrhundert, München 2006, S. 153

Q5 Kakao aus Kamerun

Foto von 1907

Eine Kakaoplantage liefert die Kakaofrucht, deren Bohnen im Gebäude getrocknet werden.

Q4 Schulunterricht in Deutsch-Ostafrika

Foto von 1903

Der weiße Lehrer unterrichtet Schüler in Daressalam (heutiges Tansania).

Q6 Hochzeit in Weiß

Foto um 1900

Ein afrikanisches Paar heiratet in europäischer Kleidung.

1 Nenne die Ursachen des Herero-Aufstandes (*VT*, *Q 3*).

2 Sieh die Fotografien an (*Q 1*, *Q 2*, *Q 4*, *Q 5* und *Q 6*).
- a) Fasse die unmittelbaren Veränderungen zusammen, die sich für die indigene Bevölkerung während der Zeit des Imperialismus ergaben.
- b) Bewerte diese Veränderungen aus deiner Sicht.
- c) Erstelle hierzu einen fiktiven Tagebucheintrag eines Betroffenen, der darin über die Veränderungen nachdenkt und seine Gedanken und Gefühle hierzu äußert. → S. 197

Geschichte hört nicht auf

Der Imperialismus wirkt bis heute nach

M1 Gedenken der Herero

Jedes Jahr am letzten August-Wochenende findet der Herero-Tag statt: Dann wird in der namibischen Stadt Okahandja des Aufstandes der Herero und der Schlacht am Waterberg gedacht. Auf dem Foto sind Herero, teils in traditioneller Tracht, zu sehen.

Q1 Reiterdenkmal in Windhoek
Foto vom 27. Januar 1912

Das Denkmal erinnert an die deutschen Soldaten, die während des Kriegs gegen die Herero ums Leben kamen.

*Coltan ist ein selten vorkommendes Erz, das vor allem in Mobiltelefonen, PCs und Spielekonsolen verbaut wird.

Keine Entschädigung für die Herero

Auch wenn nach 1945 viele Kolonien ihre Unabhängigkeit gewannen, zeigen sich die Folgen des Imperialismus und der Kolonialzeit noch heute. So verlangen Vertreter der Volksgruppen der Herero und Nama für den an ihnen begangenen Völkermord Entschädigungszahlungen von der Bundesregierung. Bisher kam Deutschland dieser Forderung jedoch nicht nach.

Wirtschaftliche Ausbeutung und Abhängigkeit

Die Ausbeutung der Rohstoffe schreitet in den ehemaligen Kolonien nach wie vor voran: Verallgemeinernd kann man sagen, dass europäische, amerikanische oder asiatische Firmen sich in Verträgen mit den jeweiligen Staatsregierungen das Recht sicherten, vor Ort Bodenschätze abzubauen oder riesige Plantagen anzulegen. Dabei scherten sich diese Firmen häufig nicht um irgendwelche Umweltstandards oder nachhaltige Entwicklungen. Das Streben nach maximalem Profit ging so zulasten der Umwelt. Dies zeigt sich beispielsweise in Nigeria, wo der Weltkonzern Shell Erdöl abbaut und ganze Flussläufe mit Öl verschmutzt sind. Dies zeigt sich aber auch im Kongo, wo im Osten des Landes Coltan* abgebaut wird. Hierzu werden Bäche umgeleitet und verschmutzt; gleichzeitig führt der Abbau des Erzes zu massiven Schäden an den Wäldern und damit zur Vernichtung der Lebensgrundlage der Gorillas.
Wirtschaftlich ist es für die Kleinbauern Afrikas schwierig bis unmöglich, selbst angebaute Produkte auf den regionalen Markt zu bringen, da die Länder Afrikas mit billigen Erzeugnissen aus Europa überschwemmt werden. Das andere Extrem besteht darin, dass die Kleinbauern wirtschaftlich abhängig vom Weltmarkt sind und häufig für ihre Produkte einen festen, aber meist geringen Preis erhalten.

Kriege und kein Ende?

Die willkürliche Grenzziehung durch die Kolonialmächte führte dazu, dass auch verfeindete Stämme zusammen in einer Kolonie leben mussten und heute noch müssen. Dies stellt den Nährboden dar für aktuelle Konflikte innerhalb einzelner afrikanischer Staaten. Beispielhaft gilt hier der Bürgerkrieg in Ruanda 1994, als die verfeindeten Volksgruppen der Tutsi und Hutu sich bekriegten und etwa 1 Million Menschen umgebracht wurden. Der seit 2013 geführte Bürgerkrieg im Südsudan geht ebenfalls auf einen Machtkampf zwischen verschiedenen Ethnien zurück.

Positive Ansätze heute

Es gibt jedoch auch Punkte, die davon zeugen, dass die Europäer sich ihrer Verantwortung für die ehemaligen Kolonien bewusst sind: In der Kolonialzeit stand die Missionierung der indigenen Völker zum Christentum im Vordergrund. Heute setzen sich auch christliche Organisationen hauptsächlich für humanitäre Projekte ein, damit die dort lebenden Menschen irgendwann wirklich unabhängig werden. Hierzu gehören unter anderem die Wasserversorgung, die Gesundheitsvorsorge oder die Schulbildung. Dies machen aber auch regierungsunabhängige Organisationen (NGO).

M2 Afrikanische Masken – mitten in Deutschland
Foto aus dem Völkerkundemuseum der Franziskaner in Werl

M3 Die Löwin des Königs

Das Bronzerelief stammt ursprünglich aus dem Palast des Oba, des Königs von Benin. Heute kann man es im Ethnologischen Museum in Berlin betrachten.

M4 Hilfsprojekte der Franziskaner heute

Der Ausschnitt aus der Homepage zeigt, in welchen Bereichen die Missionszentrale der Franziskaner u. a. Hilfe leistet.

1 In Namibia gab es in den Jahren um 2010 Streit um das Reiterdenkmal (*Q 1*): So wurde es mehrmals ab- und an anderen Stellen aufgebaut und ihm der Status als Nationaldenkmal abgesprochen. Es gab aber auch Befürworter, die sich für seinen Erhalt einsetzten. Diskutiert Für und Wider des Erhalts des Reiterdenkmals aus der Perspektive der Einwohner Namibias. → S. 197

2 In den Museen der ehemaligen Kolonialmächte werden heute Tausende von Kunstwerken aus Afrika, Asien und der Südsee (wie *M 2* und *M 3*) ausgestellt. Vertreter einzelner afrikanischer Ländern fordern diese nun zurück. Bewerte, ob dies gerechtfertigt ist.

3 Begründe, warum die europäischen Staaten für die ehemaligen Kolonien bis heute eine Verantwortung tragen.

4 Erkundige dich im Internet nach weiteren Bereichen von Hilfsprojekten, in denen die Franziskaner in ehemaligen Kolonien tätig sind.

Click in Geschichte

Wir erstellen „smarte“ Schaubilder

M 1 Schaltfläche SmartArt in Microsoft Office

Zu finden ist sie unter der Registerkarte *Einfügen*.

Zum kostenlosen Download von LibreOffice führt dich Mediencode 30024-03

Den Link zur Website, mit der du deine SmartArt-Schaubilder gut und anschaulich gestalten kannst, findest du unter Mediencode 30024-04

Gewusst wie: Schwere Themen veranschaulichen

Wenn du ein komplexes Thema wie den Imperialismus verständlich erklären willst, ist das nicht leicht. Ein gutes Hilfsmittel hierbei sind Schaubilder, da sie Abläufe und Zusammenhänge visuell verdeutlichen.

Digital kannst du Schaubilder schnell und einfach in Form von SmartArt-Grafiken erstellen (Informationsgrafiken mit Text und grafischen Elementen, z.B. Objekten und Pfeilen). Nutze dafür ein beliebiges Text-, Tabellenkalkulations- oder Präsentationsprogramm.

Bei Microsoft Office ist das SmartArt-Tool bereits standardmäßig in die Software eingebettet (*M 1*).

Du kannst aber auch bei frei verfügbaren Alternativen wie LibreOffice (siehe ersten Mediencode) eine „SmartArt-Extension“ (engl. to extend = erweitern) im Netz herunterladen und zum Programm hinzufügen.

So integrierst du eine SmartArt-Extension in LibreOffice

1. Rufe den Link auf (siehe zweiten Mediencode) und starte den Download der Extension:

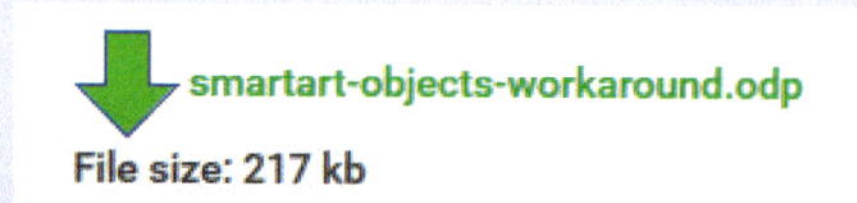

2. Öffne die heruntergeladene Datei im Zielordner.
3. Wähle unter den verschiedensten Typen (u.a. Auflistung, Hierarchie, Zyklus, Prozess) eine für dein Thema passende SmartArt-Grafik aus.
4. Lösche dazu alle anderen Vorlagen bis auf deine ausgewählte mit den in *M 2* angegebenen Tastenkombinationen.
5. Speichere deine ausgewählte SmartArt unter einem aussagekräftigen Namen als Datei im Format „.odp“ (= OpenDocumentPresentation) ab.
6. Nun kannst du die SmartArt-Grafik „mit Leben füllen“, also Inhalte eingeben und formatieren (*M 3*).

M 2 Auswahl der SmartArt-Extension 122 in Libre Office

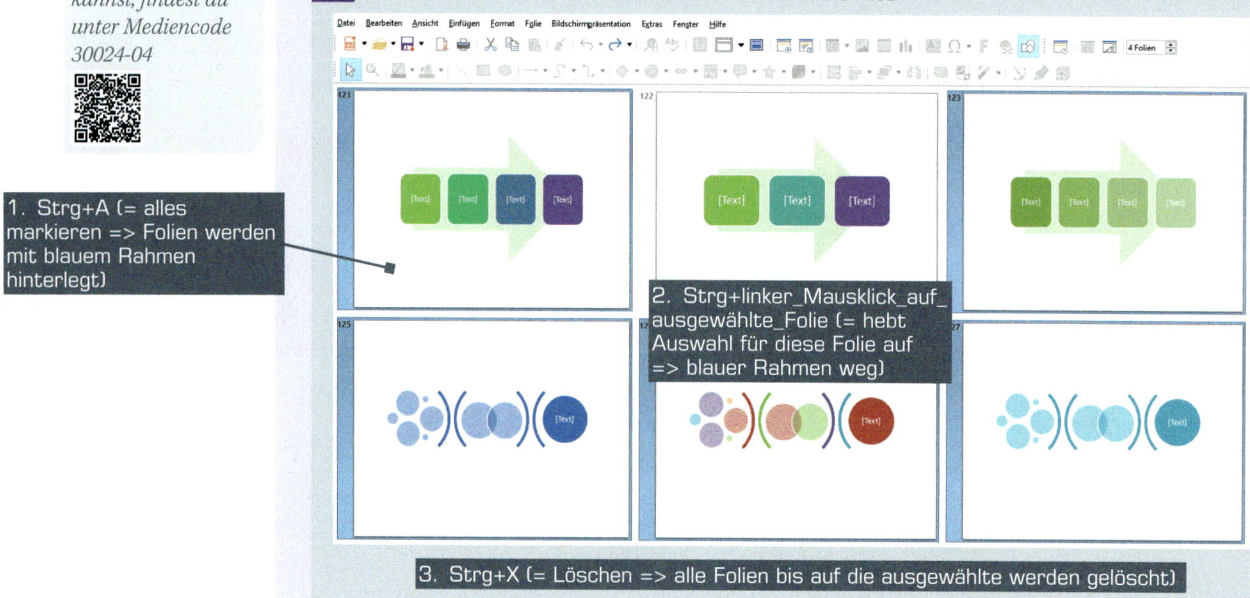

M3 Die SmartArt-Grafik im Bearbeitungsmodus

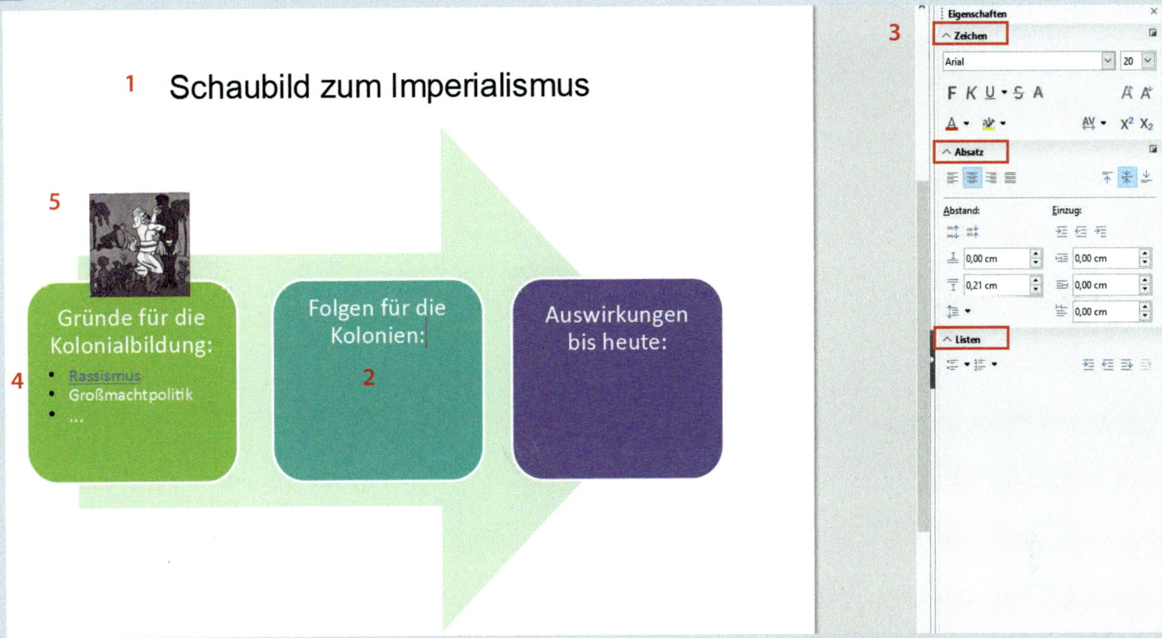

1. Titel hinzufügen: *Einfügen > Textfeld > Textfeld mit gedrückter Maustaste „aufziehen" und Überschrift eingeben.*
2. Inhaltstexte eingeben durch direkten Klick in die vorgegebenen SmartArt-Felder.
3. Eingegebene Texte formatieren und strukturieren über die Eigenschaften *Zeichen, Absatz und Listen.*
4. Links auf Fachbegriffe oder weiterführende Informationen setzen: *Einfügen > Hyperlink > URL-Eingabe > OK.*
5. Weitere Medien hinzufügen: *Einfügen > Bild/Audio/Video > vorab heruntergeladene Datei auswählen > OK.*

Nun bist du dran: Gestalte selbst ein „smartes" Schaubild zum Thema Imperialismus. Gehe dabei wie folgt vor:

1 Nutze für die inhaltliche Vorbereitung die Methodenkarte „Schaubilder erstellen" (siehe S. 189). Befolge die beiden Schritte „Recherchieren" und „Planen".

2 Nachdem deine Planung steht, kannst du gemäß Schritt 3 der Methodenkarte mit dem konkreten „Gestalten" deines Schaubildes loslegen. Orientiere dich bei der technischen Bearbeitung deiner SmartArt-Grafik an *M 3*.

3 Überprüfe dein Schaubild abschließend auf Lesbarkeit, indem du es deinem Schulfreund/deiner Schulfreundin zeigst.

4 Wenn du fertig bist, gehe zu Datei > Exportieren und speichere deine SmartArt-Datei als PDF-Dokument ab. Geschafft – jetzt kannst du dein smartes Schaubild vor der Klasse präsentieren!

5 Weiterführende Aufgabe: Ändere die Farbe deiner SmartArt-Flächenformen auf Gelb und die Schriftart auf Rosa. Begründe aus gestalterischer und inhaltlicher Sicht, ob du dieses Layout für geeignet hältst.

Kaiser Wilhelm II. schlägt einen neuen Kurs ein

Q1 Kaiser Wilhelm II. in Uniform
Gemälde von Max Koner, 1890/91

Das Bild gab der 31-jährige Wilhelm anlässlich seiner Krönung zum Kaiser 1888 in Auftrag. Die rechte Hand stützt sich auf einen Marschallstab (Marschall = ranghöchster Offizier), die linke umfasst einen Degen.

*Militarismus
Geistige Haltung, bei der das Militär und militärisches Denken das gesellschaftliche Leben und die Politik bestimmen.

Mehr über Wilhelm II. erfährst du mithilfe von Mediencode 30024-05

Wilhelm II. wird Kaiser

1888 wurde Wilhelm II. Deutscher Kaiser. Der erst 29 Jahre alte Herrscher trat in der Öffentlichkeit und vor allem im Ausland anders auf als seine Vorgänger: Gern kleidete er sich in Uniform, dabei zeigte er sich wenig diplomatisch und vielmehr einschüchternd. Auch ihm zugeschriebene Aussagen wie „Am deutschen Wesen soll die Welt genesen" oder „Einer nur ist Herr im Reich, keinen anderen dulde ich" machten sein Streben nach einer Weltmachtstellung für das Deutsche Kaiserreich und seine Verachtung für die Demokratie deutlich. Dies wiederum führte zum Zerwürfnis mit Reichskanzler Otto von Bismarck, der 1890 zurücktrat. Dessen Politik war nach der Gründung des Kaiserreiches auf Diplomatie und Ausgleich ausgerichtet gewesen.

Nationalismus und Militarismus

Der Kaiser bekam für seine Politik der Stärke und sein Auftreten eine breite Zustimmung im deutschen Bürgertum, im Militär und bei den Industriellen. Der weit verbreitete Nationalismus (siehe S. 16) befeuerte Wilhelms Idee, dass das Deutsche Reich einen Führungsanspruch in der Welt habe. Diese Vorstellung konnte er nur mit der Marine umsetzen: Deshalb beschloss die Regierung den Ausbau der deutschen Kriegsflotte, der von Großadmiral Alfred von Tirpitz umgesetzt wurde. Innerhalb weniger Jahre verdoppelte das Deutsche Reich so seine Kriegsausgaben. Man wollte sowohl auf dem Land als auch zur See mit jedem Gegner konkurrieren können.

Dieses Selbstverständnis spiegelte sich dann auch in der Gesellschaft: Militärischer Drill und Disziplin hielten ebenso Einzug in die Erziehung zur Zeit des Kaiserreiches wie die Marinekleidung. Im Alltag waren Offiziere und Soldaten in der Bevölkerung hoch angesehen. Kritiker an dieser Form des Militarismus* wie die Abgeordneten der SPD im deutschen Reichstag galten als Nestbeschmutzer oder – schlimmer noch – als Vaterlandsverräter.

Wettrüsten in Europa

Die Flottenpolitik schürte das Misstrauen der anderen europäischen Mächte. Vor allem Großbritannien sah dies als Angriff auf seine Vorherrschaft auf den Weltmeeren und antwortete mit einem eigenen Flottenbauprogramm. Aber auch das benachbarte Frankreich und das Zarenreich Russland reagierten auf die deutsche Aufrüstung und erhöhten im ersten Jahrzehnt des 20. Jhs. ihre Ausgaben für das Militär und die Flotte massiv. Dieses Wettrüsten in Europa stellte eine Bedrohung für den Frieden dar.

Q2 Der Lotse verlässt das Schiff
Karikatur aus der englischen Zeitschrift „The Punch", 1890

Immer wieder wird die Karikatur als Vorlage genommen, wenn ein bedeutender Politiker zurücktritt.

Q3 Flottenschauspiele

Das Plakat von 1904 wirbt für Manöverspiele mit Schiffsmodellen.

Q4 5 Milliarden für die Flotte

Wilhelm Liebknecht, Abgeordneter der SPD, äußert sich 1898 im Reichstag zum Flottenbauprogramm:

Wir hatten gestern eine denkwürdige Sitzung [im Reichstag] und es wird wohl mancher sich tief geschämt haben, als wir jene entsetzlichen Schilderungen der Hospitalzustände in Berlin, der Hauptstadt des Reiches, anhörten, als wir erfuhren, wie es hier in einem Hospital aussieht und hergeht […]. Und woran fehlt es? Was antwortet man den Leuten, wenn sie sich erkundigen? ‚Wir haben kein Geld.' 5000 Millionen werfen wir ins Wasser für die Flotte, nach diesem Gespenst der Weltmachtpolitik und der Weltherrschaft, aber für das Elend vor unseren Türen haben wir kein Geld.

Axel Kuhn (Hrsg.), Deutsche Parlamentsdebatten, Bd. 1: 1871–1918, Frankfurt am Main 1970, S. 191f.

M1 Rüstungsausgaben (in Mio. Mark)

	1902	1913
Frankreich	954	1327
Russland	958	2050
Großbritannien	2002	1491
Deutsches Reich	965	2111
Österreich-Ungarn	378	721

Nach: Der Weltkrieg 1914 bis 1918. Die militärischen Operationen zu Lande, bearbeitet im Reichsarchiv, Bd. 16,1,1: Kriegsrüstung und Kriegswirtschaft; Anlagen zum 1. Band, Berlin 1930, S. 530

M2 Bau schwerer Kriegsschiffe

	1889 bis 1900	1900 bis 1910	1910–1913
Großbritannien	38	36	20
Deutsches Reich	12	25	13
Frankreich	15	11	11
Russland	15	6	4

Nach: Wolfgang Kleinknecht und Herbert Krieger (Hrsg.), Handbuch des Geschichtsunterrichts, Bd. 5: Die neueste Zeit 1850 bis 1945. Materialien für den Geschichtsunterricht, Frankfurt am Main 1965, S. 119f.

1 Beschreibe die Kleidung sowie die Körperhaltung Wilhelms II. und gehe auf die Perspektive des Gemäldes ein (*Q 1*).

2 Ein französischer Diplomat äußerte sich zu *Q 1*: „Dies ist kein Porträt, sondern eine Kriegserklärung." Begründe diese Sichtweise.

3 Interpretiere die Karikatur (*Q 2*) nach dem dir bereits bekannten Schema *Beschreiben – Untersuchen – Deuten.* ➔ S. 197

4 Das Plakat *Q 3* lädt ein zu einer unterhaltsamen Veranstaltung. Erkläre eine weitere Absicht hinter der reinen Unterhaltung der Besucher.

5 Fasse mit eigenen Worten das Hauptargument Liebknechts gegen das Flottenbauprogramm zusammen (*Q 4*).

6 Begründe mit *Q 4*, warum nicht alle Deutschen die Politik des Kaisers unterstützten.

7 Analysiere die Statistiken *M 1* und *M 2* hinsichtlich einer Entwicklung. Vergleiche dabei besonders Großbritannien und das Deutsche Reich.

8 Beurteile, ob Wilhelm II. sein Ziel erreicht hat, das Deutsche Reich stärker als alle anderen Staaten zu machen.

Methode

Politische Reden deuten

Q1 Verabschiedung von Truppen
Foto vom 27. Juli 1900

Kaiser Wilhelm II. steht auf einem Podium vor dem Schiff, das die Soldaten nach China brachte.

Seit der Antike wurden die Reden von Herrschern verschriftlicht und für die Nachwelt erhalten. Oftmals stellen sie sogar die einzige Quelle zu einem bestimmten Ereignis dar. Mit dem 20. Jh. wurde es dann möglich, die Reden in Form von Ton- und Filmaufnahmen zu überliefern. Dadurch können die Historiker der Gegenwart sowie Schülerinnen und Schüler neben dem Textinhalt das Augenmerk auch auf die Votragsweise legen: Das Auftreten des Redners mit seiner Mimik, Gestik und der Stimme erhält somit ein ebenso starkes Gewicht wie der reine Inhalt.

Eine berühmte politische Rede ist die „Hunnenrede" Wilhelms II. Der Deutsche Kaiser hielt sie am 27. Juli 1900 in Bremerhaven vor deutschen Truppen, die mit dem Schiff zur Niederschlagung des Boxeraufstandes* nach China entsendet werden sollten. Zwar gab das Auswärtige Amt Stunden nach der Rede eine entschärfte Version frei zur Vervielfältigung, jedoch übermittelten einzelne anwesende Journalisten die tatsächlich gehaltene Form in ihre Zeitungsredaktionen. Die entscheidenden, originalen Aussagen Wilhelms II. an die Soldaten lauten dabei:

*Der sogenannte **Boxeraufstand** (1900) ist eine chinesische Bewegung gegen die Vertreter der europäischen, amerikanischen und japanischen Kolonialmächte. Im Zuge dieser Kämpfe wurde unter anderem ein deutscher Gesandter in Peking erschossen. Deshalb entschlossen sich das Deutsche Reich sowie weitere sieben Kolonialmächte zum militärischen Eingreifen. Letztlich führte dies zu einer Niederlage der Chinesen und grausamen Hinrichtungen.

Q2 Die „Hunnenrede" (Auszug)

Eine große Aufgabe harrt eurer: Ihr sollt das schwere Unrecht, das geschehen ist, sühnen. Die Chinesen haben das Völkerrecht umgeworfen, sie haben in einer in der Weltgeschichte nicht erhörten Weise der Heiligkeit des Gesandten, den Pflichten des Gastrechts Hohn gesprochen. Es ist das umso empörender, als dies Verbrechen begangen worden ist von einer Nation, die auf ihre uralte Kultur stolz ist. Bewährt die alte preußische Tüchtigkeit, zeigt euch als Christen im freundlichen Ertragen von Leiden, möge Ehre und Ruhm euren Fahnen und Waffen folgen, gebt an Manneszucht und Disziplin aller Welt ein Beispiel. Ihr wisst es wohl, ihr sollt fechten gegen einen verschlagenen, tapferen, gut bewaffneten, grausamen Feind. Kommt ihr vor den Feind, so wird derselbe geschlagen! Pardon wird nicht gegeben! Gefangene werden nicht gemacht! Wer euch in die Hände fällt, sei euch verfallen! Wie vor tausend Jahren die Hunnen unter ihrem König Etzel sich einen Namen gemacht [haben], der sie noch jetzt in Überlieferung und Märchen gewaltig erscheinen lässt, so möge der Name Deutscher in China auf 1000 Jahre durch euch in einer Weise bestätigt werden, dass es niemals wieder ein Chinese wagt, einen Deutschen scheel anzusehen!

Johannes Penzler (Hrsg.), Die Reden Kaiser Wilhelms II., Bd. 2: 1896–1900, Leipzig o. J., S. 209–212

M1 **„Die Hunnen im Kampfe mit den Alanen"**
Holzstich, 1873, neukoloriert, nach einer Zeichnung von Johann Nepomuk Geiger

Beschreiben

- Kläre die Bedeutung dir unbekannter Begriffe mithilfe des Kontextes. Zu den Wörtern, die in Q2 hervorgehoben sind, findest du Hilfen im Anhang auf ➔ S. 197. ①
- Fasse die Rede Satz für Satz oder die zentralen Aussagen in eigenen Worten zusammen. ②

① harrt eurer = erwartet euch; … .

② Eine große Aufgabe wartet auf euch (Soldaten) … .

Wilhelm II. begründet im ersten Absatz, dass die Soldaten die Tat der Chinesen bestrafen sollen, weil … .

Er fordert sie im letzten Absatz dazu auf, … .

Untersuchen

- Informiere dich über den Redner. ①
- Ermittle, wann, wo und warum die Rede gehalten wurde. ②
- Unterscheide: Wer waren die anwesenden Zuhörer? Wer waren darüber hinaus die Adressaten der Rede? ③
- (optional) Prüfe bei einer ausschließlich schriftlichen Überlieferung, ob die Rede unverändert überliefert ist. ④
- Über welches Medium wurde die Rede veröffentlicht bzw. ist sie heute noch überliefert? ⑤
- (optional) Beschreibe Stimme, Gestik und Mimik des Redners.
- Gibt es Hinweise auf die unmittelbare Reaktion der Zuhörer?

① Wilhelm II. war Kaiser … .

② Am 27. Juli 1900 … .

③ Zuhörer waren die anwesenden Truppen, die … . Es sollte(n) aber auch … von der Rede erfahren, weil … .

④ Es gibt eine offizielle Version, allerdings … .

⑤ Die Rede erschien in verschiedenen Zeitungen … .

Deuten

- Stelle vor dem Hintergrund des Inhalts sowie des Entstehungshintergrunds die zentrale Absicht des Redners dar. ①
  Zu *Q2*: Über die historischen Hintergründe der Rede informieren dich die Seiten 24/25 mit dem Methodenzeichen.
- Stelle Vermutungen darüber an, wie die Rede die Menschen im In- und Ausland beeinflusste. ②

① Wilhelm II. beabsichtigte mit der Hunnenrede … .

② Im Ersten Weltkrieg bezogen sich vor allem die Briten auf den Hunnenvergleich Wilhelms II. und … .

Wandel der Bündnissysteme unter Wilhelm II.

M1 Europäische Bündnisse 1887

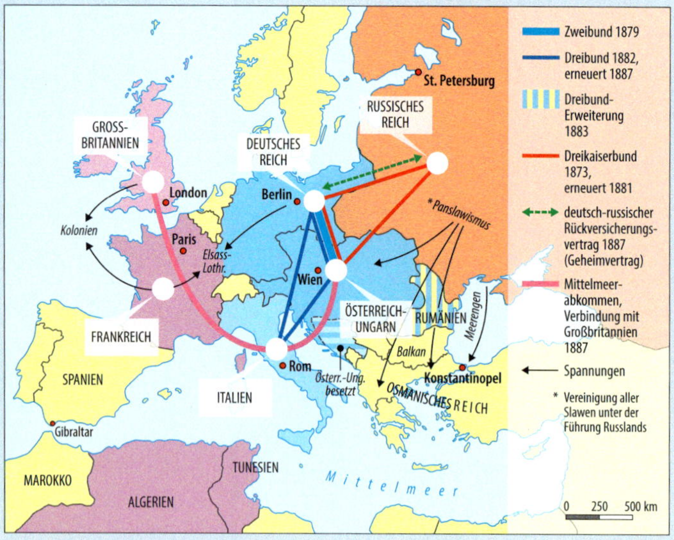

Q1 Wilhelm II. – „das schreckliche Kind" („L'Enfant Terrible")
Karikatur von John Tenniel (1890), erschienen in England

Der Untertitel lautet übersetzt: „Mach nicht so weiter, du wirst uns alle umkippen."

*Rückversicherungsvertrag
Im Rückversicherungsvertrag (1887) sicherten sich das Deutsche Reich und Russland gegenseitig die Neutralität zu, wenn sie von einem dritten Staat angegriffen werden sollten.

Frankreichs Weg: aus der Isolation

Frankreich hatte nach der Niederlage im Deutsch-Französischen Krieg 1871 Elsass-Lothringen an das Deutsche Kaiserreich verloren und musste hohe Reparationszahlungen leisten. Eine besondere Demütigung stellte dar, dass der Deutsche Kaiser im Schloss von Versailles ausgerufen wurde. Daher verfolgte Reichskanzler Otto von Bismarck das Ziel, Frankreich innerhalb Europas zu isolieren. Aus diesem Grund schmiedete er Verträge mit mehreren europäischen Staaten.

Wilhelm II. änderte diese Politik innerhalb weniger Jahre grundlegend, weil er in den Bündnissen eine Einschränkung seines Strebens nach Weltmacht sah. So verlängerte er zunächst 1890 den Rückversicherungsvertrag* mit Russland nicht. Für Frankreich bot sich dadurch die Möglichkeit, aus der politischen Isolation herauszukommen. Die Regierungen Frankreichs und Russlands schlossen ein Militärabkommen, bei dem sie sich gegenseitige militärische Unterstützung im Kriegsfall zusicherten. Damit war das Deutsche Kaiserreich im Fall eines Krieges sowohl von Westen als auch von Osten bedroht. Man spricht dabei von einem (möglichen) Zwei-Fronten-Krieg.

Britisch-französische Annäherung

Das Ringen um Kolonien führte Ende des 19. Jhs. zu einem belasteten Verhältnis zwischen Frankreich und Großbritannien. 1898 standen sich in der Faschoda-Krise* gar britische und französische Truppen im heutigen Südsudan gegenüber: Es drohte ein militärischer Konflikt. Letztlich siegte aber die Diplomatie, die beiden Länder verständigten sich auf einen Ausgleich: Die französische Regierung verzichtete auf eine Einmischung im Sudan sowie in Ägypten. Im Gegenzug erhielten die Franzosen die britische Zusicherung, frei über Marokko zu verfügen. Diese diplomatische Annäherung fand ihren Ausdruck im 1904 geschlossenen Bündnis zwischen beiden Staaten, der „Entente cordiale" (dt. „herzliches Einvernehmen").

Deutschlands Weg: mit Österreich-Ungarn in die Isolation

Im Jahr 1907 schloss sich das Zarenreich dem britisch-französischen Bündnis an und die „Triple Entente" entstand. Für das Deutsche Reich bedeutete dies, dass es von drei militärisch starken Mächten umkreist war. Mit Österreich-Ungarn hatte es nur einen festen, militärisch nicht so starken Bündnispartner. Der Dreibund mit Italien stand zudem auf eher wackeligen Beinen, da das Land Ansprüche auf Gebiete in Oberitalien und Südtirol hatte, die damals noch zu Österreich gehörten. Daher verhandelte die italienische Regierung auch im Geheimen mit Frankreich. Das Deutsche Reich war damit bündnispolitisch beinahe isoliert.

Q2 Abkommen zwischen Russland und Frankreich

1892 vereinbaren die beiden Staaten u. a. Folgendes:

1) Falls Frankreich von Deutschland oder von Italien mit Deutschlands Unterstützung angegriffen wird, wird Russland alle seine verfügbaren Kräfte für einen Angriff auf Deutschland einsetzen. Falls Russland von Deutschland oder von Österreich mit Unterstützung Deutschlands angegriffen wird, wird Frankreich alle seine verfügbaren Kräfte zum Kampf gegen Deutschland einsetzen.
2) Falls Deutschland oder Österreich mobil machen sollten, werden auch Frankreich und Russland sofort gemeinsam ihre gesamten Streitkräfte mobil machen und so nahe wie möglich an die Grenze werfen.

Friedrich Stieve, Deutschland und Europa 1890–1914, Berlin 1928, S. 180ff.

M2 Bündnisse 1907

Illustration von 1979

*Die **Faschoda-Krise,** benannt nach einer Stadt im heutigen Südsudan, war der Höhepunkt der Rivalität um die Eroberung von afrikanischen Kolonien zwischen Großbritannien und Frankreich. Die beiden Staaten, deren Truppen bei Faschoda aufeinandertrafen, konnten sich aber friedlich verständigen.

1 Benenne die abgebildeten Personen der Karikatur (*Q 1*) und erkläre, welche Gefahren mit dem Bild des schwankenden Bootes ausgedrückt werden sollen.

2 Vergleiche die Karte (*M 1*) und die Zeichnung (*M 2*) im Hinblick auf die dargestellten Bündnisse. Arbeite Gemeinsamkeiten und Unterschiede heraus. → S. 197

3 Prüfe, inwiefern sich die Personen in der Mitte der Zeichnung (*M 2*) von den sie umgebenden Personen unterscheiden.

4 Versetzt euch in die Lage der beiden Personen innen sowie der Beteiligten außen und beschreibt eure Gefühle aus Sicht dieser Personen (*M 2*).

5 Fasse den zentralen Inhalt des Militärabkommens (*Q 2*) zwischen Frankreich und Russland zusammen.

6 Beurteile das französisch-russische Militärabkommen (*Q 2*) aus der Sicht des Deutschen Reiches. Beziehe in deine Antwort auch die Zeichnung (*M 2*) ein.

7 Beurteile, ob die Karikatur *Q 1* auch im Jahr 1907 passend gewesen wäre.

Ein europäischer Krisenherd: der Balkan

M1 Der Balkan 1913

Entstehung neuer Nationalstaaten

Seit dem 15. Jh. herrschte das Osmanische Reich über das Gebiet des Balkans. Als die Großmacht im 19. Jh. zunehmend an Macht und Einfluss verlor, wurden die Rufe nach nationaler Unabhängigkeit der dort lebenden verschiedenen Völker lauter. Das Osmanische Reich selbst drohte zu zerfallen und wurde als „kranker Mann am Bosporus" verspottet. Mehrere Völker nutzten diese Schwäche aus und erkämpften bis 1913 ihre Unabhängigkeit: Neue Nationalstaaten wie Serbien, Montenegro, Albanien, Rumänien, Bulgarien und Griechenland entstanden.

Panslawismus

Doch mit der Gründung von Nationalstaaten entstanden weitere Probleme: So waren nicht alle Balkanstaaten mit der neuen Grenzziehung einverstanden. Serbien befürwortete die Vereinigung aller südslawischen Völker in einem slawischen Einheitsstaat. Diese Idee wird als Panslawismus bezeichnet. Hinter dieser Forderung steckte aber ebenso das strategisch-wirtschaftliche Ziel, das serbische Territorium bis ans Mittelmeer auszudehnen, um neue Handelsrouten zu erschließen.

Der Vielvölkerstaat Österreich-Ungarn jedoch sah im Panslawismus eine Bedrohung für die eigene Existenz: Schließlich lebten viele Slawen innerhalb der Donaumonarchie. Als Österreich im Jahr 1908 Bosnien-Herzegowina endgültig besetzte, auch um den Serben einen Zugang zum Mittelmeer zu versperren, entstand das nächste Konfliktfeld: Serbien und Bosnien strebten eine Verdrängung Österreich-Ungarns vom Balkan an und drohten gar mit einem militärischen Vorgehen.

Eine animierte Karte zur Entwicklung des Balkans vom Ende des 19. Jhs. bis 1913 findest du unter Mediencode 30024-06

Verschärfung bestehender europäischer Gegensätze

Russland selbst sah sich als Schutzmacht aller Slawen und trat ebenfalls für deren Vereinigung unter seiner Führung ein. Das Zarenreich wollte hiermit auch seinen europäischen Einfluss vergrößern und mithilfe der Serben die Kontrolle über die Meerengen Dardanellen und Bosporus gewinnen. Damit verschärfte sich der Gegensatz zur benachbarten Großmacht Österreich-Ungarn einerseits und dem Osmanischen Reich andererseits, das die Meerengen weiterhin kontrollierte.

Das Deutsche Reich unterstützte auf der einen Seite Österreich-Ungarn als Bündnispartner und pflegte auf der anderen Seite die guten Beziehungen zum Osmanischen Reich. Damit traten die Gegensätze zu Russland noch deutlicher hervor. Frankreich sah sich hauptsächlich als russischer Bündnispartner – und damit als militärischer Gegner Deutschlands.

M2 Die Nationalitäten Österreich-Ungarns (1910)
Angaben in Prozent

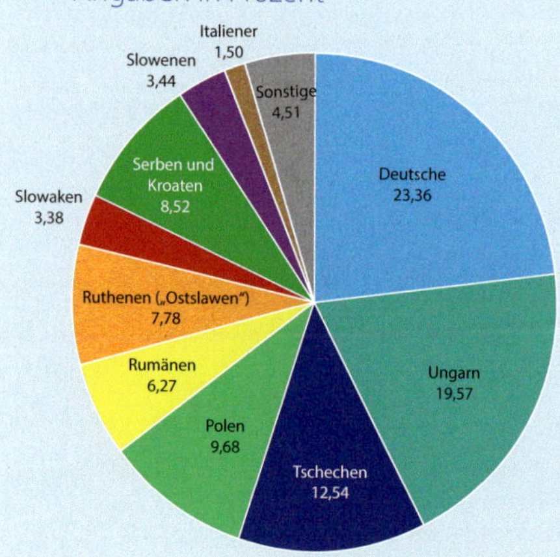

Nach: http://www.österreich-ungarn.de/demografie.html [28.05.2020]

Q1 „Gefahr für die Monarchie“

Der österreichische Generalstabschef Franz Conrad von Hötzendorf erklärt am 20. Januar 1913:

Die Entwicklung eines selbstständigen großserbischen Staates ist eine eminente* Gefahr für die [österreichisch-ungarische] Monarchie, sie liegt darin:

Dass erstens die Slawen der Monarchie [...] ihren Hort in diesem neuen [...] Staatswesen suchen, dass zweitens das selbstständige Serbien mit Montenegro eine nennenswerte Militärmacht repräsentiert [...].

Eingekeilt zwischen Russland, dann einem mächtig gewordenen Serbien und Montenegro [...] wird die Monarchie zur politischen Ohnmacht und damit zum sicheren Niedergang verurteilt sein. [...] Die Monarchie muss durch eine militärische Kraftäußerung ihr Prestige, besser gesagt ihre politische Geltung wiederherstellen. Am wirksamsten wäre dies der Fall, wenn es gelänge, in einem Krieg gegen Russland Sieger zu sein. [...] Es ist auch für Deutschland nur von Vorteil, wenn die Kraftprobe zwischen Dreibund und Triple Entente möglichst bald zum Austrag kommt.

Franz Conrad von Hötzendorf, Aus meiner Dienstzeit 1906–1918, Bd. 3, Wien 1922, S. 11 f.

*eminent sehr groß

Q2 „Balkan Troubles“

Karikatur aus dem britischen Satiremagazin „Punch“ von 1912

Die hier nicht abgebildete Bildunterschrift lautet „The Boiling Point“ (Der Siedepunkt).

1 Arbeite aus der Karte (*M 1*) heraus, wie sich die Grenzen auf dem Balkan veränderten. Nenne dabei Gebietsgewinner und -verlierer.

2 Beschreibe die dargestellte Szene in der Karikatur (*Q 2*), indem du die Metapher deutest und einzelne Personen entschlüsselst. → S. 197

3 Erkläre, warum man vom „Vielvölkerstaat Österreich-Ungarn“ spricht (*M 2*).

4 Österreich-Ungarn fühlte sich durch die Idee des Panslawismus in seiner Existenz bedroht. Begründe mit *M 2*, dass diese Sorge gerechtfertigt war.

5 Erstelle ausgehend vom Darstellungstext ein kartographisches Schaubild, das die Bündniskonstellation und die Situation auf dem Balkan beinhaltet. Dabei sollen die bedeutenden Nationen und ihre Beziehungen zueinander aufgezeigt werden. Pfeile markieren Unterstützung (⟶), Blitze signalisieren Gegnerschaft (⚡). Markiere anschließend mit entsprechenden Farben. → S. 197

6 a) Fasse die Gefahren zusammen, die der österreichische Generalstabschef sieht (*Q 1*).
b) Bewerte seinen Lösungsvorschlag aus heutiger Sicht.

Auf dem Weg in den Krieg

Q1 Die Katastrophe von Sarajewo
Titelblatt der Wiener „Kronen-Zeitung" vom 29. Juni 1914

Ein Exemplar 10 Heller. 15. Jahrgang. Nr. 5203.

Illustrierte Kronen Zeitung

Monatlich Krone 1.20 mit Zustellung ins Haus.

Wien, Montag, den 29. Juni 1914.

Die Katastrophe von Sarajewo.

Attentat auf Erzherzog Franz Ferdinand und Herzogin von Hohenberg.

Mit Bombe und Browning.

Der Thronfolger und seine Gemalin ermordet.

Zwei Attentate.

Dem ersten entkommen, dem zweiten erlegen.

Die Attentäter verhaftet.

Von der empörten Menge blutig zugerichtet.

Rückkehr des Kaisers.

Q2 Das Attentat von Sarajewo
Titelblatt der Wiener „Kronen-Zeitung" vom 30. Juni 1914

Ein Exemplar 10 Heller. 15. Jahrgang. Nr. 5204.

Illustrierte Kronen Zeitung

Monatlich Krone 1.20 mit Zustellung ins Haus.

Wien, Dienstag, den 30. Juni 1914.

Das Standrecht in Sarajewo verhängt.

Große Demonstrationen gegen die Serben.

Das Attentat von Sarajewo. Die Ermordung des Thronfolgers und seiner Gemahlin.

*Julikrise 1914
Im Juli 1914 verschärften sich nach dem Attentat auf den österreichisch-ungarischen Thronfolger die Spannungen zwischen den europäischen Großmächten dramatisch.

*Blankoscheck
Der „Blankoscheck" des Deutschen Reiches erlaubte der österreichischen Regierung die völlige Handlungsfreiheit in Bezug auf Serbien. Österreich-Ungarn konnte sich in jedem Fall der deutschen Unterstützung sicher sein.

*Ultimatum
Aufforderung, eine Angelegenheit zu einem bestimmten Termin zu lösen. Andernfalls droht eine Strafe.

*Mobilisierung
Bei der Mobilisierung/Mobilmachung wird eine Armee für den Krieg einsatzbereit gemacht.

Das Attentat von Sarajewo

Der österreichische Thronfolger Franz Ferdinand und seine Frau Sophie besuchten am 28. Juni 1914 Sarajewo, die Hauptstadt von Bosnien-Herzegowina, das seit 1908 zu Österreich gehörte. Neben Kroaten und Muslimen machten die Serben etwa 40 Prozent der dortigen Gesamtbevölkerung aus. Diese lehnten die österreichische Herrschaft ab und strebten eine Vereinigung mit Serbien an. Um ihren Interessen Nachdruck zu verleihen, schickte die serbische Terrororganisation „Schwarze Hand" deshalb mehrere Attentäter nach Sarajewo: Dort erschoss der 19-jährige Student Gavrilo Princip Franz Ferdinand und seine Gemahlin. Die Berichte über das „Attentat von Sarajewo" füllten in den nächsten Tagen europaweit die Zeitungen.

Julikrise

Österreich-Ungarn wollte das Attentat nutzen, um mit Serbien „abzurechnen" und das Land zu schwächen. In der Folge kam es zur sogenannten Julikrise 1914*. Die deutsche Regierung sicherte am 6. Juli dem österreichischen Bündnispartner die bedingungslose Unterstützung zu und stellte damit quasi einen Blankoscheck* aus.
Daraufhin richtete Österreich-Ungarn am 23. Juli ein hartes Ultimatum* an Serbien: Eine Bedingung war unter anderem die Teilnahme österreichischer Beamter an den Untersuchungen zum Attentat. Dies lehnte die serbische Regierung ab, auch wenn der größte Teil der anderen österreichischen Forderungen akzeptiert wurde. Diese Ablehnung nahm Österreich-Ungarn zum Anlass, am 28. Juli Serbien den Krieg zu erklären. Was folgte, war eine Kette von Mobilisierungsbefehlen* und Kriegserklärungen der sich gegenüberstehenden Bündnisse. Russland unterstützte Serbien und konnte seinerseits auf die anderen Entente-Mächte Frankreich und Großbritannien bauen. Demgegenüber standen das Deutsche Reich und Österreich-Ungarn als Mittelmächte.

Überall Kriegsbegeisterung?

Der Glaube an die Überlegenheit des Deutschen Kaiserreiches ließ vor allem die wohlhabenden Schichten und das Bürgertum an ein schnelles Kriegsende glauben. Schon vor und mit dem Kriegsbeginn am 1. August brach deshalb in Teilen der Bevölkerung eine regelrechte Euphorie aus, die sich in der Öffentlichkeit wie folgt darstellte: Die Zeitungen beschworen die Hoffnungen auf einen schnellen Sieg, Fotos von Soldaten, wie sie mit Blumen und Paraden verabschiedet wurden, machten die Runde, ganze Abiturklassen meldeten sich freiwillig zur Kriegsteilnahme. Diese Begeisterung für den Krieg zeigte sich in ähnlicher Weise in Frankreich, Großbritannien und Russland.
Bei Bauern, Arbeitern und den Sozialdemokraten indes kam eine derart positive Stimmung nicht auf. Immer wieder wurde vor dem Krieg in Demonstrationen der Frieden beschworen und auf die nicht absehbaren Folgen aufmerksam gemacht. Als Kaiser Wilhelm II. im Reichstag für die Kriegsfinanzierung die Zustimmung zu Krediten benötigte, stimmte die SPD dann notgedrungen dafür – die Partei wollte sich nicht Verrat an den nationalen Interessen vorwerfen lassen.

Q3 „Ich bin bereit …"

Wilhelm II. telegrafiert am 31. Juli 1914 an Kaiser Franz Joseph I. von Österreich:

Ich bin bereit, die Verpflichtungen unseres Bündnisses zu erfüllen und unmittelbar zum Krieg gegen Russland und Frankreich zu schreiten. In diesem schwierigen Kampf ist es von äußerster Bedeutung, dass Österreich seine Hauptstreitkräfte gegen Russland wirft und sie nicht verbraucht in einer Offensive gegen Serbien […]. Serbien spielt nur eine untergeordnete Rolle in diesem gewaltigen Kampf […].

Fritz Fischer, Hitler war kein Betriebsunfall, München 1992, S. 52

M1 Kette von Mobilmachungen und Kriegserklärungen 1914

25. Juli	Teilmobilmachung Serbiens nach Zusage russischer Unterstützung
28. Juli	Österreichisch-Ungarische Kriegserklärung an Serbien
30. Juli	Mobilmachung Russlands
1. August	Mobilmachung Frankreichs (15 Uhr) Mobilmachung des Deutschen Reiches (17 Uhr) Deutsche Kriegserklärung an Russland (19 Uhr)
3. August	Deutsche Kriegserklärung an Frankreich
4. August	Einmarsch deutscher Truppen ins neutrale Belgien Britische Kriegserklärung an das Deutsche Reich

Q4 Mobilmachung

Aus der Berliner Morgenpost vom 1. August 1914

Extra-Blatt.

BERLINER MORGENPOST

20 Pfennig

Gratis! Sonnabend, 1. August 1914. Gratis!

Mobilisierungs-Befehl.

Soeben ist ein Erlaß des Kaisers ergangen, der die

allgemeine Mobilisierung des Deutschen Heeres und der Flotte anordnet.

Als erster Mobilmachungstag gilt:

Sonntag, der 2. August 1914.

Q5 Mobilmachung

Foto vom August 1914

Es zeigt Soldaten bei der Abfahrt zur Front.

Kaiser Wilhelm II. hielt bei Kriegsbeginn eine Rede an das deutsche Volk. Diese wurde auf Plakaten und in allen deutschen Zeitungen veröffentlicht. Kurz vor Kriegsende fertigte er davon auch eine Tonaufzeichnung an. Beides findest du unter Mediencode 30024-07

1 Beschreibe die mögliche Wirkung der Schlagzeile (*Q 1*) sowie des Titelbildes (*Q 2*) auf die Leser der „Kronen-Zeitung".

2 Der spätere englische Premierminister David Lloyd George sagte rückblickend über den Kriegsausbruch sinngemäß, die Großmächte seien im Juli 1914 in den Krieg geglitten oder gestolpert. Überprüfe diese Aussage (*VT, Q 3, Q 4, M 1*).

3 Fasse die Aussagen Wilhelms II. (*Q 3*) zusammen und begründe seine strategische Empfehlung an Österreich-Ungarn.

4 Analysiere das Foto (*Q 5*) nach dem Schema *Beschreiben – Untersuchen – Deuten*.

5 Historiker unterscheiden zwischen dem unmittelbaren Auslöser des Ersten Weltkriegs und den häufig länger zurückliegenden Ursachen. Urteile selbst wie ein Historiker, benenne den Auslöser und fasse die Ursachen zusammen.

Kriegsverlauf bis 1916 und Kriegsalltag

M1 Der Kriegsverlauf von 1914 bis 1916

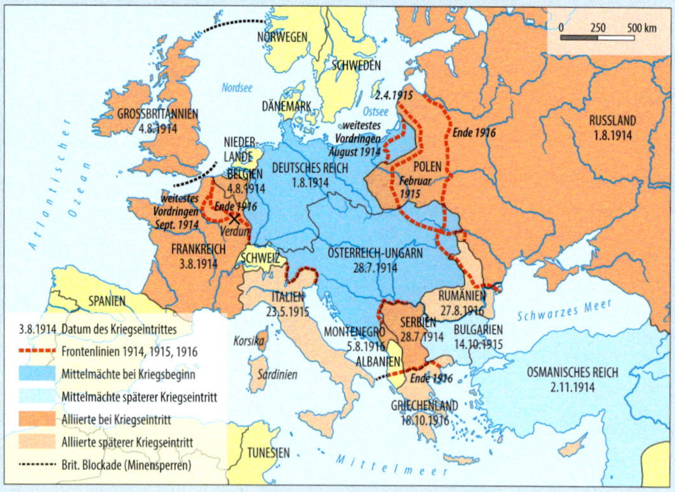

*Front
bezeichnet im Krieg die Grenze oder Berührungslinie der sich gegenüberstehenden Truppen.

*Schützengraben
in die Erde gegrabener, (mehr als mannshoher) Gang.

Das Armeemuseum in Ingolstadt hat zahlreiche anschauliche Ausstellungsstücke. Dazu gehört auch ein nachgebauter, begehbarer Schützengraben. Zu einem Foto von ihm gelangst du mithilfe von Mediencode 30024-08

Eine anschauliche animierte Karte zum Kriegsverlauf 1914 bis 1916 findest du unter Mediencode 30024-09

Der deutsche Plan scheitert

Das Deutsche Reich orientierte sich bei der Kriegsführung am sogenannten Schlieffen-Plan von 1905. Dieser beinhaltete ein rasches Vordringen nach Frankreich über Belgien und Luxemburg mit dem Ziel eines schnellen Sieges an der Westfront*. Dann sollte das deutsche Heer gegen Russland eingesetzt und dadurch ein Zwei-Fronten-Krieg vermieden werden. Aber der Plan ging aus zwei Gründen nicht auf: Die französische Armee stoppte ab Mitte September 1914 den deutschen Vormarsch. Zudem erfolgten unerwartet früh russische Angriffe im Osten. Das Deutsche Reich kämpfte nun tatsächlich an zwei Fronten.

Stellungskrieg im Osten und Westen

Die Lage an der Ostfront gestaltete sich wie folgt: Zunächst besetzten russische Truppen Teile Ostpreußens. Danach gelang es der deutschen Armee unter den Oberbefehlshabern General Erich Ludendorff und Paul von Hindenburg langsam nach Osten vorzurücken, ehe hier ab 1916 der Krieg zum Stellungskrieg erstarrte. Aus dem Bewegungskrieg entwickelte sich ab September 1914 auch an der deutschen Westfront ein Stellungskrieg: Franzosen und Deutsche legten ein aufwändiges System von Schützengräben* an, um sich einerseits zu schützen und andererseits eigene Angriffe vorzubereiten. Die Gebietsgewinne waren indes minimal, die Front bewegte sich kaum. In sogenannten Materialschlachten kam es deshalb zu zermürbenden Abnutzungskämpfen mit hohen Opferzahlen. Als Symbol für die Sinnlosigkeit dieser neuen Dimension des Krieges gilt die Schlacht von Verdun (Februar bis Juni 1916), bei der schätzungsweise 800 000 Soldaten starben. Zurückzuführen sind die hohen Opferzahlen auf den Einsatz von teils neuen Waffen mit zunehmend verheerender Wirkung: Dazu zählten Maschinengewehre, Granaten, Minen, Flammenwerfer, Ferngeschütze, Giftgas und Panzer auf dem Land, Flugzeuge in der Luft sowie Schlachtschiffe und Unterseeboote auf dem Wasser.

Erster Weltkrieg?

Das Kriegsgeschehen beschränkte sich indes nicht nur auf die deutsche West- und Ostfront. Die britische Flotte blockierte erfolgreich die Zugänge von der Nordsee in den Atlantik. Dadurch erhielt das Deutsche Reich keine kriegswichtigen Rohstoffe aus Übersee mehr. Die deutsche Militärführung setzte daraufhin im Atlantik U-Boote gegen britische Handelsschiffe ein. Außerdem gab es bis 1916 auch folgende Kriegsschauplätze:

- Mit dem Kriegseintritt des Osmanischen Reiches auf der Seite der Mittelmächte bildeten sich Frontlinien im Kaukasus, in Ägypten sowie dem Schwarzen Meer.
- Italien erklärte im Mai 1915 Österreich-Ungarn den Krieg; dadurch kam die sogenannte Alpenfront hinzu.
- Großbritannien beschloss, alle deutschen Kolonien anzugreifen bzw. sie von französischen, indischen, südafrikanischen, australischen, neuseeländischen oder japanischen Truppen angreifen zu lassen.

M2 Truppenstärke bei Kriegsausbruch
Angaben in Millionen

Russland	5,97
Deutsches Reich	4,5
Frankreich	4,02
Österreich-Ungarn	3,0
Großbritannien	0,98
Italien	1,25

Putzger. Historischer Weltatlas, Berlin [103]2004, S. 155

Q1 Aus dem Schützengraben

Das Foto zeigt deutsche Soldaten im Kampf aus dem Schützengraben, aufgenommen 1916 bei der Schlacht von Verdun.

Q2 „Betet fleißig"

1914 wird der Bauer Stefan Schimmer (38) aus Oellingen (Unterfranken) zum Militärdienst einberufen. Seiner Frau schreibt er u. a. folgende Briefe:

18.10.1914: Wir haben fast Tag und Nacht Dienst, 2 Tage Schützengraben, 1 oder 2 Tage auf Wache. Wir müssen die Stellung fest halten. [...] Wir hatten auch Artilleriefeuer, das war fürchterlich. 2 Tote und 3 verwundet. [...] Ich schlaf oft den ganzen Tag keine 2 Stunden vor Angst um mein Leben. Wenn ich nur nicht durch die Kugel fallen muss, nur wegen Dir und den Kindern.

3.11.1914: Die Kugeln pfiffen, dass ich gar nicht wusste, was ich vor Angst anfangen solle. [...] Es war grässlich, wie ein Teil der Verwundeten aussah. Gab auch 20 Tote und über 8 Verwundete. Wenn wir nur nicht ins Gefecht müssten. Betet fleißig. Ich bete fast Tag und Nacht.

15.11.1914: Es ist bald nimmer zum Aushalten, wenn man 2 Tage und 2 Nächte im Wald gearbeitet hat und die Nacht durch Posten steht [...]. Wenn es so fort geht, verliere ich noch meinen Verstand vor Angst und Aufregung.

Briefe unseres Großvaters Stefan Schimmer 1914/15; Selbstverlag, Oellingen 1981

Q3 Nach der Schlacht

Foto vom 10. April 1918, nachträglich koloriert

Verwundete britische Soldaten, vermutlich nach einem Giftgasangriff erblindet, warten auf die Versorgung oder kommen aus dem Feldlazarett.

M3 Flottenvergleich bei Kriegsausbruch

	Mittelmächte	Entente
Schlachtschiffe, Kreuzer	84	188
(Torpedoboot-) Zerstörer	182	443
U-Boote	34	161

Nach: www.militear-wissen.de/der-1-weltkrieg-zur-see [14.05.2020]

Zu einem Video über den Ersten Weltkrieg mit Originaldokumenten und zu einem Erklärfilm führt dich Mediencode 30024-10

1 Beschreibe den Kriegsverlauf der Jahre 1914 bis 1916 mithilfe der Karte (*M 1*) aus deutscher Perspektive. ➔ S. 197

2 Analysiere *M 2* und *M 3* und beurteile anschließend die Situation der Mittelmächte bei Kriegsausbruch.

3 Arbeite mithilfe von *Q 1*, *Q 2* und *Q 3* die eingesetzten Waffen und die Art der Kriegsführung heraus.

4 Bearbeite die folgenden Arbeitsaufträge zu *Q 2*:
a) Fasse die Sinneseindrücke Schimmers von der Front zusammen.
b) Diskutiere ausgehend von den Briefen Schimmers mögliche Folgen für die Soldaten.

5 Der Erste Weltkrieg wurde nicht nur militärisch geführt. Begründe diese Aussage (*M 1*, *M 3* und *VT*).

Methode

Kriegspropaganda analysieren: Postkarten im Ersten Weltkrieg

*Propaganda ist die gezielte und systematische Verbreitung von politischen Ideen, Weltanschauungen oder Meinungen mithilfe von Medien. Ziel ist immer die Manipulation von Meinungen und Einstellungen. Der Begriff ist negativ besetzt und wird mit Diktaturen in Verbindung gebracht.

Im Ersten Weltkrieg setzten die Regierungen der beteiligten Länder mehr als jemals zuvor Propaganda* ein, um die Einstellung der Bevölkerung zum Krieg in ihrem Sinne zu beeinflussen. Als besonders geeignet galten hierfür Postkarten: Sie wurden zu Milliarden kostenlos verteilt, die Soldaten schrieben – portofrei – von der Front an ihre Liebsten zu Hause und umgekehrt. Dadurch waren die Postkarten einerseits persönlich durch die individuellen Nachrichten, andererseits konnten sie mit der Bildaussage auf der Vorderseite dazu beitragen, den Kampfgeist anzuspornen, die Vaterlandsliebe zu betonen und den Durchhaltewillen zu fördern. Auch wurden die feindlichen Staaten negativ dargestellt und es wurde gegen sie gehetzt.

Q1 Wie die „deutschen Barbaren“ aussehen
Postkarte von 1914

Nachdem ihre Truppen in Belgien schwere Kriegsverbrechen begangen hatten, galten die Deutschen als Barbaren.

Q2 „2 gegen 7, Hurra! Wir wer'n das Ding schon schieben.“
Propagandapostkarte, zwischen 1914 und 1918

Beschreiben

- Beschreibe die einzelnen Personen, Gegenstände, Landschaft, Farben … ①
- Was ist im Vordergrund, was im Hintergrund zu sehen? ②
- Zeige auf, dass der Betrachter aus einer bestimmten Perspektive auf das Geschehen blickt. ③
- Übersetze den Text (falls vorhanden) ggf. in deine Sprache. ④

① *Ein deutscher und ein österreichischer Soldat stehen in der Mitte …. Sie tragen … und sind … bewaffnet.*

② *… während im Hintergrund ein Soldat ….*

③ *Der Betrachter sieht die feindlichen Mächte von oben, sie liegen ….*

④ *Auch in Unterzahl werden wir ….*

Untersuchen

- Kläre, wofür die einzelnen Bildelemente stehen können. ①
- Beziehe den historischen Hintergrund bei der Entstehung der Postkarte ein. ②
  Siehe dazu die Seiten 34f.
- Ermittle, von wem die Postkarte oder das Propagandabild in Auftrag gegeben wurde. ③
- Erkläre, an wen sich das Bild wendet. ④
- Welche Emotionen löst das Bild beim Betrachter vermutlich aus? ⑤

① *Das Bild stellt eine Metapher dar. Dabei steht/stehen … für ….*

② *Die Postkarte wurde während des Ersten Weltkriegs vervielfältigt …. In dieser Zeit ….*

③ *Die Postkarte wurde vermutlich von der deutschen Regierung in Auftrag gegeben, um ….*

④ *Sie wendet sich zum einen an die Soldaten, weil …. Zum anderen ….*

⑤ *Der Betrachter wird einerseits zum Schmunzeln gebracht, da …. Andererseits wird die Hoffnung geweckt, dass ….*

Deuten

- Formuliere in einem Satz, welche Wirkung erzielt werden soll. ①
- Arbeite die Intention (= Absicht) des Auftraggebers heraus. ②
- Vergleiche die Darstellung mit der historischen Realität. Wo gibt es Gemeinsamkeiten, wo Unterschiede? ③
- Bewerte die zentrale Aussageabsicht kritisch. ④

① *Die Wirkung besteht darin, dass ….*

② *Der Auftraggeber beabsichtigte mit dem Bild ….*

③ *Ein Unterschied zeigt sich in der tatsächlichen Situation im Krieg, da ….*

④ *Meiner Meinung nach ….*

Kriegsalltag in der Heimat

Q1 Lebensmittelkarte (1915)

Stadt München

Brotkarte A

Nicht übertragbar! | Rückseite beachten! | Unveräußerlich!

Die Karte berechtigt zum Einkauf

von 14 Pfund Brot

oder 10 Pfund Brot und 3 Pfund Mehl

ferner von ½ Pfund Reis

in der Zeit

vom 29. November bis 26. Dezember 1915

(4 Wochen).

Für verloren gegangene oder zu früh verbrauchte Karten werden neue Karten **nicht** abgegeben.

Q2 Frauen in der Munitionsfabrik

Foto, zwischen 1914 und 1917

Zur Lebensmittelversorgung und Kriegsmoral siehe Mediencode 30024-11

Die App „Lost generation" für Android und Apple ist ein Projekt des Volksbundes Deutsche Kriegsgräberfürsorge. Mit ihr erhalten Lernende einen Überblick über den Kriegsverlauf und können sich zudem aus verschiedenen Perspektiven mit den Kriegserlebnissen auseinandersetzen. Zu weiteren Informationen führt dich Mediencode 30024-12

Umstellung auf Kriegswirtschaft

Der Krieg verändert auch den Alltag der Menschen in den beteiligten Ländern. So produzierte die Industrie seit Kriegsbeginn hauptsächlich Kriegsmaterial wie Waffen, Munition, Ausrüstung. Weil die britische Seeblockade im Deutschen Reich zu einem Mangel an Rohstoffen (Edelmetalle, Kautschuk, Öl, Baumwolle, chemische Stoffe) führte, musste man auf Ersatzstoffe umsteigen: Kirchenglocken schmolz man ebenso ein wie Eisentore. Obstkerne, Brennnesselstängel, Menschenhaar wurden gesammelt, um daraus Speiseöl, Kleidungsstoffe und Treibriemen für Fahrzeuge herzustellen.

Frauen ersetzen Männer

Weil viele Männer im Krieg waren, gab es einerseits eine Dienstpflicht für die „übrige" männliche Zivilbevölkerung. Die größte Last trugen indes die Frauen, die nun allein für ihre Familien verantwortlich waren und zusätzliche Aufgaben erfüllen mussten: Sie sprangen dort ein, wo männliche Arbeitskräfte wegen des Militärdienstes fehlten: vor allem in Rüstungsfabriken und bei schweren körperlichen Tätigkeiten in der Landwirtschaft.

Hunger bei den Mittelmächten

Am meisten litten die Menschen in Deutschland und Österreich-Ungarn unter dem Mangel an Lebensmitteln. Dieser kam durch Missernten bei Getreide und Kartoffeln zustande. So bestimmte der Hunger seit dem Winter 1915/16 den Alltag in der Heimat. Der Staat rationierte deshalb die Nahrungsmittel, indem man diese nur noch mit Lebensmittelkarten erwerben konnte. Die dadurch hervorgerufene Mangelernährung machte die Menschen anfälliger für Krankheiten: Man geht davon aus, dass im Deutschen Reich während der Kriegsjahre ca. 500 000 Menschen an den Folgen der Unterernährung starben.

Kriegsanleihen zur Finanzierung

Um die ständig steigenden Kriegskosten zu bezahlen, nahmen die betroffenen Regierungen sogenannte Anleihen bei der Bevölkerung auf: Der Staat gab dabei Wertpapiere aus. Die Bürger kauften diese und erhielten dabei das Versprechen, dass sie nach Kriegsende sowohl das Geld als auch Zinsen auf die Kriegsanleihen zurückbekämen. Daneben sollte die Bevölkerung ihre Opferbereitschaft durch die Abgabe von Goldschmuck und Wertstoffen sowie Spenden für die Kriegsfürsorge unter Beweis stellen.
Wegen dieser Belastungen verschlechterte sich die Stimmung in der Bevölkerung zusehends. Die Kriegsmüdigkeit nahm mit den Kriegsjahren zu, immer häufiger kam es zu Streiks und Demonstrationen.

Wusstest du?

Im letzten Kriegsjahr 1918 brach die sogenannte Spanische Grippe aus. An dieser Seuche, die bis 1920 andauerte, starben zwischen 25 und 50 Millionen Menschen weltweit. Damit forderte diese Pandemie mehr Tote als der Erste Weltkrieg.

M 1 Rationierung der Lebensmittel

Die Stadt Herne hat für März 1917 folgende Mengen pro Person zugeteilt:

Lebensmittel		Nährwert (in kcal)
1750 g	Brot	7000
750 g	Kartoffeln	510
625 g	Steckrüben (= Kohlrüben)	240
175 g	Fleisch	440
35 g	Wurst	100
60 g	Butter	420
¼ St.	Ei	25
104 g	Nährmittel (Getreideprodukte)	70
200 g	Zucker	800
31 g	Kriegsmarmelade (aus Karotten)	45
125 g	Kunsthonig	420
		Gesamt: 10 070

Erste Spalte nach: Anne Roerkohl, Hungerblockade und Heimatfront. Die kommunale Lebensmittelversorgung in Westfalen während des Ersten Weltkrieges, Stuttgart 1991, S. 290

Q 4 „... zeichne Kriegsanleihe!"

Plakat vom Januar 1917

Q 3 „... die schlimmste Woche"

Eine Australierin, die den Krieg in Leipzig erlebt, berichtet im Dezember 1917 in einem Brief:

Wir haben eine seltsame Woche durchgestanden – die schlimmste Woche, die das deutsche Volk bis jetzt erleben musste. Keine Kohle, das elektrische Licht abgestellt, Gas heruntergedreht [...] und praktisch nichts zu essen – es scheint keine Kartoffeln mehr zu geben – jeder hat ein halbes Pfund sogenannte Kartoffelflocken bekommen [...]. Sie scheinen mir getrocknete Kartoffelschalen zu sein [...]. Wir hatten also dies halbe Pfund, 5 Pfund Rüben, 3 ½ Pfund Brot und das war alles [...]. Es übersteigt mein Fassungsvermögen, wie die Armen hier zurechtkommen. Jedes andere Volk dieser Erde würde sich gegen eine Regierung erheben, die es in solches Elend geführt hat, aber diese Leute haben keinen Funken Unternehmensgeist mehr.

Decie Denholm, Eine Australierin in Leipzig. Die heimlichen Briefe der Ethel Cooper 1914–1919, in: Bernd Hüppauf (Hrsg.), Ansichten vom Krieg, Königstein/Ts. 1984, S. 141 (übersetzt von Barbara Hüppauf)

1 Beschreibe das Bild (*Q 2*) und leite die positiven und negativen Auswirkungen dieser „neuen Rolle der Frau" ab.

2 Bearbeite die folgenden Arbeitsaufträge zu *M 1*:

a) Erkläre mithilfe der Tabelle, warum der harte Winter 1916/17 auch „Steckrübenwinter" genannt wurde.

b) Erwachsene haben einen Energiebedarf von 2500–3000 kcal (Männer) bzw. 2000–2500 kcal (Frauen). Berechne mithilfe des Taschenrechners, wie viel den Menschen laut Tabelle tatsächlich zur Verfügung stand. Was stellst du fest? ➜ S. 197

c) Erörtert mögliche kurz- und langfristige Folgen der Rationierung der Lebensmittel (*Q 1*, *M 1*).

3 Fasse mit eigenen Worten die beschriebene Mangelsituation zusammen (*Q 3*).

4 Diskutiert mögliche Gründe, warum sich die deutsche Bevölkerung bis Ende 1917 nicht gegen die Regierung stellte (*VT*, *Q 3*).

5 Analysiert das Plakat (*Q 4*) nach der Methode wie die Postkarten (S. 36/37).

6 Erkläre das Risiko einer solchen Anleihe (*Q 4*) im Falle einer Kriegsniederlage.

Epochenjahr 1917 (I): Kriegseintritt der USA

Q1 „Wunder der Technik"
Karikatur aus der deutschen Zeitschrift „Simplicissimus" von 1917

Deutscher U-Boot-Krieg

Das Deutsche Reich reagierte auf die seit 1914 bestehende britische Seeblockade* mit dem U-Boot-Krieg. So sollten Kriegs- und Handelsschiffe der Alliierten* angegriffen werden. Als im Mai 1915 mit der „Lusitania" ein britisches Passagierschiff versenkt und 1198 Menschen, davon 124 US-Amerikaner, getötet wurden, war das Entsetzen auch in den USA groß: Neben den eigenen Landsleuten betrauerten sie ebenfalls die toten Briten. Großbritannien als wichtigstem Handelspartner fühlten sie sich auch durch die gemeinsame Sprache und die Demokratie verbunden.

Weil sich der Verlauf der Fronten in den Kriegsjahren kaum veränderte, entschied sich die Oberste Heeresleitung* 1917 zum sogenannten „uneingeschränkten U-Boot-Krieg". Ab Februar griffen deutsche U-Boote alle Schiffe der Alliierten ohne Vorwarnung an. Dadurch hoffte man einerseits, Großbritannien zu Friedensverhandlungen zwingen zu können. Andererseits sollte damit der US-Nachschub von Kriegsmaterial, Rohstoffen und Lebensmitteln an die Alliierten verhindert werden.

*Alliierte
sind verbündete Staaten. Im Ersten Weltkrieg (1914–1918) werden damit die Kriegsgegner der Mittelmächte bezeichnet, vor allem die Entente-Mächte Großbritannien, Frankreich und Russland sowie die USA nach deren Kriegseintritt 1917.

Q2 US-Präsident Thomas Woodrow Wilson (1913–1921)

Der Kriegseintritt der USA …

Den uneingeschränkten U-Boot-Krieg nahmen die USA zum offiziellen Anlass, um dem Deutschen Reich am 6. April 1917 den Krieg zu erklären. US-Präsident Thomas Woodrow Wilson begründete dies zudem mit der Sicherung und Stärkung der Demokratie. Daneben bestanden aber auch massive wirtschaftliche Interessen der Amerikaner: Neben Waffenlieferungen gewährten die USA vor allem Frankreich und Großbritannien Kredite im Wert von mehr als zwei Milliarden Dollar. Die Rückzahlung dieser Gelder wäre bei einem deutschen Sieg sehr unwahrscheinlich geworden.

… markiert eine Vorentscheidung und begründet eine Epoche

Die Vereinigten Staaten als mittlerweile stärkste Industrienation stellten auf Kriegswirtschaft um: In den eineinhalb Jahren bis zum Kriegsende investierte die US-Regierung über 30 Milliarden US-Dollar. Zudem beteiligten sich zwei Millionen US-Soldaten am Krieg in Europa. Damit fiel eine Vorentscheidung zugunsten der Alliierten, auch wenn sich diese erst im Jahr 1918 vollständig entfalten sollte.

Der Kriegseintritt der USA 1917 stellte auch eine Wende in der Weltpolitik dar: Das Land selbst entwickelte sich damit zur militärischen Weltmacht des 20. Jhs. Es sah sich fortan – von Unterbrechungen in den 1930er-Jahren abgesehen – als Vorkämpfer für Freiheit und Demokratie.

M1 US-Exporte an europäische Mächte
Angaben in Millionen US-Dollar

	1913	1916
Großbritannien	590	1500
Frankreich	145	628
Italien	76	269
Deutsches Reich	331	288

Willi Paul Adams, Die USA im 20. Jahrhundert, München 200, S. 39f.; Angaben für Italien: https://fraser.stlouisfed.org/files/docs/publications/FRB/pages/1915-1919/24528_1915-1919.pdf [10.12.2020]

Q3 „England zum Frieden zwingen"

Der deutsche Admiral Holtzendorff äußert sich am 22. Dezember 1916 in einer geheimen Denkschrift:

Gelingt es, England das Rückgrat zu brechen, ist der Krieg zu unseren Gunsten entschieden. Englands Rückgrat ist aber der Schiffsraum, der Großbritannien die notwendige Zufuhr [von Rohstoffen, Kriegsmaterial und Lebensmitteln] sichert.

Ich erkläre, dass wir mit dem uneingeschränkten U-Boot-Krieg in fünf Monaten England zum Frieden zwingen können [...]. Ein bald einsetzender uneingeschränkter U-Boot-Krieg ist also trotz der Gefahr eines Bruchs mit Amerika das richtige Mittel, den Krieg siegreich zu beenden.

Wolfgang Lautemann und Manfred Schlenke, Geschichte in Quellen. Weltkriege und Revolutionen. 1914–1945, München [3]1979, S. 52 f.

Q4 „Es ist eine fürchterliche Sache"

Am 2. April 1917 bittet US-Präsident Thomas Woodrow Wilson die Abgeordneten im Senat und im Repräsentantenhaus um Zustimmung zur Kriegserklärung gegen das Deutsche Reich. In der Rede heißt es u. a.:

Die Welt muss sicher gemacht werden für die Demokratie. [...] Wir verlangen nach keiner Eroberung, keiner Herrschaft. Wir sind lediglich einer der Vorkämpfer für die Rechte der Menschheit.

Es ist eine fürchterliche Sache, dieses große friedfertige Volk in den Krieg zu führen, in den schrecklichsten und verheerendsten aller Kriege, in dem die Zivilisation selbst auf dem Spiele zu stehen scheint. Aber das Recht ist kostbarer als der Friede, und wir werden für die Dinge kämpfen, die unseren Herzen immer am nächsten waren – für die Demokratie, [...] für die Rechte und Freiheiten kleiner Nationen, für eine allgemeine Herrschaft des Rechts durch einen Bund der freien Völker, der allen Nationen Frieden und Sicherheit bringen und die Welt selbst endlich befreien wird.

Johannes Hohlfeld (Hrsg.), Dokumente der Deutschen Politik und Geschichte von 1848 bis zur Gegenwart, Bd. 2: Das Zeitalter Wilhelms II.: 1890 bis 1918, Nr. 144c, Berlin 1951, S. 343 ff.

Q5 „Destroy this mad brute"

US-Propagandaplakat von 1917

Der Text lautet übersetzt: „Zerstöre dieses verrückte Tier – Verpflichte dich [für die US-Armee]"

***Oberste Heeresleitung** die höchste Kommandoebene in der Armee des Deutschen Reiches

***britische Seeblockade** Mit ihr wollte Großbritannien verhindern, dass das Deutsche Reich mit Rohstoffen und Lebensmitteln aus Übersee versorgt wird.

1 Interpretiere die Karikatur (*Q 1*): Beschreibe das Bild, erkläre die verwendeten Symbole und deute die zentrale Aussage. → S. 197

2 Erläutere den Vorschlag von Admiral Holtzendorff (*Q 3*) und zeige auf, dass sein Vorschlag Risiken beinhaltet.

3 Fasse die von US-Präsident Wilson genannten Ziele für den Kriegseintritt zusammen (*Q 4*).

4 Überprüfe diese Kriegsziele mithilfe der Statistik (*M 1*).

5 Analysiere das Propagandaplakat (*Q 5*) nach der Methode auf Seite 36/37: Achte dabei auf den Dreischritt *Beschreiben – Untersuchen – Deuten*.

Epochenjahr 1917 (II): Revolution in Russland

Q1 Russische Gesellschaft
Karikatur von 1907

Gesellschaftliche Missstände in Russland …

Im Zarenreich gab es Ende des 19. und Anfang des 20. Jhs. große Probleme, die viele Menschen unzufrieden machten: Die Bauern waren zwar frei, hatten jedoch meist zu wenig Land, um sich bei durchschnittlichen Ernten ausreichend zu ernähren. Die schlecht bezahlten Industriearbeiter litten unter den unzumutbaren Arbeits- und Wohnbedingungen; sie waren als erste von möglichen Hungersnöten betroffen. Der Zar hingegen herrschte praktisch uneingeschränkt; er stützte seine Macht auch auf das Militär. Im Ersten Weltkrieg verschärfte sich die Lage: Versorgungs- und Transportprobleme führten zu Hungersnöten in den Städten, die Soldaten waren vergleichsweise schlecht ausgerüstet und mussten trotz anfänglicher Siege erhebliche Verluste hinnehmen.

⚠ **Kommunismus**
Bezeichnung für die politische Weltanschauung von Karl Marx und Friedrich Engels. Nach ihr sollen zunächst durch eine Revolution die Bourgeoisie (= Besitzbürgertum) entmachtet werden und die Produktionsmittel in die Hände des Proletariats (= der Arbeiter) gelangen. Langfristiges Ziel ist eine Gesellschaftsordnung ohne Staat, in der die Menschen friedlich zusammenleben und die Produktionsmittel allen Menschen gehören.

… führen zum Sturz des Zaren

Im Februar 1917 demonstrierten ca. 200 000 Menschen in der damaligen Hauptstadt Petrograd (heute St. Petersburg) gegen Krieg und Hunger; es kam zum Generalstreik. Dies löste Straßenkämpfe aus, bei denen über 1300 Menschen starben. Als die Soldaten sich seinem Befehl zur endgültigen Niederschlagung des Aufstandes widersetzten, dankte Zar Nikolaus II. am 2. März 1917 ab. Eine Provisorische Regierung leitete vorübergehend die Amtsgeschäfte. Daneben entwickelte sich mit den Arbeiter- und Soldatenräten (= Sowjets) eine zweite politische Kraft. Sie vertraten die Interessen der Soldaten und Arbeiter. Zunehmend erlangten sie die Kontrolle über die Armee.

Die Oktoberrevolution 1917

Währenddessen ging der Erste Weltkrieg weiter. Die Bevölkerung verlor zunehmend das Vertrauen in die Provisorische Regierung. Am 25. Oktober 1917 begann in Petrograd ein Aufstand der Bolschewiki*. Diese besetzten wichtige Straßen, Gebäude und Brücken und erstürmten schließlich das Winterpalais, den Sitz der Provisorischen Regierung. Unter ihrem Führer Wladimir I. Lenin bildeten die Bolschewiki eine neue Regierung. Danach setzte Lenin die Idee des **Kommunismus** um: Es kam zur Enteignung der Großgrundbesitzer und zur Verstaatlichung des Bodens sowie zur Einführung des Acht-Stunden-Tages. Außerdem sollte die Gleichberechtigung der Frauen verwirklicht werden.

Lenin beendete außerdem den Krieg mit den Mittelmächten, um den nötigen Rückhalt in der Bevölkerung zu erlangen. Dabei verlor Russland im Frieden von Brest-Litowsk (März 1918) ca. ein Viertel seiner Bevölkerung und etwa 75 Prozent seiner Eisen- und Stahlindustrie.

Q2 „An die Bürger Russlands!"

Die Anhänger Lenins verkünden am 7. November (= 25. Oktober nach dem alten Kalender), was geschehen ist:

An die Bürger Russlands!

Die Provisorische Regierung ist gestürzt. Die staatliche Gewalt ist in die Hände des Organs des Petrograder Rates der Arbeiter- und Soldatendelegierten [...] übergegangen [...].

Die Sache, für die das Volk gekämpft hat: unverzüglicher Abschluss eines demokratischen Friedens, Abschaffung des Eigentumsrechts der Gutbesitzer am Lande, Arbeiterkontrolle über die Produktion, Schaffung einer Sowjetregierung – dies alles ist gesichert. So lebe die Revolution der Arbeiter, Soldaten und Bauern.

Zitiert nach: Otto Böss (Hrsg.), Russland-Chronik, Salzburg 1975, S. 35 (übersetzt von Xaver Schaffgotsch u. a.)

Q3 Sturz des Zaren

Foto von 1917

Nach der Oktoberrevolution wurden die Denkmäler und Standbilder der Zaren zerstört, wie hier jenes von Zar Alexander III. in Moskau.

M1 So funktioniert das Rätesystem

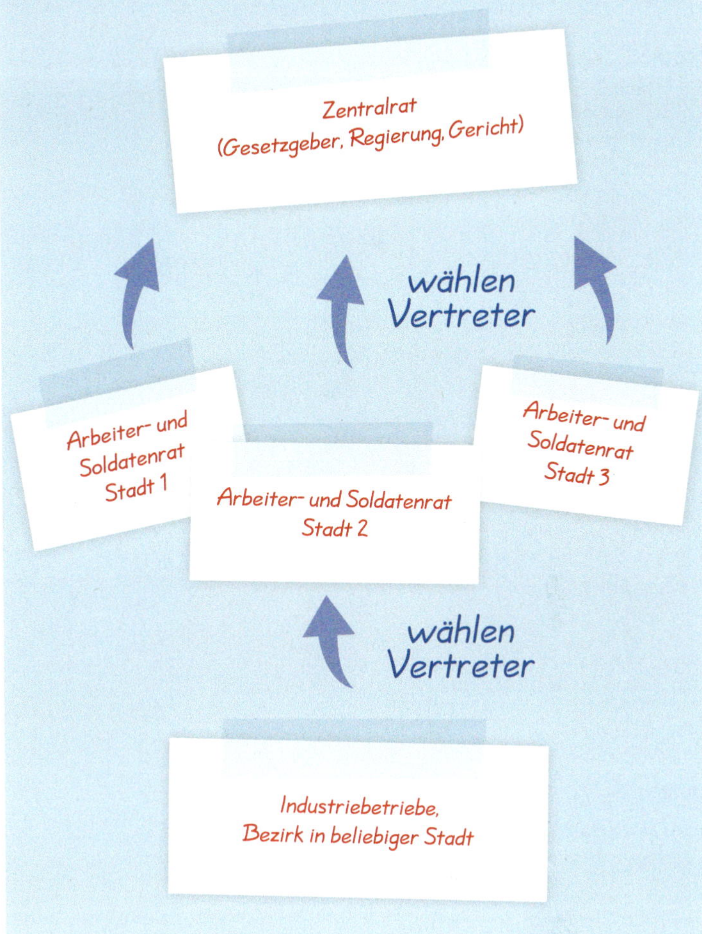

1 Beschreibe die Karikatur (*Q 1*) und zeige die dargestellten gesellschaftlichen Missstände auf.

2 Fasse die Ziele des Petrograder Arbeiter- und Soldatenrates zusammen (*Q 2*).

3 Überprüfe, ob die Erklärung „An die Bürger Russlands!" einen revolutionären Charakter hat (*Q 2*).

4 Erkläre das Schaubild zum Rätesystem (*M 1*).

5 Überprüfe, ob das Rätesystem demokratisch ist (*M 1*).

6 Die Überschriften zu den beiden vorherigen Doppelseiten lauten jeweils „Epochenjahr 1917". Begründe, warum dies gerechtfertigt ist.

***Bolschewiki**
waren innerhalb der russischen Arbeiterpartei die Anhänger der revolutionären Ideen von Wladimir Lenin. Dieser trat für eine grundlegende Veränderung von Staat und Gesellschaft im Sinne des Kommunismus ein.

Das Kriegsende

M1 Frontverlauf 1918

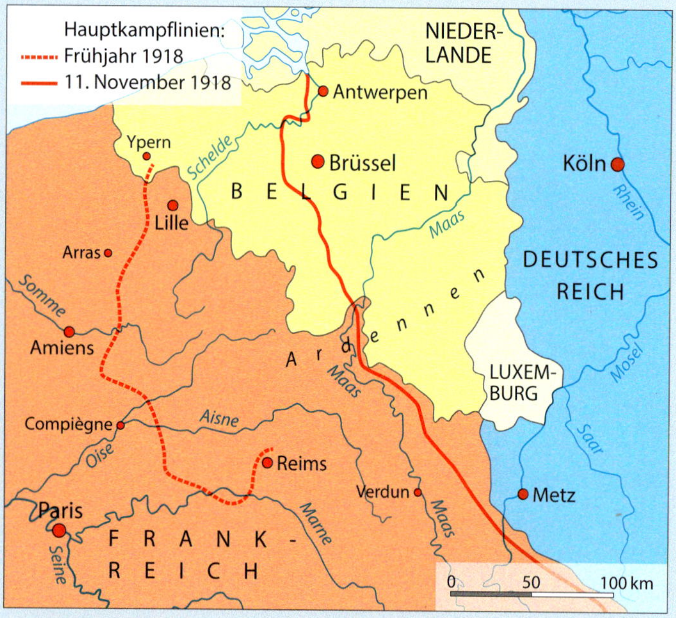

Q1 Annahme der Waffenstillstandsbedingungen

Titelblatt der „Berliner Mittagszeitung" vom 11. November 1918

Das Kleine Journal

Preis 10 Pf. (Berliner Mittagszeitung) Preis 10 Pf.

Annahme der Waffenstillstandsbedingungen.

Der Kaiser interniert. – Hindenburg auf der Flucht.

Verbrüderungsszenen zwischen Deutschen, Franzosen und Engländern.

Q2 Paul von Hindenburg

Er war Chef der Obersten Heeresleitung im Ersten Weltkrieg, später Reichspräsident (1925–1934; siehe S. 80).

Q3 Prinz Max von Baden

Er war Reichskanzler vom 3.10. bis zum 11.11.1918.

Kriegswende im Westen

Mit der Revolution in Russland und dem daraus folgenden Friedensvertrag bot sich für das Deutsche Reich nun die Chance, alle militärischen Kräfte für die Front im Westen zu mobilisieren. Eine großangelegte Frühjahrsoffensive 1918 sollte die Kriegswende bringen. Diese ergab sich tatsächlich – allerdings zugunsten der Alliierten. Frische, gut ausgerüstete US-Truppen in hoher Zahl standen erschöpften und kriegsmüden deutschen Truppen gegenüber, bei denen es immer wieder zu Befehlsverweigerungen kam. Trotz der alliierten Überlegenheit hielt die Oberste Heeresleitung (OHL) nach wie vor fest am Glauben an einen deutschen Sieg.

Eingeständnis der Niederlage

Erst im September räumte die OHL in Person von Paul von Hindenburg und Erich Ludendorff die Niederlage ein. Beide drängten auf einen schnellen Waffenstillstand, wollten hierfür aber nicht die Verantwortung übernehmen. Deshalb überließen sie es einer neuen Regierung, die Verhandlungen zu führen. Daran beteiligten sich Politiker aller Parteien. Neuer Reichskanzler wurde am 3. Oktober Prinz Max von Baden. Weil die Alliierten aus Sicht der Deutschen harte Forderungen stellten, zogen sich die Gespräche über einen Waffenstillstand noch über einen Monat hin. In dieser Zeit sank die Kampfmoral der deutschen Soldaten.

Waffenstillstand = Kriegsende

Während dieser Verhandlungen brach im Deutschen Reich die Revolution aus (siehe S. 48), Kaiser Wilhelm II. wurde zur Abdankung gezwungen. Am 11. November 1918 unterzeichneten schließlich Politiker im Auftrag des Reichstags die Waffenstillstandsbedingungen – nicht Wilhelm II. oder die OHL. Deutschland musste alle im Westen eroberten Gebiete räumen, erst danach kam es zu den eigentlichen Friedensverhandlungen.

Nach fast viereinhalb Jahren war der Krieg damit zu Ende. Das Leid ging aber für viele noch weiter: Kriegsversehrte litten unter den seelischen und körperlichen Schäden, Kriegerwitwen mussten sich fortan allein versorgen und die englische Seeblockade bestand weiter, der alltägliche Hunger blieb das beherrschende Thema.

Q4 „Die Lage verschärft sich täglich"

Die Oberste Heeresleitung (OHL) telegrafiert am 3. Oktober 1918 an Reichskanzler Max von Baden:

Infolge der Unmöglichkeit, die in den Schlachten der letzten Tage eingetretenen sehr erheblichen Verluste zu ergänzen, besteht nach menschlichem Ermessen keine Aussicht mehr, dem Feinde den Frieden aufzuzwingen.

Der Gegner führt ständig neue, frische Reserven in die Schlacht. Noch steht das deutsche Heer festgefügt und wehrt siegreich alle Angriffe ab. Die Lage verschärft sich aber täglich. Unter diesen Umständen ist es geboten, den Kampf abzubrechen [...].

Prinz Max von Baden, Erinnerungen und Dokumente, Nachdruck der Originalausgabe von 1927, Hamburg 2011, S. 589

Q5 Vor der Unterzeichnung

Vertreter der Alliierten vor der Unterzeichnung des Waffenstillstandsvertrags in einem Eisenbahnwaggon im Wald bei Compiègne am 11. November 1918.

M2 Zahlen zum Ersten Weltkrieg

Länder	Soldaten insgesamt mobilisiert	Gefallene/ Gestorbene	Verwundete	Gefangene/ Vermisste
DR	11 000 000	1 773 000	4 216 000	1 152 000
Ö-U	7 800 000	1 200 000	3 620 000	2 200 000
Rest*	4 050 000	412 000	552 000	277 000
RUS	12 000 000	1 700 000	4 950 000	2 500 000
FRA +	8 410 000	1 357 000	4 266 000	537 000
GB +	8 904 000	908 000	2 090 000	191 000
ITA	5 615 000	650 000	947 000	600 000
USA	4 350 000	126 000	234 000	4 500
Rest**	2 904 000	409 000	341 000	286 000

„Rest" = Bulgarien und Osmanisches Reich; „Rest"** = Japan, Rumänien, Serbien, Belgien, Griechenland, Portugal, Montenegro; FRA +, GB + = einschließlich der eingesetzten Kolonialtruppen; nach: Hans Dollinger, Der Erste Weltkrieg, München 1965, S. 423*

1 Beschreibe den Frontverlauf im Westen (*M 1*) und erkläre ihn mit deinem Vorwissen.

2 Diskutiert, welche Gedanken und Gefühle Menschen beim Lesen der Schlagzeilen gehabt haben könnten (*Q 1*).

3 Fasse die zentrale Erkenntnis der OHL zusammen (*Q 4*). ➔ S. 197

4 Diskutiert, wer auf deutscher Seite infrage kommt, die Waffenstillstandsbedingungen anzunehmen.

5 Überlegt, warum keine deutschen Vertreter auf dem Foto (*Q 5*) sind. Beachte dabei, dass es zwei Sichtweisen bei der Beantwortung der Aufgabe gibt.

6 Ziehe eine Kriegsbilanz aus Sicht der Mittelmächte und Alliierten (*M 2*). Vergleiche die entsprechenden Zahlen.

7 In der Geschichtswissenschaft spricht man häufig im Hinblick auf den Ersten Weltkrieg von einer „verlorenen Generation". Begründe, dass dies gerechtfertigt ist (*M 2*).

Click in Geschichte

Geschichte als Computerspiel?

M1 Cover des Computerspiels „Valiant Hearts – The Great War"

M2 Cover des Computerspiels „Call of Duty 3"

Krieg zur Unterhaltung?

Computerspiele sind ein weit verbreiteter Teil der Medienkultur und von Usern aller Altersgruppen gerne genutzt. Besonders beliebt sind solche mit historischen Inhalten. Viele unterscheiden sich dabei oft nicht von historisierenden Geschichtsfilmen. Dabei wird der Krieg zur Kulisse für eine „wahre Begebenheit", die nach den Regeln der Filmindustrie – vor allem in Hollywood – uminterpretiert wird.

Zahlreiche PC-Games spielen auf den Ersten oder Zweiten Weltkrieg an. Bekannt sind dabei u.a. „Valiant Hearts", „Battlefield" oder „Call of Duty".

PC-Spiele gelten dann als besonders „gut gemacht", wenn sie möglichst realistisch sind. Die Kulissen sollen dafür detailliert und die Geräusche aus dem „echten Leben" sein. Dadurch sollen sich die Gamer in die jeweilige Situation gut hineinversetzen können.

Kann man Krieg realistisch darstellen?

Samuel Fuller war das Kind jüdischer Eltern, die nach Amerika auswanderten. Dort wurde er geboren und im Zweiten Weltkrieg diente er als US-Soldat in Europa. Bei der Befreiung eines Außenlagers des Konzentrationslagers Flossenbürg hielt er schreckliche Szenen mit einer Kamera fest. Das Thema Krieg ließ ihn in seinem späteren Wirken nie mehr los. Er war tätig als Schauspieler, Drehbuchautor, Zeitzeuge und Filmregisseur. Er meinte: Wenn man im Kino zeigen wolle, wie der Krieg wirklich sei, müsse man ein Maschinengewehr neben der Leinwand aufbauen und in paar Salven ins Publikum feuern.

M3 Wie ist „Valiant Hearts" gemacht?

Das Technik-Portal „Computerbild" schreibt in einem Artikel:

„Valiant Hearts – The Great War" basiert – wie „Child of Light" oder „Rayman Legends" – auf der UbiArt-Framework-Technik und zeichnet sich damit durch einen bezaubernden Grafikstil mit Tiefe und Detailreichtum aus. Die Charaktere sehen aus, als würden sie geradewegs aus einem französischen Zeichentrickfilm stammen – schroffe Formen, buschige Bärte und tiefsitzende Hüte inklusive.

Auffällig: Keine der erwachsenen Figuren besitzt Augen. Die philosophische Erklärung der Entwickler passt zum Szenario. Denn die Menschen damals hätten die Augen vor dem Krieg verschlossen. Nur Kinder und Tiere schauen Sie in diesem Adventure mit traurigen Augen an und stechen damit hervor. Der Grafikstil ist eigen und intensiv, aber stets passend für diese finstere Epoche in der europäischen Geschichte.

https://www.computerbild.de/artikel/cbs-Tests-Valiant-Hearts-The-Great-War-10227060.html [04.05.2020]

M4 Produktbeschreibung zu „Call of Duty 2"

Auf der Website eines Online-Spielemagazins steht dazu u. a.:

[...] Noch immer spielt ihr drei Soldaten dreier Völker an drei verschiedenen Fronten. Noch immer seid ihr Teil eines großen Teams, ihr seid nie allein unterwegs. Noch immer legt ihr euch mit Hundertschaften bösartiger Deutscher an. Noch immer steigt ihr über kurz oder lang unweigerlich hinters Steuer eines rumpelnden Panzers. Und noch immer sind die Gefechte atmosphärisch ungeschlagen.

Euch erwarten vier lange Kriegsjahre von 1941 bis 1945, in denen ihr Teil der wichtigsten Schlachten werdet: Als junger russischer Private Vasili Ivanovich Koslov erobert ihr Block für Block Stalingrad zurück. Danach geht es mit dem britischen Sergeant John Davis nach El-Alamein, Libyen (wo ihr euch einige ebenso kurze wie heftige Panzerschlachten mit den Deutschen liefert) und Caen. Das große amerikanische Finale bestreitet ihr mit Corporal Bill Taylor zum D-Day – allerdings stürmt ihr zur Abwechslung mal nicht die mittlerweile wohlbekannte, von den Deutschen heftig verteidigte Küste von Omaha Beach, sondern klettert an den Klippen von Pointe Du Hoc herum, nehmt die dahinter liegenden deutschen Bunker ein und ballert euch durch das malerische Beaumont-Hague. Das Missionsdesign beschränkt sich zwar im Grunde auf diverse Variationen von „Erledige die Deutschen!", ist aber abwechslungsreich genug, um nicht zu langweilen.

Peter Kautz, zitiert nach: https://www.4players.de/4players.php/dispbericht/Allgemein/Test/7411/4052/0/Call_of_Duty_2.html [18.12.2020]

1 Beurteilt die Wirkung der beiden Cover der Spiele „Valiant Hearts" und „Call of Duty 3" (*M1* und *M2*).

2 Samuel Fuller, Regisseur ausgezeichneter Kriegsfilme, äußert sich kritisch über die Möglichkeit, das Thema Krieg filmisch festzuhalten. Erkläre seine Aussage (*VT*).

3 Schaut euch bei YouTube die Trailer zu den beiden Spielen an. Vergleicht die beiden Clips ➔ S. 197

4 Fasse die Bewertung von Valiant Hearts (*M3*) und die Produktbeschreibung zu „Call of Duty" (*M4*) zusammen. Passen sie mit den Ergebnissen zum Arbeitsauftrag 3 zusammen? Wenn nicht: Was sagt das über die Qualität der Rezension und der Beschreibung aus? Bezieht kritisch Stellung.

5 Beide Computerspiele haben geschichtliche Bezüge. Recherchiert über die alliierte Landung in der Nomandie und das Kriegslied „O Valiant Hearts". Diskutiert, welches Spiel dem Thema Krieg besser gerecht wird und ob das überhaupt möglich ist.

6 Informiert euch über Auszeichnungen der Spiele und diskutiert, ob diese für euch ein Kriterium sind, ein Spiel auszuwählen. ➔ S. 197

Novemberrevolution 1918 und ihre Folgen

Q1 Aufstand in Kiel

Auf einem Plakat rechts unten steht „Bevölkerung Kiels bleib ruhig".

Q2 „Der Kaiser hat abgedankt"
Titelseite der 2. Extraausgabe des sozialdemokratischen „Vorwärts" vom 9. November 1918

2. Extraausgabe Sonnabend, den 9. November 1918.

Vorwärts

Berliner Volksblatt.

Zentralorgan der sozialdemokratischen Partei Deutschlands.

Der Kaiser hat abgedankt!

Der Reichskanzler hat folgenden Erlaß herausgegeben:
Seine Majestät der Kaiser und König haben sich entschlossen,

Matrosen verweigern den Befehl …

Während der Waffenstillstandsverhandlungen mit den Alliierten und trotz der aussichtslosen Kriegslage befahl die deutsche Seekriegsleitung einen letzten Angriff auf die britische Flotte: Man wollte einen ehrenvollen letzten Kampf führen. Doch am 29. Oktober kam es zur Befehlsverweigerung von Matrosen und Heizern in Wilhelmshaven. Sie wollten nicht sinnlos in den Tod geschickt werden. Deshalb löschten sie die Feuer auf den Schiffen und machten die Geschütze unbrauchbar. Daraufhin kamen sie in Haft und ihnen drohten Todesurteile.

… und lösen die Novemberrevolution 1918 aus

Wenige Tage später zeigten sich die Schiffsmannschaften in Kiel solidarisch mit den Inhaftierten und wagten den Aufstand: Soldaten und auch viele Arbeiter schlossen sich an und zogen durch die Stadt. Ein nach russischem Vorbild gegründeter Arbeiter- und Soldatenrat (vgl. Schaubild S. 43) übernahm die Regierungsgewalt in Kiel. Er forderte u. a. die Freilassung der Matrosen in Wilhelmshaven und aller politischen Gefangenen.
Dieser Aufstand fand im Deutschen Reich viele Nachahmer: Innerhalb weniger Tage gründeten sich in den großen Städten Arbeiter-, Bauern- und Soldatenräte. Sie übernahmen die Kontrolle über Fabriken und Behörden. Als die revolutionäre Bewegung am 8. und 9. November die Hauptstadt Berlin erfasste und Tausende in Richtung Regierungsviertel marschierten, handelte Reichskanzler Max von Baden: Er verkündete gegen Mittag die Abdankung Wilhelms II. – ohne dass der Kaiser selbst zustimmte. Gleichzeitig übertrug er das Amt des Reichskanzlers an den Vorsitzenden der SPD, Friedrich Ebert.

Ausrufung der Republik

In Berlin überschlugen sich an diesem 9. November 1918 die Ereignisse: Gegen 14 Uhr rief der SPD-Abgeordnete Philipp Scheidemann von einem Fenster des Reichstags die deutsche Republik aus. Damit kam er Karl Liebknecht (USPD*) etwa zwei Stunden zuvor. Dieser verkündete vor dem von Arbeitern und Soldaten besetzten Berliner Schloss eine sozialistische Republik nach russischem Vorbild.
Damit endete nach 47 Jahren das Kaiserreich. Wilhelm II. floh ins Exil nach Holland. Arbeiter und Soldaten hatten sein Ende mit herbeigeführt, sie wollten nun bei der Neuordnung des Staates ein gewichtiges Wort mitreden.

Q3 Ausrufung der Republik
Nachgestelltes Foto, 1918

Das Bild zeigt den SPD-Politiker an einem Fenster des Reichstags.

*USPD
(Unabhängige Sozialdemokratische Partei Deutschlands)
1916 traten einige SPD-Abgeordnete im Reichstag aus ihrer Fraktion aus, weil sie gegen den Krieg waren. Aus dieser Abspaltung entstand 1917 die Partei USPD.

Geschichte In Clips
Zu einem Film über die Ausrufung der Republik führt dich Mediencode 30024-13

Philipp Scheidemann hat seine Rede zur Ausrufung der Republik 1924 auf Ton aufgenommen. Du findest sie unter: Mediencode 30024-14

Q4 „Freilassung sämtlicher Inhaftierten"

Die Kieler Matrosen erstellen am 4. November 1918 eine Liste mit Forderungen an die Behörden und Vorgesetzten. Darin heißt es u. a.:

1. Freilassung sämtlicher Inhaftierten und politischen Gefangenen.
2. Vollständige Rede- und Pressefreiheit.

[...]

6. Die Ausfahrt der Flotte hat unter allen Umständen zu unterbleiben. [...]

14. Sämtliche in Zukunft zu treffenden Maßnahmen sind nur mit Zustimmung des Soldatenrates zu treffen.

Zitiert nach: Deutsche Geschichte in Quellen und Darstellung, Bd. 9: Weimarer Republik und Drittes Reich 1918–1945, Stuttgart 2007, S. 28 f.

M1 Verlauf der Novemberrevolution in Deutschland 1918

Q5 „Furchtbar waren die vier Kriegsjahre"

Philipp Scheidemann (SPD) ruft am 9. November 1918 mit folgenden Worten die Republik aus:

Arbeiter und Soldaten! Furchtbar waren die vier Kriegsjahre, grauenhaft waren die Opfer, die das Volk an Gut und Blut hat bringen müssen. Der unglückselige Krieg ist zu Ende. Das Morden ist vorbei. Die Folgen des Kriegs, Not und Elend, werden noch viele Jahre lang auf uns lasten. [...]

Der Kaiser hat abgedankt. Er und seine Freunde sind verschwunden. Über sie alle hat das Volk auf der ganzen Linie gesiegt!

Der Prinz Max von Baden hat sein Reichskanzleramt dem Abgeordneten Ebert übergeben. Unser Freund wird eine Arbeiterregierung bilden, der alle sozialistischen Parteien angehören werden. Die neue Regierung darf nicht gestört werden in ihrer Arbeit für den Frieden, in der Sorge um Brot und Arbeit. [...]

[Arbeiter und Soldaten] Seid einig, treu und pflichtbewusst!

Das Alte und Morsche, die Monarchie ist zusammengebrochen. Es lebe das Neue! Es lebe die Deutsche Republik!

Zitiert nach: Günter Schönbrunn, Wolfgang Lautemann und Manfred Schlenke, Geschichte in Quellen, Bd. 5: Weltkriege und Revolutionen 1914–1945, München 1961, S. 126 f.

1 Bild *Q 1* zeigt eine unvorstellbar große Menschenmenge. Begründe: Warum konnten so viele Menschen für den Aufstand der Matrosen mobilisiert werden?

2 Beschreibe die Ausbreitung der revolutionären Bewegung in Deutschland und erkläre sie (*M 1*).

3 Zeige auf, dass die Forderungen des Kieler Arbeiter- und Soldatenrates sowohl militärisch als auch politisch-gesellschaftlich sind (*Q 4*).

4 Erkläre den Widerspruch zwischen der Zeitungsschlagzeile (*Q 2*) und den tatsächlichen Ereignissen (*VT*).

5 Philipp Scheidemann stellt in seiner Rede (*Q 5*) Behauptungen und Forderungen auf. Fasse diese in jeweils einem kurzen Satz zusammen → S. 198

6 „Die neue Regierung hat eine schwere Aufgabe." Belege diese Aussage mit deinem Wissen aus den Vorstunden (Waffenstillstandsbedingungen, Situation in Deutschland 1916–1918 ...).

Revolution: Bayern wird Freistaat

Q1 Ausrufung (Proklamation) der Republik Bayern

Proklamation.

Volksgenossen!

Um nach jahrelanger Vernichtung aufzubauen, hat das Volk die Macht der Zivil- und Militärbehörden gestürzt und die Regierung selbst in die Hand genommen. Die Bayerische Republik wird hierdurch proklamiert. Die oberste Behörde ist der von der Bevölkerung gewählte Arbeiter-, Soldaten- und Bauernrat, der provisorisch eingesetzt ist, bis eine endgültige Volksvertretung geschaffen werden wird. Er hat gesetzgeberische Gewalt. Die ganze Garnison hat sich der Republikanischen Regierung zur Verfügung gestellt. Generalkommando und Polizeidirektion stehen unter unserem Befehl. Die Dynastie Wittelsbach ist abgesetzt. Hoch die Republik!

Der Arbeiter- und Soldatenrat: Kurt Eisner.

Dies wurde in der Nacht zum 8. November 1918 veröffentlicht.

Q2 Kurt Eisner

Er war der erste bayerische Ministerpräsident vom 7.11.1918 bis zu seiner Ermordung am 21.2.1919.

***Freistaat**
deutsche Bezeichnung für Republik

***Freikorps**
Verbände ehemaliger Soldaten, deren Anführer nicht nur den Kommunismus, sondern auch die Demokratie ablehnten

Eine Sammlung von Podcasts zum Thema Revolution in Bayern 1918/19 findest du unter Mediencode 30024-15

Ende der Monarchie – der Freistaat Bayern wird ausgerufen

Auch die Menschen in Bayern waren nach fast viereinhalb Jahren kriegsmüde und sehnten sich nach einer Besserung ihrer Lage. Die Nachricht vom Kieler Matrosenaufstand führte am 7. November 1918 zu einer gemeinsamen Friedenskundgebung von USPD, SPD und Gewerkschaften auf der Münchner Theresienwiese. Bewaffnete Soldaten unterstützten dort die 60 000 Demonstranten und die Forderungen des Journalisten Kurt Eisner (USPD). Als der bayerische König Ludwig III. daraufhin München verließ, zogen die Revolutionäre unter Führung Eisners zu den Kasernen und besetzten alle bedeutenden Behörden der Stadt. Sie bildeten einen Arbeiter-, Soldaten- und Bauernrat (vgl. Schaubild S. 43) als Übergangsregierung. Im Landtag rief Eisner gegen Mitternacht den Freistaat* Bayern aus und setzte sich als ersten Ministerpräsidenten ein. Damit war das Ende der Monarchie besiegelt.

Die neu gewählte Regierung flieht nach Bamberg

Die ersten Wahlen zum bayerischen Landtag fanden am 12. Januar 1919 statt. Weil die USPD von Eisner nur 2,5 % der Stimmen erhielt, beschloss er, von seinem Amt als Ministerpräsident zurückzutreten. Auf dem Weg zur ersten Sitzung des Landtags (21.2.1919) wurde er aber von einem königstreuen Adligen erschossen. Daraufhin kam es zu weiteren Ausschreitungen und die neu gebildete Regierung aus SPD, USPD und Bayerischer Volkspartei (BVP) unter dem Ministerpräsidenten Johannes Hoffmann (SPD) floh im März nach Bamberg, um dort eine neue Verfassung auszuarbeiten.

Die Räterepublik wird niedergeschlagen

Dies nutzte der aus der Rätebewegung hervorgegangene „Zentralrat der Bayerischen Republik", um am 7. April die „Räterepublik Baiern" auszurufen. Die Kommunisten wollten von München aus eine Herrschaft nach russischem Vorbild aufbauen. Sie stellten sogar eine „Rote Armee" auf. Die regulär gewählte Regierung Hoffmann organisierte von Bamberg aus den Widerstand: Mit Unterstützung aus Württemberg und Berlin bekämpften Freikorps* die Räterepublik und eroberten München Anfang Mai zurück. Dabei erschossen sie offiziell 519 Revolutionäre ohne Gerichtsverhandlung – darunter auch Unbeteiligte. Schätzungen gehen indes von über 1000 Toten aus.

Verfassung

Nach dieser turbulenten Zeit verabschiedete der Landtag im August 1919 eine Verfassung. Bayern wurde eine parlamentarische Demokratie. Der Begriff Freistaat blieb bestehen.

Q3 Nationalfeiertag in Bayern

In der „Neuen Augsburger Zeitung“ vom 7. April 1919 steht auf der Titelseite:

Aus Anlass der Ausrufung der Räterepublik ist für heute Montag in ganz Bayern Nationalfeiertag angesetzt. Arbeiten darf nur das Verkehrspersonal, Licht und Wasser, sowie die notwendigen Lebensmittelgeschäfte. Arbeiter- und Soldatenrat Augsburg.

Neue Augsburger Zeitung vom April 1919

Q4 „Bayern, der Bolschewik geht um!“

Wahlplakat der Bayerischen Volkspartei zur Wahl am 12. Januar 1919

Q5 „Es lebe das freie Baiern“

Aufruf des revolutionären Zentralrats „An das Volk in Baiern“ vom 6. auf den 7. April 1919:

Die Entscheidung ist gefallen. Baiern ist Räterepublik! […] Die Diktatur des Proletariats, die nun zur Tatsache geworden ist, bezweckt die Verwirklichung eines wahrhaft sozialistischen Gemeinwesens, in dem jeder arbeitende Mensch sich am öffentlichen Leben beteiligen soll – einer sozialistisch-kommunistischen Wirtschaft. […]

Zum Schutz der baierischen Räterepublik gegen reaktionäre Versuche von außen und von innen wird sofort eine rote Armee gebildet. […]

Die bairische Räterepublik folgt dem Beispiel der russischen und ungarischen Völker. Sie nimmt sofort die brüderliche Verbindung mit diesen Völkern auf. […]

Es lebe das freie Baiern. Es lebe die Räterepublik! Es lebe die Weltrevolution!

Bayerisches Hauptstaatsarchiv, Plakatsammlung 1913; https://www.historisches-lexikon-bay-erns.de/Lexikon/R%C3%A4terepublik_Baiern_(1919)#Proklamation_in_M.C3.BCnchen_und_Bayern [07.05.2020]

1 Lies die Proklamation (*Q 1*) und fasse ihren Inhalt zusammen.

2 Arbeite heraus, wie der Arbeiter- und Soldatenrat die Regierungsübernahme begründet (*Q 1*).

3 Analysiere das Wahlplakat (*Q 4*) nach dem Schema *Beschreiben – Untersuchen – Deuten.*

4 Die gewählte Regierung Hoffmann, die nach Bamberg floh, liest ebenfalls den Zeitungsartikel (*Q 3*) und den Aufruf „An das Volk in Baiern“ (*Q 5*). Diskutiert verschiedene Möglichkeiten, wie sie darauf reagieren könnte.

5 Erstelle ausgehend von deinem erworbenen Wissen ein Schaubild oder einen Zeitstrahl, das bzw. der die Ereignisse in Bayern zwischen 1918 und 1919 strukturiert.

Der Versailler Vertrag

⚠ Vertrag von Versailles
Friedensvertrag nach dem Ersten Weltkrieg, den die Siegermächte dem Deutschen Reich, das inzwischen Republik war, diktierten. Der Vertrag machte das Deutsche Reich und seine Verbündeten (u. a. Österreich-Ungarn und das Osmanische Reich) verantwortlich für den Kriegsausbruch und belastete es mit großen Gebietsabtretungen und hohen Reparationszahlungen.

Reichskanzler Gustav Bauer (SPD) wirbt im Reichstag für die Annahme des Vertrags von Versailles. Mithilfe von Mediencode 30024-16 gelangst du zur Audiodatei.

Q1 Die „Großen Drei"
Foto von 1919

Premierminister Lloyd George (GB), Ministerpräsident Clemenceau (F) und Präsident Wilson (USA) prägten die Ausgestaltung der Friedensverträge.

Vertrag ohne Verhandlung

Die Siegermächte des Ersten Weltkriegs kamen ab Januar 1919 in Paris zusammen, um einen Friedensvertrag zu formulieren. Dabei lehnten sie Verhandlungen mit den deutschen Gesandten ab. Die Friedensbedingungen wurden diesen lediglich am 7. Mai mitgeteilt und lösten in Deutschland eine politische Krise aus. Denn die Regierung wollte den Vertrag wegen der harten Forderungen nicht unterschreiben und trat zurück. Weil die Alliierten aber mit einer militärischen Besetzung des Reiches drohten, stimmte eine Mehrheit der Abgeordneten der deutschen Nationalversammlung doch für die Annahme des Vertrags.

Q2 Propagandaplakat gegen den Versailler Vertrag (1919)

In den Kärtchen steht: „20 % unserer Produktionsgebiete", „10 % der Bevölkerung", „⅓ der Steinkohlenerzeugung", „¼ der Gesamtproduktion an Brotgetreide und Kartoffeln", „⅘ der Eisenerzschätze" und „Unsere gesamten Kolonien und unsere Handelsflotte".

Harte Bestimmungen

Der Großteil der deutschen Bevölkerung lehnte den Vertrag als „Schandfrieden" ab. Vor allem der Kriegsschuldartikel 231 trug erheblich zur Verbitterung bei. Dennoch unterzeichneten am 28. Juni 1919 deutsche Vertreter den **Vertrag von Versailles** mit folgenden Bestimmungen:

- Im Westen, Osten und Norden musste Deutschland Gebiete abtreten (ca. 13 % seines Staatsgebiets und ca. 10 % der Bevölkerung), ebenso alle Kolonien.
- Die Gebiete westlich des Rheins wurden von Alliierten besetzt, 50 km östlich des Rheins durften keine Soldaten stationiert werden.
- Die allgemeine Wehrpflicht wurde abgeschafft, das Heer durfte maximal 100 000 und die Marine maximal 15 000 Berufssoldaten umfassen.
- Die Luftwaffe wurde verboten, ebenso der Besitz von U-Booten, Panzern und Gaswaffen.
- Für die Kriegsschäden sollte Deutschland Reparationen (Wiedergutmachungszahlungen) leisten. Deren Höhe sollte später noch bestimmt werden.

Neuordnung Europas

Auch die ehemaligen Verbündeten des Deutschen Reiches mussten harte Bedingungen der Siegermächte ertragen. Die Pariser Vorortverträge veränderten dabei die Landkarte Europas grundlegend: Die Donaumonarchie Österreich-Ungarn existierte danach nicht mehr. Es entstand ein neuer Staatengürtel ausgehend vom Norden in Finnland über das Baltikum, Polen, die Tschechoslowakei, Ungarn bis zu Jugoslawien, das zunächst „Königreich der Serben, Kroaten und Slowenen" hieß.

Gründung des Völkerbunds

Bei den Pariser Friedensverhandlungen setzte US-Präsident Wilson seine Idee des Völkerbundes durch, die auf seine 14 Punkte zurückging. Die beteiligten Staaten sollten darin ihre Streitigkeiten friedlich und nicht mehr kriegerisch lösen. Zunächst schlossen sich im Völkerbund nur die Siegermächte zusammen. Von vornherein geschwächt wurde die Organisation, weil die USA selbst nicht beitraten.

M1 Deutsche Gebiets- und Bevölkerungsverluste nach dem Friedensvertrag von Versailles

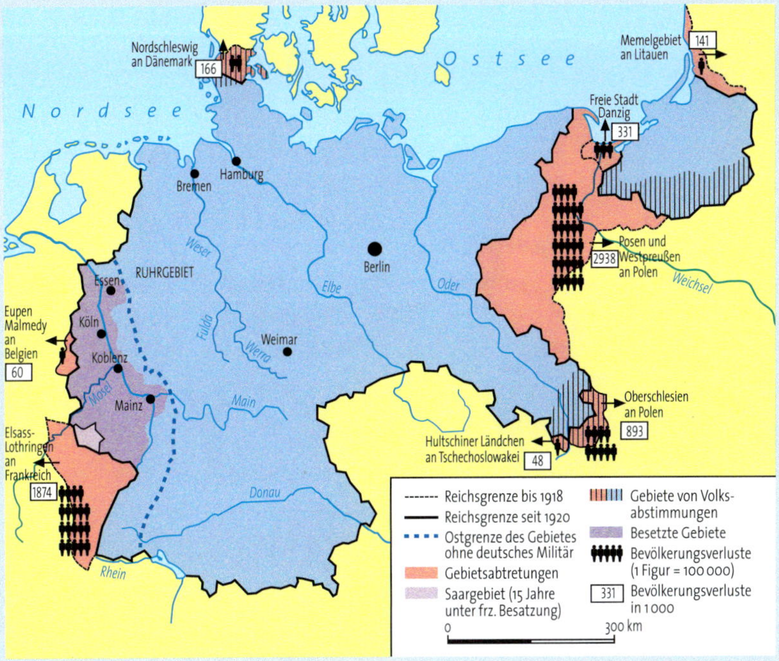

Q3 „Deutschland erkennt an"

Der Artikel 231 des Versailler Vertrags besagt:

Die alliierten [...] Regierungen erklären und Deutschland erkennt an, dass Deutschland und seine Verbündeten als Urheber für alle Verluste und alle Schäden verantwortlich sind, welche die alliierten [...] Regierungen und ihre Angehörigen infolge des ihnen durch den Angriff Deutschlands und seiner Verbündeten aufgezwungenen Krieges erlitten haben.

http://www.documentarchiv.de/wr/vv08.html [27.03.2020]

Q4 Auszug aus Wilsons 14 Punkten

Im Januar 1918 legt US-Präsident Wilson dem Kongress folgendes Programm für die bevorstehenden Friedensverhandlungen vor:

1. Offene Friedensverträge; Abschaffung der Geheimdiplomatie
2. Freiheit der Seeschifffahrt
3. Aufhebung aller wirtschaftlicher Schranken
4. Garantierte Rüstungsbegrenzung
5. Unparteiische Regelung aller kolonialen Ansprüche

[...]

8. Räumung Frankreichs, Rückgabe von Elsass-Lothringen

[...]

10. Gewährung einer selbstständigen Entwicklung der Völker Österreich-Ungarns

[...]

13. Errichtung eines unabhängigen polnischen Staates
14. Bildung einer Vereinigung aller Nationen, die allen Staaten in gleicher Weise Unabhängigkeit und territoriale Unverletzlichkeit garantiert.

Zusammenfassung der Artikel nach: Günter Moltmann, Die Vereinigten Staaten von Amerika von 1917 bis zur Gegenwart, Paderborn 1987, S. 9

1 Arbeite aus der Karte (*M1*) die Bestimmungen des Vertrags von Versailles heraus.

2 Fasse den Artikel 231 des Versailler Vertrags (*Q3*) zusammen. Bewerte ihn anschließend mit deinem Vorwissen zu Ursachen und Auslöser des Ersten Weltkriegs.

3 Analysiere das Propagandaplakat (*Q2*) nach dem Schema *Beschreiben – Untersuchen – Deuten*.

4 Bewerte Wilsons 14-Punkte-Programm (*Q4*).

5 „Der Erste Weltkrieg markiert eine Epochenwende." Begründe dieses Zitat mit deinem Wissen zu den Ereignissen von 1917 und den Pariser Verträgen.

Das weiß ich – …

Die „Bombe" Erster Weltkrieg: Füllung, Zündung und Folgen

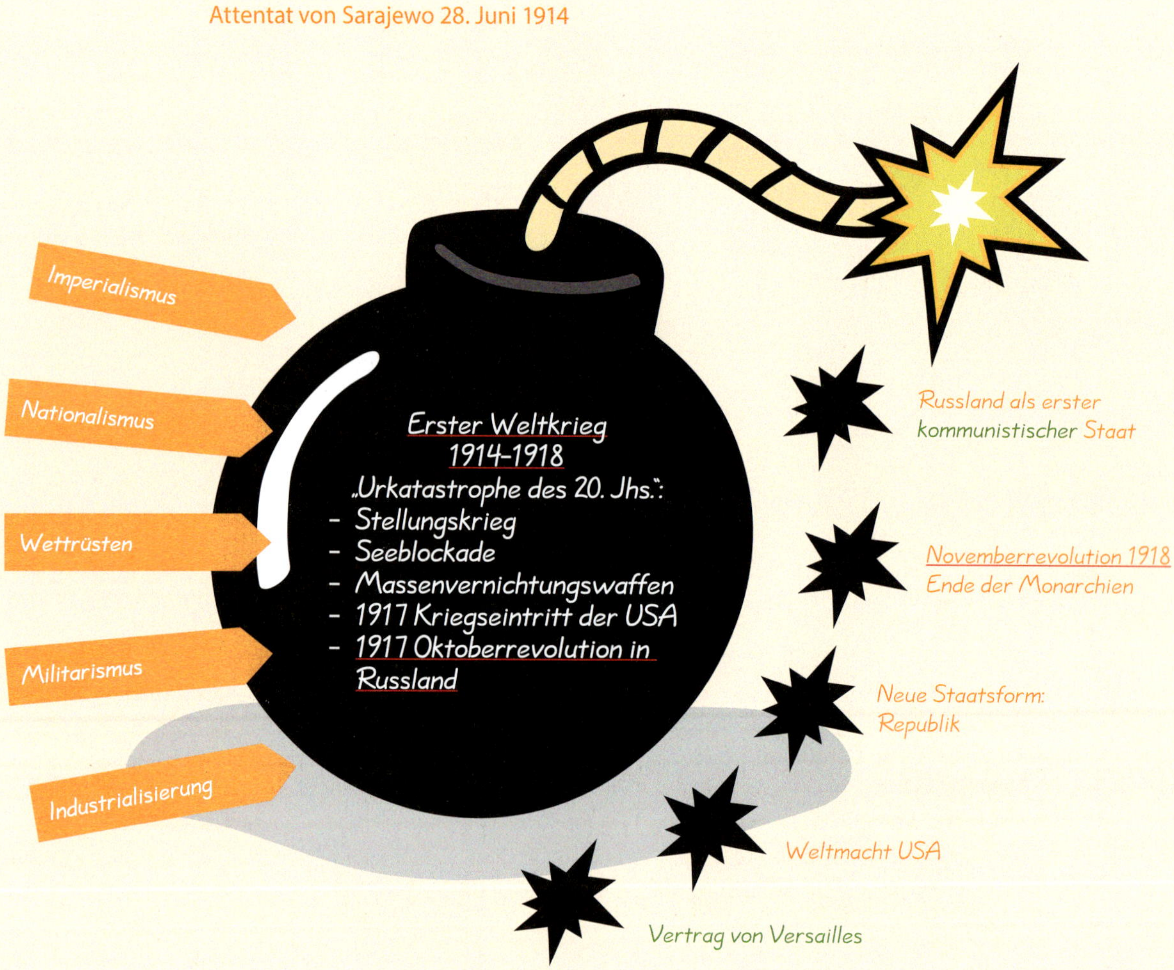

1 Bildet eine 5er-Gruppe: Jede(r) wählt jeweils eine Ursache sowie eine Folge des Ersten Weltkriegs aus und erläutert diese.

2 Erklärt Folgendes zum Ersten Weltkrieg:
a) Stellungskrieg
b) Seeblockade
c) Wie kam es zum Kriegseintritt der USA?
d) Was führte zur Oktoberrevolution 1917 in Russland?

3 „Ohne das Attentat von Sarajewo hätte es den Ersten Weltkrieg nicht gegeben."
Nehmt zu dieser Aussage Stellung.

… das kann ich!

Denkmal: Totengedenken oder Heldenkult? Sind Kriegerdenkmäler noch zeitgemäß?

Fast jeder Ort in Deutschland verlor junge Menschen, die als Soldaten im Ersten Weltkrieg gefallen sind. Kriegerdenkmäler sollten an sie persönlich und ganz allgemein an diese Zeit erinnern. Hier zwei Beispiele aus Bayern:

Q1 „Deutsche Eiche"

Dieses Kriegerdenkmal des Stadt Landshut wurde zum Gedenken der im Ersten Weltkrieg gefallenen Soldaten errichtet. Es steht inmitten der Landshuter Neustadt.
Das Denkmal wurde am 24. Juni 1928 eingeweiht. Entsprechend dem Text des Erinnerungsblatts von Künstler Wilhelm Lechner wendet sich die Figur an die junge Generation:

„DEN KÜNFTIGEN ZUR PFLICHT, DASS SIE DAS SCHILD DER HEIMAT IN EHREN TRAGEN WIE IHRE VÄTER".

„DEN TRAUERNDEN ZUM TROST: DER TEUREN ASCHE WIRD NIMMERMEHR VERGESSEN WERDEN".
„DEN LEBENDEN ZUR MAHNUNG: SPRENGT DIE KETTEN UND SEID FREI WIE SIE'S GEWOLLT".

Q2 Kriegerdenkmal der Gemeinde Niederaschau (Chiemgau)
Es wurde 1922 errichtet.

1 Recherchiert zu Kriegerdenkmälern in eurem Heimatraum. Tipp: Nutzt den Mediencode in der Randspalte.

2 Sucht nach weiteren Informationen zu den Denkmälern und den dort genannten Gefallenen, sucht sie auf und erstellt eine Fotodokumentation.

3 Diskutiert anhand eurer lokalen Beispiele oder der Denkmäler oben: Sind solche Formen des Gedenkens eurer Meinung nach noch zeitgemäß?

4 Wie könnten alternative Denkmäler aussehen? Gestaltet einen Kreativwettbewerb.

Zu einer Liste, bei der Kriegerdenkmäler alphabetisch aufgelistet sind, führt dich Mediencode 30024-17

2 Die Weimarer Republik – die erste deutsche Demokratie

Q1 Reichstag
Das Reichstagsgebäude ist heute Sitz des deutschen Bundestags. Die begehbare Glaskuppel zieht jährlich über eine Million Besucher an. Die 1916 angebrachte Inschrift „Dem Deutschen Volke" mahnt bis heute die Politiker, wem sie in ihrer Arbeit verpflichtet sind.

Im Jahr 2019 feierte die Weimarer Verfassung ihr 100-jähriges Jubiläum. Nach dem Ersten Weltkrieg begründete sie die erste deutsche Demokratie, bevor sie nach nur 14 Jahren in der Katastrophe des Nationalsozialismus endete. Doch was waren die Jahre zwischen 1919 und 1933 für eine widersprüchliche Zeit! Deutsche wurden mit insgesamt 17 Nobelpreisen ausgezeichnet, Frauen durften wählen und zogen ins Parlament ein, Berlin stieg zur Kulturmetropole auf und stand wie keine andere Stadt für die Moderne. Autos, Flugzeuge, Filme, Radio und Massenproduktion beschleunigten den Takt des Lebens. Andererseits erschütterten aber Krisen die junge Republik und das Erbe des Ersten Weltkriegs lastete schwer auf ihr. Putschversuche, Straßenkämpfe, Inflation und Massenelend bestimmten den Alltag der Menschen. So kam die erste deutsche Demokratie nie zur Ruhe und am Ende war sie eine Demokratie mit zu wenig Demokraten.

Q2 Über die Weimarer Verfassung

Das folgende Zitat stammt aus der Rede des Bundespräsidenten Frank Walter Steinmeier zum 100-jährigen Jubiläum der Weimarer Verfassung am 6. Februar 2019:

Die Weimarer Verfassung machte das Deutsche Reich zur Republik und das Volk zum Souverän. Sie verbriefte die Freiheit des Einzelnen und sie entwarf, inmitten der Nachkriegsnot, die Vision einer besseren, gerechteren Gesellschaft. Wir sollten die Weimarer Republik nicht länger nur von ihrem Ende her betrachten. Sie war mehr als nur die Vorgeschichte des Nationalsozialismus. Der Ausgang des demokratischen Experiments, das am 9. November begann, war offen. Ja, die Weimarer Demokratie hatte ihre Chance!

https://www.bundespraesident.de/SharedDocs/Reden/DE/Frank-Walter-Steinmeier/Reden/2019/02/190206-Weimar-100-Jahre-Reichsverfassung.html [27.04.2020]

Q3 Brandenburger Tor in Berlin 1927

Polizeibeamte regeln den Verkehr in einer Stadt, die niemals schläft.

Q4 100 Jahre Frauenwahlrecht

Briefmarke von 2019

Bei den Wahlen zur Nationalversammlung im Januar 1919 durften zum ersten Mal in der deutschen Geschichte auch Frauen wählen. Die Rednerin ist Marie Juchacz.

Q5 Demonstration von Kriegsversehrten des Ersten Weltkriegs

Foto von 1920

Q6 Banknote von 1923

Was weißt du schon?

- Ordne die Bilder *Q 1*, *Q 3–Q 6* den Bereichen Gesellschaft, Politik und Wirtschaft zu.
- Tragt zusammen, was ihr darüber hinaus schon über die Weimarer Republik wisst.
- Ordne die Bilder Aussagen aus dem Zitat von Herrn Steinmeier (*Q 2*) zu.
- Recherchiere im Internet zur Geschichte des Reichstagsgebäudes (*Q 1*) und präsentiere deine Ergebnisse vor der Klasse.

Orientierung

Aufbruchsstimmung und Krisen

Q1 „Großstadt"
Mittelteil eines Triptychons (Dreitafelbild) von Otto Dix, Berlin 1928

Die Weimarer Republik hatte ihre Geburtsstunde mit dem Ende des Ersten Weltkriegs, der von Historikern auch als die „Urkatastrophe des 20. Jhs." bezeichnet wird. Der Kaiser war ins Exil gegangen, die bisherigen Eliten schoben die Verantwortung weiter. Mit diesem Erbe gründeten die Menschen 1918 die erste Demokratie in Deutschland.
Trotz ihrer Schwächen war die Verfassung eine der fortschrittlichsten ihrer Zeit. Zum ersten Mal durften Frauen wählen. Der Kampf um die politische Gestaltung der jungen Republik war schwer, denn links- und rechtsradikale Kräfte versuchten von Anfang an, sie zu zerstören. Die wirtschaftlichen, gesellschaftlichen und psychologischen Folgen des verlorenen Krieges stellten eine große Belastung dar. Mehrere schwere Krisen überstand die junge Republik nur mit Mühe. Mitte der 1920er-Jahre trat eine Phase der Stabilisierung ein. Die Wirtschaft erholte sich, Kunst und Kultur in den Städten blühten. Aber schon 1929 läutete die Weltwirtschaftskrise das Ende der Republik ein. Massenarbeitslosigkeit stieß unzählige Menschen ins Elend und erschütterte das Vertrauen in die Demokratie. Dies gab radikalen Kräften Auftrieb.

Am Ende des Kapitels könnt ihr

- Chancen und Belastungen der jungen Republik erklären und ihre Folgewirkungen einschätzen;
- beschreiben, wie tief gespalten die Gesellschaft zwischen Moderne, wirtschaftlichen Krisen und radikalen politischen Kräften war;
- Stärken und Schwächen der ersten demokratischen Verfassung gegenüberstellen;
- mithilfe der Gegenüberstellung beurteilen, ob die Weimarer Republik tatsächlich „mehr als nur die Vorgeschichte des Nationalsozialismus war";
- mögliche Gefährdungen einer Demokratie damals wie heute diskutieren und begründet Stellung nehmen.

1919 – Verabschiedung der Verfassung; Einführung des Frauenwahlrechts

1923 – Krisenjahr: Ruhrbesetzung, Inflation, Putschversuche

1924–1929 – „Goldene Zwanziger Jahre": wirtschaftlicher Aufschwung und außenpolitische Erfolge

1929 – Weltwirtschaftskrise; politische Radikalisierung

1930–1932 – Präsidialkabinette

M 1 Das Deutsche Reich von 1919 bis 1933
Es war ein föderaler Staat. Denn es bestand aus mehreren Ländern, die eigene Zuständigkeiten hatten.

- Nenne die Gebietsveränderungen Deutschlands nach dem Ersten Weltkrieg (*M 1*).
- Die Weimarer Republik wurde ein föderaler Staat. Erläutere dies mithilfe der Karte (*M 1*).
- Skizziere, welche gesellschaftlichen, wirtschaftlichen und politischen Herausforderungen durch die Niederlage im Ersten Weltkrieg auf die Regierung zukamen (*M 1*, *Q 1* und *VT*).
  → S. 198
- Begründe, warum die Weimarer Republik im Vergleich zum Kaiserreich eine Zeit gesellschaftlicher und politischer Umbrüche war.

Die Weimarer Verfassung

Q1 Warten auf die Stimmabgabe vor einem Berliner Wahllokal (1919)

*Aktives/passives Wahlrecht
das Recht, bei Wahlen seine Stimme abgeben zu dürfen bzw. sich als Kandidat aufstellen zu lassen und gewählt zu werden

*Verhältniswahlrecht
Jede (auch kleinere) Partei hat dabei entsprechend ihrem Anteil an den Wählerstimmen Sitze im Parlament.

*Freikorps
Soldaten, die sich nach der Revolution 1918 freiwillig zusammenschlossen und in der Regel antidemokratische Positionen vertraten

*Parlamentarische Demokratie
Staatsform, in der gewählte Vertreter des Volkes (Abgeordnete) die Gesetze beschließen. Die Regierung wird vom Staatsoberhaupt ernannt, ist aber von den Mehrheiten im Parlament abhängig.

*Volksbegehren
das Recht einer Mindestzahl stimmberechtigter Bürger, dem Parlament einen Gesetzentwurf vorzulegen

*Volksentscheid
rechtlich bindende Volksabstimmung

Wahl zur Nationalversammlung

Nach der Abdankung des Kaisers übernahm der „Rat der Volksbeauftragten" aus Mitgliedern der SPD und USPD vorübergehend die Regierung. Dieser ordnete Wahlen zur Nationalversammlung an, die eine Verfassung erarbeiten sollte. Im Kaiserreich durften nur Männer ab 25 Jahren, die Steuern zahlten, wählen. Das Wahlalter wurde jetzt auf 20 Jahre herabgesetzt und zum ersten Mal in der deutschen Geschichte waren auch Frauen stimmberechtigt. Sie hatten nicht nur das aktive, sondern auch das passive Wahlrecht*. Durch das Verhältniswahlrecht* hatten auch kleinere Parteien die Chance auf Sitze im Parlament.

Unruhen überschatten den Neuanfang

Bürgerkriegsähnliche Auseinandersetzungen überschatteten die Wahlen. Schon im Dezember 1918 hatte sich der Spartakusbund mit anderen linksradikalen Gruppen zur Kommunistischen Partei Deutschlands (KPD) zusammengeschlossen. Ihr Ziel war es, die Revolution zu vollenden und in Deutschland eine Räterepublik zu errichten. Ein Aufstand am 5. Januar 1919 in Berlin sollte die Übergangsregierung stürzen und die Wahlen zur Nationalversammlung verhindern. Die Aufstände wurden im Auftrag der Regierung vom Militär und von Freikorps* blutig niedergeschlagen. Diese nahmen auch Karl Liebknecht und Rosa Luxemburg, die Anführer der KPD, fest und ermordeten sie.

„Die Staatsgewalt geht vom Volke aus"

Bei den Wahlen am 19. Januar 1919 gewann die SPD nicht die erhoffte absolute Mehrheit. Daher bildete sie mit dem Zentrum und der DDP eine Koalition. Mit 76 Prozent der Stimmen hatte die neue Regierung die große Mehrheit der Wähler hinter sich. Wegen der Unruhen in Berlin wich die Nationalversammlung nach Weimar aus. Die Stadt in Thüringen gab der ersten deutschen Demokratie ihren Namen. Am 13. Februar wurden Friedrich Ebert zum Reichspräsidenten und Philipp Scheidemann (beide SPD) zum Reichskanzler gewählt. Die neue Verfassung trat am 11. August in Kraft und errichtete einen Bundesstaat nach den Regeln der parlamentarischen Demokratie*. Neben umfangreichen Grundrechten erhielten die Bürger durch Volksbegehren* und Volksentscheide* direkte politische Mitspracherechte.

Der Reichspräsident hatte große Macht. Er konnte bewaffnete Kräfte (zum Beispiel die Reichswehr) einsetzen, wenn seiner Meinung nach die „öffentliche Sicherheit und Ordnung erheblich gefährdet ist". Außerdem konnte er den Reichstag auflösen und mithilfe von sogenannten Notverordnungen selbst regieren (Artikel 48 der Weimarer Verfassung).

M1 Die Verfassung der Weimarer Republik

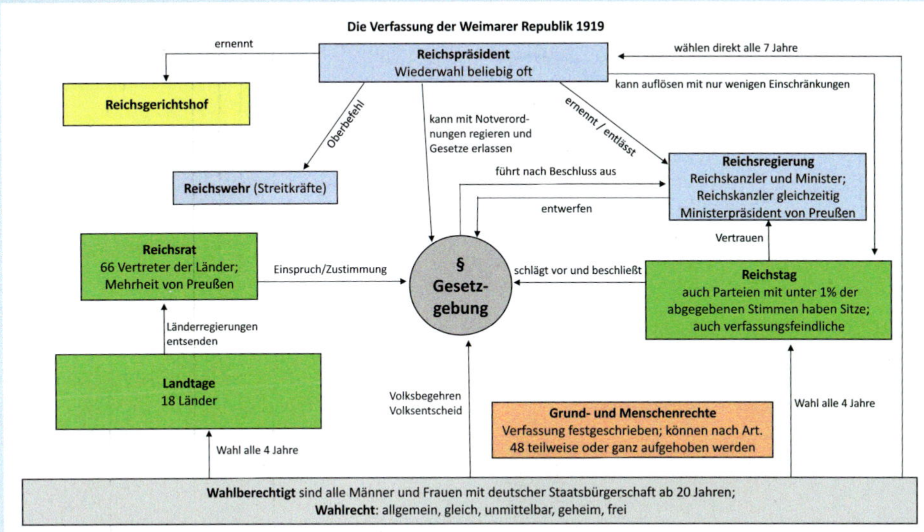

M2 Die Verfassung der Bundesrepublik Deutschland

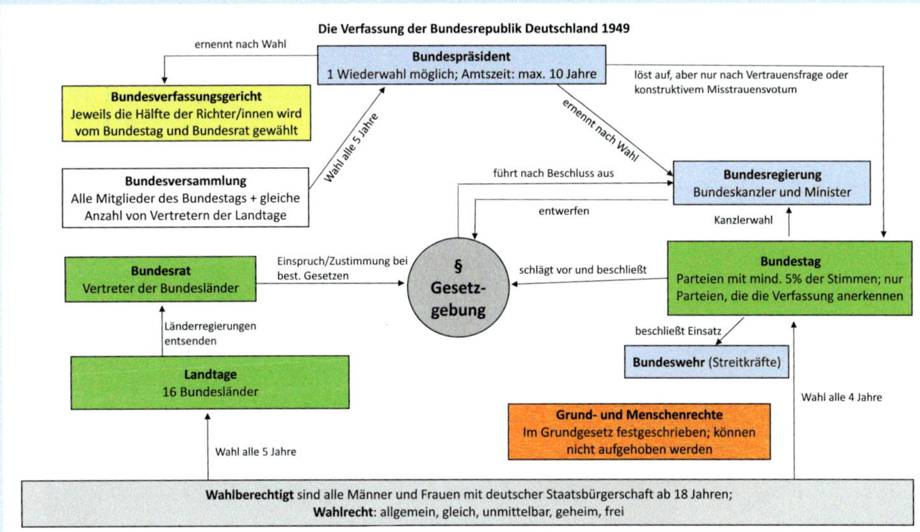

Eine Checkliste zum Vergleich der beiden Verfassungen findest du unter dem Mediencode 30024-18

1 Vergleiche die beiden Verfassungsmodelle, zum Beispiel mithilfe der Checkliste (siehe Mediencode).

2 Erkläre, warum der Reichspräsident in der Weimarer Republik auch als „Ersatzkaiser" bezeichnet wurde (*M 1*, *VT*).

3 Beurteile die Weimarer Verfassung (*M 1*, *VT*, *Checkliste*). Inwiefern kann sie als sehr demokratisch bezeichnet werden, wo hatte sie aber auch ihre Schwächen? → S. 198

4 Das Frauenwahlrecht war eine der wichtigsten Errungenschaften dieser Zeit. Diskutiert, ob dies in der damaligen Gesellschaft alle positiv sahen (*Q 1*). → S. 198

5 Recherchiere im Internet über aktuelle Volksbegehren. Nimm kritisch dazu Stellung, welche Vor- und Nachteile Volksbegehren und Volksentscheide für die Politik mit sich bringen.

Click in Geschichte

Wie hättest du gewählt?

M1 „Des deutschen Volkes großer Tag!“
Plakat zur Nationalversammlung 1919

Wahlen zur Nationalversammlung

Die Nationalversammlung hatte vor allem die Aufgabe, dem Deutschen Reich eine Verfassung zu geben. Deshalb waren die Wahlen dazu sehr wichtig. Es standen unter anderem die Parteien USPD, SPD, Zentrum, DDP, DVP und DNVP zur Wahl. Die Vorschläge der unterschiedlichen Lager und deren Vorstellungen gingen weit auseinander: Die einen wollten beispielsweise die Monarchie der Hohenzollern wiederherstellen, die anderen eine Räterepublik errichten. Nun war das Volk gefragt.

Wahl-O-Maten

Sogenannte Wahl-O-Maten sind mittlerweile sehr beliebt. Mit ihnen können Wählerinnen und Wähler herausfinden, welche Partei am ehesten ihre Meinungen vertritt.
Das Bundesarchiv hat einen Wahl-O-Mat für die Wahlen zur Nationalversammlung 1919 erstellt. Zu ihm gelangt ihr mithilfe des Mediencodes oder wenn ihr bei einer Suchmaschine „Wahl-O-Mat 1919“ eingebt.

M2 Aufbau der Seite

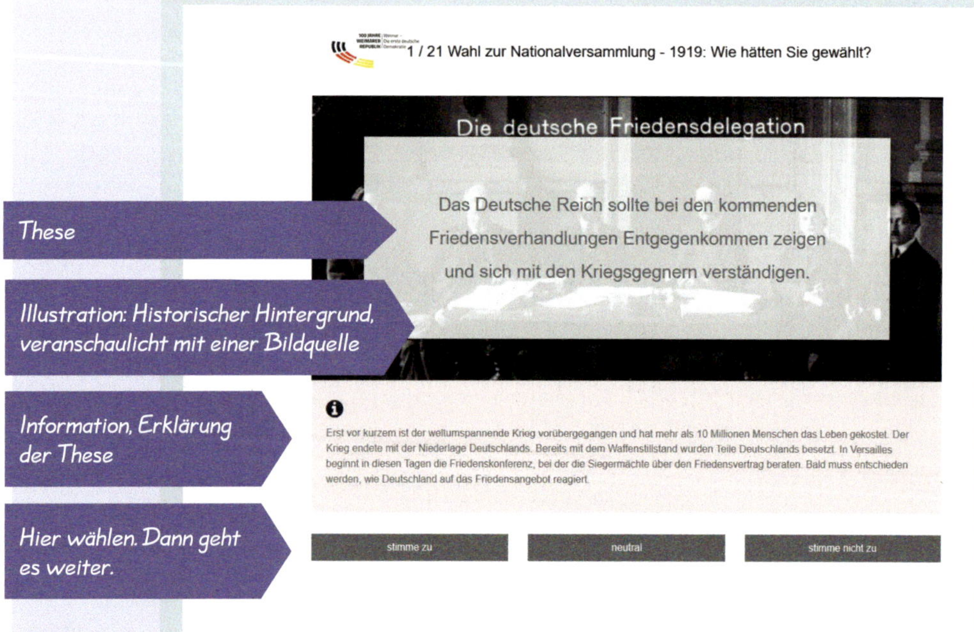

Zum Wahl-O-Mat für die Wahlen zur Nationalversammlung 1919 gelangst du mithilfe des Mediencodes 30024-19

Wie entsteht ein Wahl-O-Mat für Wahlen heute? Zu einem Erklärfilm dazu führt dich Mediencode 30024-20

Durchklicken bis zum Ergebnis

Klicke dich nachfolgend durch alle 21 Fragen. Beachte dabei die Wortwahl und überlege, welche Bedeutung die Aussagen haben. Wenn über alle 21 Fragen abgestimmt wurde, kommt das Ergebnis zustande. Ein Screenshot hilft, immer wieder nachzuschauen, wie du gewählt hättest. Auf der Seite mit dem Ergebnis hast du u.a. die Möglichkeit, dich über die Parteien der Weimarer Republik noch genauer zu informieren.

M3 Auswertung

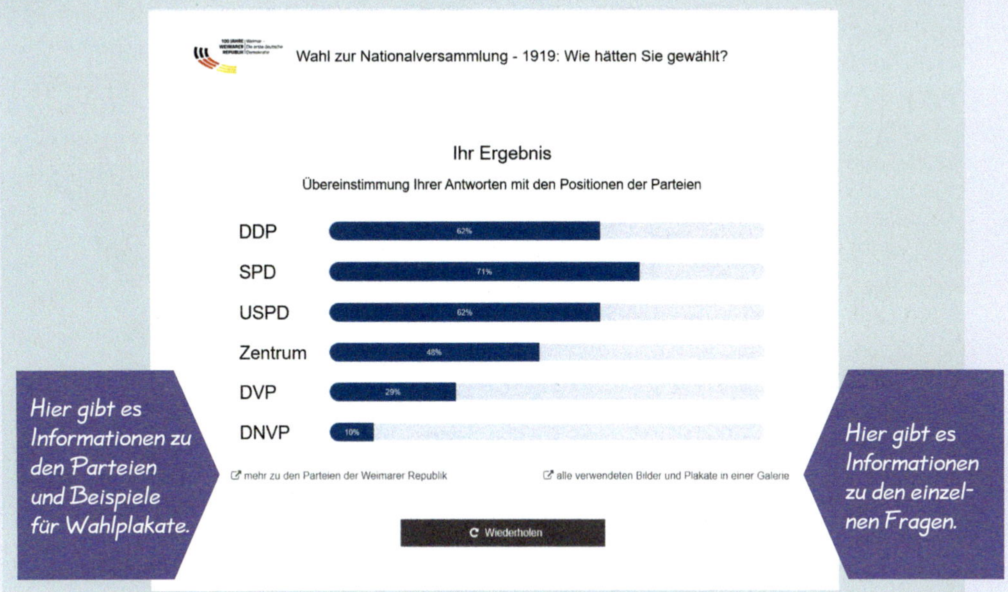

1 Erkläre die Aussagen des Plakats (*M 1*): Warum ist der Tag so bedeutungsvoll? Warum kommt es auf jede Stimme an?

2 Führt den Wahl-O-Mat 1919 durch und diskutiert eure Ergebnisse in der Klasse.

3 Informiert euch über die einzelnen Parteien, indem ihr deren Inhalte nachlest.

4 Beurteilt, ob die Partei, die bei euch am besten abgeschnitten hat, insgesamt ein gutes Programm hat.

5 Für schnelle Schülerinnen und Schüler: Sucht aktuelle Wahlplakate und vergleicht sie mit denen der Weimarer Republik. Beschreibt die Unterschiede und begründet, welche aussagekräftiger sind.

Methode

Wahlplakate untersuchen

Auf modernen Wahlplakaten sind meist die Spitzenkandidaten der verschiedenen Parteien zu sehen. In der Weimarer Republik war dies oft nicht so. Im Gegensatz zu heute, wo die Parteien auch digitale Medien nutzen, hatten Plakate im Wahlkampf eine zentrale Bedeutung, um für die eigenen Ziele zu werben und sogar Propaganda zu betreiben. Angeschlagen wurden sie an Litfaßsäulen, die es zahlreich in allen Städten gab. Daher bezeichnet man die Weimarer Republik als eine „Blütezeit" der politischen Plakate.

Plakate verbinden Farben, Bild und Text miteinander. Dabei sollen die Aussagen möglichst einfach, zugespitzt, schnell erfassbar, für jedermann verständlich sein und die Menschen emotional ansprechen. Massenarbeitslosigkeit, wirtschaftliche Not, die Auflösung der Demokratie, radikale politische Meinungen wurden auf ihnen dargestellt, wobei man auch vor Anfeindungen des politischen Gegners nicht zurückschreckte. Um die politischen Botschaften zu verstehen, muss man neben Symbolen und Farben die Bild- und Textaussagen genau analysieren.

Wahlplakate von der Weimarer Republik bis zur Gegenwart findest du unter Mediencode 30024-21

Q1 Plakat der SPD zur verfassunggebenden Nationalversammlung 1919

Auf dem Plakat ist zwar auch eine Frau abgebildet (vgl. Q2). Allerdings steht der Mann einen Schritt vor ihr.

Q2 Plakat für die Wahlen zur Nationalversammlung 1919

Die aufgehende Sonne wie auch die jungen Pflanzen drücken den Anbruch einer neuen Zeit aus.

Unzählige Menschen stehen dicht gedrängt und bilden ein Band, das das Bild von links nach rechts durchzieht.

Männer verschiedener Berufsgruppen verbrüdern sich und haben die rechte Hand zum Schwur erhoben.

In der Vorstellung einer vereinten demokratischen Gesellschaft fehlen jedoch Frauen, obwohl sie 1919 erstmals wählen dürfen.

Die wellenförmigen Bänder und ineinander verschlungenen Schriftzüge unterstreichen die Geschlossenheit und drücken Dynamik aus.

Die vorherrschende Farbgebung Schwarz – Rot – Gold verweist auf den demokratischen Gedanken Deutschlands.

Plakat wirbt für die Wahl zur Nationalversammlung und nicht für eine spezielle Partei.

Es stammt von César Klein. In Auftrag gegeben hat es der Werbedienst der deutschen Republik, den die provisorische Regierung bereits im November 1918 gegründet hatte.

Beschreiben

- Beschreibe die Personen, Gegenstände oder Symbole, die im Mittelpunkt stehen. ①
- Gehe dann auf die Personen, Gegenstände, Motive oder Farben im Hintergrund ein. ②
- Welche Textaussagen sind enthalten? ③

① *Im Zentrum befindet sich .... Besonders hervorgehoben ist/sind ....*

② *Im Hintergrund sind ... zu sehen.*

③ *Man kann oben/unten/in der Mitte Folgendes lesen: ...*

Untersuchen

- Sammle Informationen zur Entstehung des Plakats: Erscheinungsjahr, Auftraggeber, Anlass. ①
- In welchem Verhältnis stehen Text- und Bildelemente? ②
- Erkläre die Beziehungen der Personen zueinander. Wofür stehen sie? ③
- Nenne Ereignisse/Probleme, auf die sich das Plakat bezieht? Dabei helfen dir die Informationen auf den vorherigen Seiten mit dem Methodenzeichen .
- Beschreibe die Wirkung, die Farben, Symbole und Schrift haben. ④

① *Das Plakat wurde ... veröffentlicht. Der Auftraggeber war .../die Partei ....*

② *Im Vergleich sind die Texte/Wörter/Bildelemente wesentlich auffälliger als ....*

③ *Bei den Personen handelt es sich um .... /Die Personen stehen für ....*

④ *Die Farben wirken grell/freundlich/unauffällig/aggressiv etc.*

Deuten

- An wen richtet sich das Plakat? ①
- Stelle Vermutungen darüber an, welche Gefühle beim Betrachter angesprochen werden sollen. ②
- Beurteile die Zielsetzungen des Plakats (Information, Appell, Argument, Anklage, Parole etc.). ③
- Nenne politische und gesellschaftliche Botschaften des Plakats.
- Beurteile das Plakat und seine Aussage vor dem Hintergrund historischer Fakten kritisch. ④

① *Das Plakat soll besonders die Wähler ansprechen/warnen, die ....*

② *Der Betrachter hat den Eindruck, dass ....*

③ *Das Plakat will darüber informieren, dass .... /Es will Stimmung machen für/gegen ....*

④ *Der Auftraggeber will ..., in der Realität aber ....*

Die Republik ist bedroht von rechts und links

Q1 **„Dolchstoßlegende"**
Wahlplakat der nationalistischen DNVP zu den Reichstagswahlen 1924

*Putsch
gewaltsamer Sturz der Regierung mit dem Ziel, die Macht zu übernehmen

*Separatisten
Gruppierung, deren Ziel es ist, einen Teil des Landes vom Staat abzuspalten und einen neuen souveränen Staat zu gründen

Zu einem Film über die Gesellschaft in der Weimarer Republik mit dem Titel „Armut und Reichtum dicht beieinander" führt dich Mediencode 30024-22

Geschichte In Clips
Einen Film zum Hitler-Putsch findest du unter Mediencode 30024-23

Zwischen Nachkriegsleid und Neubeginn

Die tief greifenden Umbrüche in Gesellschaft, Politik, Wirtschaft und Kultur prägten die Menschen der Weimarer Republik. Wirtschaftliche Not infolge des Krieges bestimmte den Alltag vieler Deutscher. In Verwaltung, Regierung und Armee gab es viele, die der Monarchie nachtrauerten. Für die neue staatliche Ordnung fehlte es noch an anerkannten Vorbildern. Außerdem verlangte die Demokratie jetzt von den Bürgern Verantwortung und politisches Engagement.

Geschichtslüge „Dolchstoßlegende"

Bereits im November 1918 hatten rechtsradikale Zeitungen verbreitet, die deutsche Armee sei durch Streiks und Unruhen in der Heimat zur Kapitulation gezwungen und damit „von hinten erdolcht worden". Obwohl der Krieg in Wahrheit wegen der Übermacht der Gegner verloren wurde, schob General Paul von Hindenburg mit dieser „Dolchstoßlegende" die Schuld an der Niederlage anderen zu. Er behauptete trotzdem, die deutschen Truppen seien nicht militärisch, sondern durch den Verrat von Revolutionären und Demokraten besiegt worden. Viele Zeitungen verbreiteten diese Geschichtslüge und beschimpften demokratische Politiker als „Volksverräter".

Umsturzversuche und politischer Terror von links und rechts

Am 13. März 1920 versuchten rechtsradikale Offiziere und Freikorps unter Leitung von Wolfgang Kapp und General Walther von Lüttwitz in Berlin, mit einem Putsch* die Regierung zu stürzen. Die Regierung und Reichspräsident Ebert forderten die Bevölkerung zum Widerstand auf. Nur durch einen Generalstreik der Arbeiter, Angestellten und Beamten scheiterte der Putsch. Rechte Gruppen betrieben politische Hetze und schreckten auch vor politischen Morden wie an Außenminister Walther Rathenau 1922 nicht zurück.

Im Ruhrgebiet, in Hamburg, Thüringen und Sachsen wollten linksradikale Arbeiter als Antwort auf die rechte Gewalt durch Aufstände und Streiks die Räterepublik durchsetzen. Diese Erhebungen ließ die Regierung mithilfe der Reichswehr und Freikorps, die nur gegen die Bedrohung von links kämpfen wollten, niederschlagen.

1923 versuchten links- und rechtsradikale Gegner der Demokratie die Krisenstimmung für ihre Ziele zu nutzen (siehe S. 60). Separatisten* im Rheinland, in Rheinhessen und in der Pfalz wollten mit französischer Hilfe Gebiete vom Deutschen Reich lösen. Am 9. November 1923 versuchte Adolf Hitler, der „Führer" der rechtsradikalen NSDAP, die bayerische Regierung zu stürzen und mit General Ludendorff die Macht an sich zu reißen. Der schlecht organisierte Putsch wurde jedoch von der Polizei niedergeschlagen.

Wusstest du?

Hitler erhielt eine sehr milde Strafe für den Putschversuch. Er wurde lediglich zu fünf Jahren Festungshaft verurteilt. Im Dezember 1924 wurde er nach nur neun Monaten entlassen und gründete die NSDAP neu. Die Haftbedingungen waren so großzügig, dass er in dieser Zeit sein Propagandawerk „Mein Kampf" schreiben konnte.

M 1 So urteilten Richter in der Weimarer Republik

Die Statistik von Emil Julius Gumbel, einem Professor und Sozialdemokraten, zeigt Urteile über politisch motivierte Morde zwischen 1919 und 1922:

Politische Morde begangen von	Rechts-radikalen	Links-radikalen
gesamt	354	22
Zahl der Verurteilungen	24	38
Davon Freisprüche	23	–
Gefängnisstrafen pro Mord	4 Monate	15 Jahre
Hinrichtungen	–	10

Nach: Emil Julius Gumbel, Vom Fememord zur Reichskanzlei, Heidelberg 1962, S. 46

Q 3 Verständnis für einen Hochverräter?!

Auszug aus der Begründung der Richter für das milde Urteil nach dem Putschversuch Hitlers 1923:

Auch das Gericht ist zu der Überzeugung gelangt, dass die Angeklagten bei ihrem Tun von rein vaterländischem Geiste und dem edelsten selbstlosen Willen geleitet waren. Alle Angeklagten [...] glaubten nach bestem Wissen und Gewissen, dass sie zur Rettung des Vaterlandes handeln müssten.

Otto Gritschneder, Bewährungsfrist für den Terroristen Adolf H. Der Hitler-Putsch und die bayerische Justiz, München 1990, S. 49 f.

Q 2 „Wählt Spartakus"

Wahlplakat zur Reichstagswahl 1920

1 Nenne Herausforderungen und Probleme, die die Regierung Anfang der 1920er-Jahre lösen musste (*Q 1*, *Q 2*, *VT*).

2 Erläutere, warum die „Dolchstoßlegende" gerade von Gegnern der Republik für ihre Ziele genutzt wurde, aber auch im Volk auf Zuspruch stieß.

3 Untersuche die Statistik (*M 1*) und arbeite heraus, wie Straftaten links- und rechtsradikaler Gruppierungen in der Weimarer Republik verfolgt wurden.

4 Erläutere anhand des Plakats (*Q 2*), welche Einstellung der Spartakusbund zum Parlamentarismus hatte und welches andere politische System er stattdessen wollte. → S. 198

5 In der Weimarer Republik hieß es, die Justiz sei „auf dem rechten Auge blind". Erkläre die Aussage (*M 1*, *Q 3*) und zeige mögliche Ursachen dieser „Einäugigkeit" vieler Richter auf. → S. 198

Bettelarme Millionäre – das Krisenjahr 1923

Q1 Notgeldschein der Stadt Nürnberg 1923

Schon seit 1919 gaben zahlreiche Städte und Gemeinden eigenes Notgeld aus.

Wer trägt die Kosten für den Krieg?

Die kaiserliche Regierung hatte den Krieg durch Kriegsanleihen finanziert, d. h. durch Kredite von Banken, Firmen und Privatpersonen. Nach der Niederlage musste das Deutsche Reich die Schulden zurückzahlen. Dazu kamen die Reparationsleistungen an die Siegermächte, Steuerausfälle und die hohen Kosten infolge des Krieges. Der Staat druckte immer mehr Geld. Da aber die Waren- und Rohstoffmenge gleich blieb, stiegen die Preise und es kam 1923 zur Hyperinflation*.

„Ruhrkampf"

Im Januar 1923 geriet die deutsche Regierung angeblich in Verzug mit den Reparationszahlungen. Daraufhin besetzten französische und belgische Truppen das Ruhrgebiet. Die Reichsregierung rief die Bevölkerung zum „passiven Widerstand"* auf. Im wichtigsten Industriegebiet Deutschlands wurde deshalb nicht mehr produziert. Dadurch fehlten wichtige Rohstoffe wie Kohle und Eisen. Die Regierung unterstützte die Streikenden finanziell. Dadurch stiegen die Staatsausgaben zusätzlich. So ließ der Staat Banknoten mit immer höheren Werten drucken. Städte, Kreise und sogar Firmen stellten eigene Banknoten (sog. Notgeld) aus. In der Folge geriet die Inflation völlig außer Kontrolle. Löhne, Gehälter und Renten wurden täglich ausbezahlt. Die Menschen mussten das Geld teilweise in Säcken nach Hause tragen und sofort ausgeben, da die Preise so schnell stiegen.

Ende des „Ruhrkampfes" und Währungsreform

Im September 1923 brach die neue Regierung unter Reichskanzler Gustav Stresemann (DVP) unter dem Druck der wirtschaftlichen Not den „Ruhrkampf" ab. Um die Inflation zu bekämpfen, führte sie eine Währungsreform* durch. Am 1. November wurde eine Billion Mark gegen eine Rentenmark eingetauscht. Dadurch verringerte die Regierung die Geldmenge in einem realistischen Verhältnis zur Waren- und Rohstoffmenge. Schuldner, Unternehmer und Besitzer von Immobilien oder Sachwerten waren die Gewinner der Inflation, weil Kredite auch entwertet waren und die Güter wieder an Wert gewannen. Die Wirtschaft erholte sich. Die Menschen jedoch, die ihre Ersparnisse verloren hatten, fühlten sich betrogen. Sie machten die Regierung verantwortlich und das Vertrauen in die Republik wurde noch mehr erschüttert.

***Hyperinflation**
anhaltende rasante Geldentwertung durch ansteigende Preise. Bei einer monatlichen Inflationsrate von 50 Prozent spricht man von einer Hyperinflation.

***Passiver Widerstand**
gewaltloser Widerstand: Die Arbeiter streikten, sabotierten die Lieferungen der Rohstoffe und verweigerten so die Erfüllung der Reparationsauflagen.

***Währungsreform**
Einführung einer neuen Währung. Die alte Währung wird zu einem bestimmten Wechselkurs gegen die neue Währung eingetauscht und ist danach nichts mehr wert.

Q2 Naturalienhandel
Foto von 1923

Weil das Papiergeld keinen Wert mehr hatte, entwickelte sich ein Tauschhandel mit Lebensmitteln. Im Berliner Schlosspark-Theater kostete z. B. die billigste Theaterkarte 1923 zwei Eier, die teuerste Karte ein Pfund Butter. Wenn man ein Ei mit Geld bezahlen wollte, kostete es während der Hyperinflation bis zu 320 Milliarden Mark.

Q3 **„Währenddessen nahm das Elend der Bevölkerung zu"**

Lion Feuchtwanger schreibt in einem 1929 erschienenen Roman über die Auswirkungen der Inflation auf die Bevölkerung:

In den Städten [...] stieg der Hunger. Das Brot wurde gesundheitsschädlich wie im Krieg*. In den Schulen saßen die Kinder ohne Frühstück, wurden ohnmächtig während des Unterrichts. Tuberkulose* griff um sich. Die Säuglingssterblichkeit stieg. Die jungen Mütter, gezwungen zur Berufsarbeit, mussten darauf verzichten, ihre Kinder zu stillen. Wieder dienten muffige Höhlen als Wohnungen, Zeitungspapier als Wäscheersatz, Pappschachteln als Kinderbetten. Es war ein kalter Winter. An der Ruhr bedeckte sich immer weiter das Land mit hochgeschichteter Kohle [...] und ein großer Teil Deutschlands fror in ungeheizten Räumen. [...] Die Löhne blieben zurück.

Lion Feuchtwanger, Erfolg. Drei Jahre Geschichte einer Provinz, aus: Gesammelte Werke in Einzelbänden, Bd. 6, Berlin 1993, S. 594ff.

M1 **„Als ein Ei 1,9 Milliarden Mark kostete"**

Die Tabelle zeigt die Preisentwicklung für Lebensmittel zwischen 1914 und Ende 1923:

Jahr	Kartoffeln (1 Zentner)	Eier (je Stück)	Milch (1 Liter)
Mitte 1914	4,–	–,08	–,22
Mitte 1918	10,–	–,25	–,36
Mitte 1921	48,–	1,60	2,75
Jan. 1923	3000,–	270,–	330,–
Aug. 1923	5 Mio.	50 000,–	110 000,–
Okt. 1923	1,5 Mrd.	1,9 Mrd.	200 Mio.
Nov. 1923	6,–	–,25	–,35

Dieter Hoffmann: Das Notenbuch. Katalog der deutschen Banknoten ab 1874, Schwabach 1984

M2 **Gewinner und Verlierer der Inflation**

In einem Lexikonartikel werden die Auswirkungen der Inflation auf die verschiedenen Bevölkerungsgruppen erklärt:

1922/23 entschied die deutsche Rechtsprechung bei der Rückzahlung von Darlehen, dass „eine Mark gleich eine Mark" sei: Ein Vorkriegsdarlehen auf der Basis von Goldmark konnte nun mit dem gleichen Betrag wertlosen Papiergeldes getilgt werden. Natürlich galt dieser Grundsatz auch bei der staatlichen Tilgung von Kriegsanleihen: Die gesamten inneren Kriegsschulden des Kaiserreiches in Höhe von 154 Mrd. Mark entsprachen noch einer Kaufkraft von 15,4 Pfennigen. Die Verlierer einer Inflation sind alle Bezieher von festen Geldeinkünften. Dazu gehörten alle Lohn- und Gehaltsempfänger, Bezieher von Mieteinnahmen und alle Halter von Sparguthaben. Gewinner waren diejenigen, die die Entwicklung der Inflation vorausahnten und auf Kredit Sachwerte wie Unternehmen, Grund und Boden oder dauerhafte Konsumgüter kauften oder, wie viele Landwirte, alte Schulden nun mit wertlosem Papiergeld bedienten.

Helmut Braun; zitiert nach: https://www.historisches-lexikon-bayerns.de/Lexikon/Inflation,_1914-1923 [24.04.2020]

*Im Ersten Weltkrieg hatte man das Brotmehl auch mit Kleie (Abfall beim Mahlen) gestreckt.

*Tuberkulose ist eine Lungenkrankheit. Sie tritt besonders dann auf, wenn Menschen unterernährt sind und dadurch das Immunsystem geschwächt ist.

Einen Erklärfilm über Inflation findest du mithilfe von Mediencode 30024-24

1 Beschreibe anhand der Tabelle die Preisentwicklung für Lebensmittel und den Verlauf der Inflation (*M 1*).

2 Erstelle eine Tabelle und erläutere, wer die Gewinner und Verlierer der Hyperinflation 1923 waren (*M 2, Q 2, Q 3*).

3 Begründe, warum nur die Beendigung des „Ruhrkampfes" und eine Währungsreform die Inflation stoppen konnten (*VT, M 1*).

4 Die Inflation und das Ende des „Ruhrkampfes" erschütterten nachhaltig das Vertrauen der Menschen in die Demokratie. Nimm zu dieser These Stellung und begründe (*VT, Q 1, M 2*).

(Scheinbare) Stabilisierung und außenpolitische Erfolge

Q1 Aristide Briand und Gustav Stresemann
Foto von 1926

Das Foto entstand bei der Verleihung des Friedensnobelpreises an die Außenminister Frankreichs und Deutschlands.

*Völkerbund
1920 von 32 Staaten gegründete internationale Organisation. Ziel war es, den Frieden zu sichern und die Zusammenarbeit der Länder zu fördern. 1926 wurde Deutschland aufgenommen. Die 1945 gegründete UNO ist Nachfolger des Völkerbundes.

Deutschland muss Reparationen zahlen, …

Durch den „Kriegsschuldartikel" war Deutschland als Kriegsverlierer verpflichtet, Reparationsleistungen zu erbringen. Darüber hinaus mussten die Kriegsschulden zurückgezahlt werden. Die westeuropäischen Nationen, vor allem Frankreich und England, hatten während des Krieges hohe Kriegskredite aufgenommen. Die Schulden bei den USA sollten unter anderem durch die Reparationsleistungen Deutschlands bezahlt werden. Die deutsche Wirtschaft musste sich jedoch erst von den Kriegsfolgen erholen.

… wird aber auch entlastet

Die anfangs unbeschränkten Zahlungen überforderten die junge Republik. Charles G. Dawes, ein amerikanischer Finanzexperte, nahm darauf Rücksicht und entwickelte 1924 den nach ihm benannten Dawes-Plan. Zwar legte er noch nicht fest, wie lange Deutschland zahlen sollte, doch waren die jährlichen Zahlungen erträglich. Darüber hinaus erhielt Deutschland hohe Kredite, um die eigene Wirtschaft anzukurbeln, und profitierte davon. Als 1929 Deutschland wieder in Rückstand mit den Reparationen kam, schuf der Young-Plan weitere Erleichterungen. Die Gesamtsumme der Entschädigungen wurde auf 112 Milliarden Goldmark festgelegt, die in 59 Jahren zu zahlen seien. Weiterhin sollte das besetzte Rheinland, dessen Rohstoffe so wichtig waren, fünf Jahre früher geräumt werden. Trotz der Verbesserungen nutzten vor allem rechtsradikale Parteien die Vereinbarungen, um politisch gegen die Regierung zu hetzen.

Von der Feindschaft zur Partnerschaft

Obwohl Deutschland 1922 einen Vertrag mit Russland abgeschlossen hatte, war es außenpolitisch isoliert. Gustav Stresemann, Außenminister von 1923 bis 1929, bemühte sich, Beziehungen zu den ehemaligen Kriegsgegnern wiederaufzubauen. Zusammen mit dem französischen Außenminister Aristide Briand gelang ihm die Annäherung. Der Vertrag von Locarno 1925 garantierte die Grenzen zu Frankreich und Belgien. Damit verzichtete Deutschland endgültig auf Elsass-Lothringen. Dies war die Grundlage der Aussöhnung zwischen Frankreich und Deutschland. Die Grenzen zu Polen und der Tschechoslowakei erkannte Deutschland nicht endgültig an, verzichtete aber darauf, diese gewaltsam zu verändern. 1926 wurde Deutschland in den Völkerbund* aufgenommen und war damit wieder ein gleichberechtigtes Mitglied der Staatengemeinschaft. Im selben Jahr erhielten Stresemann und Briand für ihre Politik der Aussöhnung den Friedensnobelpreis. Viele hofften, dass die Abkommen dazu beitragen würden, den Frieden in Europa zu sichern.

Q2 Locarno?
Wahlplakat der DNVP von 1928

Bei dem Fluss handelt es sich um den Rhein. Die Figur im Hintergrund stellt einen französischen Soldaten dar. Die Erfolge in der Außenpolitik wurden vor allem von rechtsradikalen und konservativen Gruppierungen genutzt, um gegen die Regierung zu hetzen.

M1 Deutschland im internationalen Wirtschaftskreislauf 1924 bis 1932

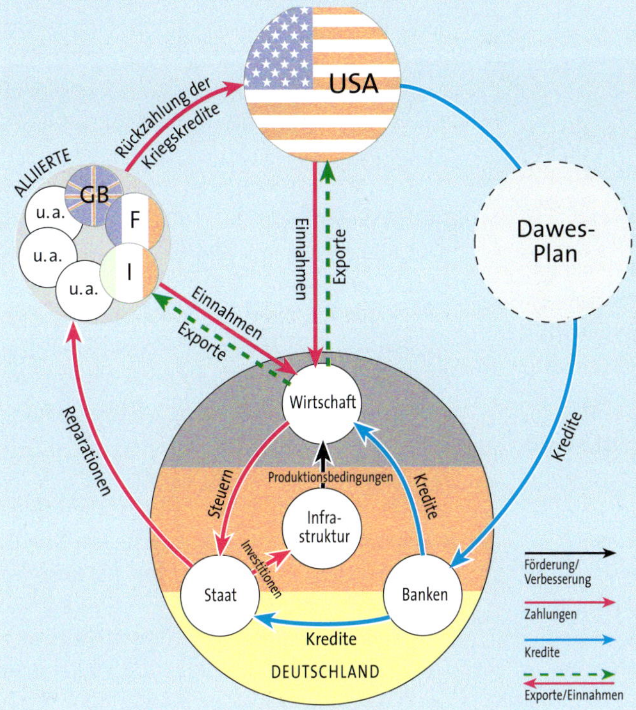

Das Schaubild zeigt die wirtschaftlichen Beziehungen Deutschlands zu den ehemaligen Kriegsgegnern auf der Grundlage der Verträge nach dem Ersten Weltkrieg.

Q3 „Gemeinsame Arbeit am Weltfrieden" – nur ein Wunsch?

Am 10. September 1926 wird Deutschland in den Völkerbund aufgenommen. Auszug aus der Rede Gustav Stresemanns:

Die Aufgabe der lebenden Generation ist es, den Blick auf die Gegenwart und die Zukunft zu richten. Wollen wir eine ungestörte weltwirtschaftliche Entwicklung, dann wird das nicht geschehen durch Abgrenzung voneinander, sondern durch Überbrückung der Grenzen. Denn das sicherste Fundament für den Frieden ist eine Politik, die getragen wird von gegenseitigem Verstehen und Achtung der Völker. Davon zeugt auch der Pakt von Locarno. Wir sind entschlossen, diese Politik mit aller Entschiedenheit weiterzuverfolgen und können mit Genugtuung feststellen, dass die deutsche Regierung auch für die große Mehrheit des deutschen Volkes spricht. Von besonderer Bedeutung für eine Friedensordnung sind die Bestrebungen, die sich auf die Abrüstung beziehen. Möge es gelingen, einer allgemeinen Abrüstung näher zu kommen. Nur auf der Grundlage einer Gemeinschaft, die alle Staaten in voller Gleichberechtigung umspannt, lassen sich Hilfsbereitschaft, Gerechtigkeit und Freiheit aufbauen.

https://www.1000dokumente.de/index.html?c=dokument_de&dokument=0089_str&object=translation&l=de (vereinfacht) [11.05.2020]

1 Setzt Spielfiguren (z. B. „Mensch ärgere dich nicht") in die Kreise und erklärt euch gegenseitig die Rollen im internationalen Geld- und Wirtschaftskreislauf (*M 1*). ➔ S. 198

2 Erläutere, inwiefern auch die deutsche Wirtschaft von diesem Kreislauf profitierte.

3 Untersuche die Folgen für das System und insbesondere Deutschland, wenn
a) die US-Kredite kurzfristig zurückgefordert werden;
b) der Handel beispielsweise aufgrund hoher Importzölle erschwert wird.

4 Fasse die Ziele und Ergebnisse der Außenpolitik Stresemanns zusammen, beispielsweise mithilfe einer Tabelle (*Q 1* und *Q 3*, *VT*).

5 Überprüfe die Aussage des Wahlplakats (*Q 2*).

6 Diskutiert in der Klasse, ob der Titel des Kapitels „(Scheinbare) Stabilisierung" zutrifft. Bildet euch ein Urteil über die wirtschaftlichen und außenpolitischen Entwicklungen zwischen 1924 und 1929 (*Q 1*, *Q 2*, *M 1*). ➔ S. 198

„Goldene Zwanziger Jahre" – für alle?

Q1 Im Luftschiff nach Südamerika

Werbeplakat der Hamburg-Amerika-Linie, 1932

Reisen mit dem Zeppelin war der Beginn der modernen Luftfahrt. Die „Graf Zeppelin" war 236 Meter lang, hatte einen Durchmesser von 30,5 Meter und erreichte eine Spitzengeschwindigkeit von 130 km/h.

20 Passagiere konnten den Flug in den luxuriösen Kabinen genießen. Aber nur wenige konnten sich das Vergnügen leisten. Der Preis von 5000 Reichsmark entspricht heute mehr als 20 000 Euro.

Q2 Staubsauger „AEG-Vampyr" (1929)

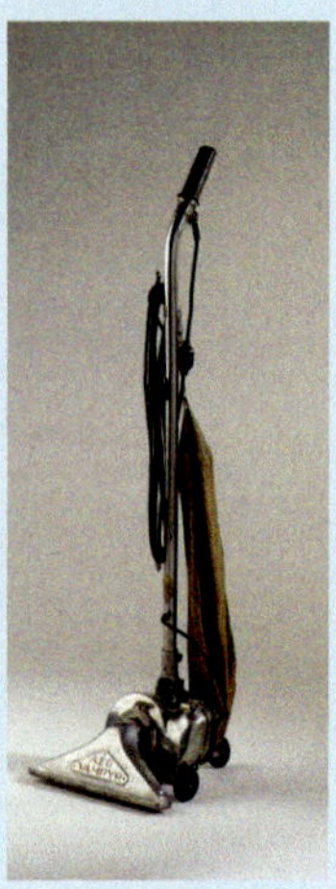

Fortschritte in Wissenschaft und Technik

In den 1920er-Jahren änderte sich das Alltagsleben für viele Menschen rasant. Dazu trugen auch deutsche Ingenieure und Wissenschaftler mit ihren Erfindungen bei. Die Elektrizität und Elektrogeräte von Firmen wie AEG oder Siemens veränderten das Leben der Menschen von Grund auf. Staubsauger, elektrische Schreibmaschine, Toaster oder Straßenbahn zogen in den Alltag ein.

Mobilität und Massenmedien

Doch nicht nur öffentliche Verkehrsmittel beschleunigten das Tempo des Lebens. Automobile und vor allem das billige und schnelle Motorrad waren beliebt. Durch die Fließbandarbeit konnten Waren kostengünstiger produziert werden und wurden dadurch für immer mehr Menschen erschwinglich. Dies beschleunigte allerdings auch den Tagesrhythmus, denn den Arbeitern blieben nur noch wenige Ruhezeiten. Die neuen Massenmedien, Zeitungen und Zeitschriften, fanden reißenden Absatz und eroberten den Alltag der Menschen. Daneben boomte die Filmindustrie. Stummfilme kamen in die „Lichtspielhäuser", deren Zahl bis 1929 auf über 5000 in Deutschland stieg. Die UFA in Potsdam-Babelsberg wurde zum zweitgrößten Filmproduzenten der Welt. Doch den größten Boom erlebte seit 1923 das Radio. Bis 1932 besaß jeder vierte deutsche Haushalt ein Rundfunkgerät.

„Kunst und Kultur"

Kulturmetropole der Weimarer Republik war Berlin. Tanzpaläste, Revuetheater, Nachtclubs und Kabaretts oder sportliche Großveranstaltungen wie Boxkämpfe und Radrennen zogen die Menschen magisch an. Aus den USA prägten Jazz-Musik, Charlston und eine neue Mode den Lebensstil der Zeit.

Die Künstler der „Neuen Sachlichkeit" setzten sich mit der realen Alltagswelt auseinander und wollten diese schonungslos darstellen. Otto Dix oder George Grosz prangerten genauso wie Bertolt Brecht mit seiner neuen Theaterform politische und gesellschaftliche Missstände an.

Der Architekt Walter Gropius begründete mit seinem Bauhaus-Stil den modernen sozialen Wohnungsbau und erlangte Weltruhm. Ab 1925 entstanden Siedlungen mit preiswertem Wohnraum mit Kleingärten. Sie ermöglichten eine gewisse Eigenversorgung und entsprachen mit fließend Wasser und Toiletten modernen hygienischen Anforderungen.

Leben auf dem Land

Die Landwirtschaft blieb in der Weimarer Republik einer der wichtigsten Erwerbszweige. Doch das Leben auf dem Lande sah ganz anders aus als in den Städten. Kleine Bauernhöfe prägten das Dorfbild. Der Tages- und Jahresablauf der Bauern war von der Landwirtschaft bestimmt. Nur selten kamen die Bewohner in die Städte. Die Arbeit war schwer und hart, da alle Arbeiten wie beispielsweise Pflügen, Mähen, Dreschen oder die Ernte noch von Hand gemacht wurden. Nur langsam hielt die Technik mit Dreschmaschinen oder Mähbindern Einzug in die Landwirtschaft. Diese konnten sich aber nur reiche Großbauern leisten.

Q3 Angelegenheit der „Neureichen"

Ein Angehöriger der Arbeiterbewegung beschreibt die Zeit aus seiner Sicht:

Von der kulturellen Metropole Europas merkten wir im Norden Berlins wenig. Die „Goldenen Zwanziger Jahre" fanden in den Theaterzentren, Galerien* und feinen Restaurants statt, waren eine Angelegenheit sensationeller Bälle und Galas der Neureichen, der Nachtlokale und Künstler-Cafés der Bohème* […]. Die große Masse verstand die Avantgardisten* nicht, die anklagen, aufrütteln wollten. […]

Den Kulturbedarf der breiten Masse befriedigten das Radio, der neue Unterhaltungsfilm, die Trivialliteratur* sowie Revuen* und Tanzlokale. Die Schlager und Melodien […] halfen Luftschlösser bauen, erleichterten die Flucht aus dem grauen Alltag.

Heinrich August Winkler und Alexander Cammann (Hrsg.), Weimar. Ein Lesebuch zur deutschen Geschichte 1918–1933, München 1997, S. 146 f.

Q4 „Der blaue Engel" (1930)

Mit dem ersten deutschen Tonfilm begann die Karriere eines Weltstars: Marlene Dietrich.

*Galerien
Kunsthandlungen

*Bohème
Künstler, die sich bewusst gegen gesellschaftliche Normen stellen

*Avantgardisten
Vorkämpfer einer neuen Kunstrichtung

*Trivialliteratur
einfache Unterhaltungsliteratur

*Revuen
Vorstellung mit einer Kombination aus Gesang, Tanz und Artistik

Q5 Harte Arbeit auf den Feldern

Foto von 1930

Foto: Deutsches Hopfenmuseum Wolnzach

Teilweise 18 Stunden am Tag wurde in mühvoller Handarbeit der Hopfen gepflückt und weiterverarbeitet. Das Foto zeigt Bauern bei der Hopfenernte bei Reichertshausen (Lkr. Pfaffenhofen a. d. Ilm).

Zwei Videos über die „Goldenen Zwanziger Jahre" findest du mithilfe von Mediencode 30024-25

1 Recherchiere im Internet und berichte von weiteren technischen Erfindungen, die in den Alltag der Menschen in den 1920er-Jahren Einzug hielten (*VT*).

2 Vergleiche die Lebensstile, die in den Materialien zum Ausdruck kommen (*Q 1–Q 5*).

3 Erkläre, warum vor allem ein kleiner Teil in den Städten die technischen Fortschritte und Unterhaltungsmöglichkeiten nutzen konnte (*Q 1–Q 5*).

4 Beurteile selbst, ob die Bezeichnung „Goldene Zwanziger Jahre" für die Zeit zutrifft.

5 Recherchiere, wie sich erste technischen Errungenschaften in deinem Heimatort durchgesetzt haben. → S. 198

Für Frauen ist nicht alles Gold, was glänzt

Q1 Die „Neue Frau"
Foto aus den 1920er-Jahren

Gleiche Rechte – aber nicht gleichberechtigt

Neben dem Wahlrecht wurden in der Weimarer Verfassung die gleichen Rechte für Frauen wie Männer festgelegt. Sie durften höhere Schulen besuchen und sogar studieren. Obwohl auch weitere Beschränkungen aufgehoben wurden, blieben gesellschaftliche und auch rechtliche Benachteiligungen bestehen. „Grundsätzliche" Gleichstellung bedeutete beispielsweise, dass die Berufstätigkeit der Frauen nur als Übergangsstadium bis zur Ehe galt. Bis 1977 durften Frauen nur dann arbeiten, wenn dies „mit ihren Pflichten in Ehe und Familie vereinbar" war.

Zu zwei Videos zum Thema „Frauen in den 1920er-Jahren" führt dich Mediencode 30024-26

Neue Berufschancen für Frauen

Während des Krieges hatten viele Frauen die Männer in den Fabriken und Büros der Unternehmen ersetzt. Auch nach 1918 stieg die Zahl der berufstätigen Frauen. Mit der Vergrößerung und Rationalisierung* in den Unternehmen sowie den neuen technischen Entwicklungen nahmen auch Verwaltungs- und Büroarbeit zu. Damit ergab sich ein neues Berufsfeld. Viele Frauen arbeiteten als Sekretärinnen, Telefonistinnen, Stenotypistinnen* oder Verkäuferinnen in den Städten. 1925 war ein Drittel aller Angestellten weiblich. Für viele Frauen bedeutete es einen sozialen Aufstieg.

*Rationalisierung
Maßnahmen, mit denen Produkte bei gleicher Qualität kostengünstiger und leichter hergestellt werden können

*Stenotypistinnen
weibliche Angestellte, die Stenografie (Kurzschrift) und Maschinenschreiben beherrschen

Die „Neue Frau" – ein idealisiertes Bild

Die „neue", moderne Frau der Weimarer Republik war berufstätig, selbstbewusst, attraktiv, modisch gekleidet und finanziell unabhängig. Zumindest propagierten dies Zeitschriften, Filme und Werbung. Der neue Frauentyp hatte einen „Bubikopf", trug kurze Röcke, rauchte in der Öffentlichkeit und brach mit herkömmlichen Moralvorstellungen. Außerdem sollten Frauen schlank und sportlich sein.
Doch diesem Idealbild, das gerade von den Frauen in den Büros angestrebt wurde, entsprachen nur wenige, und fast ausschließlich in den Metropolen. In der Arbeiterschicht genauso wie auf dem Land mussten die Frauen oft mehr als 12 Stunden täglich hart arbeiten und dann auch noch den Haushalt und die Kinder versorgen. Frauen lebten in einer männerdominierten Welt und verdienten in der Regel viel weniger als die Männer, die, selbst wenn sie arbeitslos waren, zu Hause meist nicht mithalfen. Die Freizügigkeit in den Großstädten, wo halbnackte Revuetänzerinnen auftraten, war den Bewohnern der Dörfer auf dem Land ein Ausdruck von Sünde und Verfall, den sie ablehnten. So bestimmten gerade hier alte Traditionen und Wertvorstellungen das Leben der Frauen und schränkten es stark ein.

Wusstest du?

Marie Juchacz war eine von 41 Frauen im ersten Parlament der Weimarer Republik und die erste, die eine Rede gehalten hat. Obwohl 90 % der Frauen ihr Wahlrecht nutzten, blieb die Zahl der Frauen im Reichstag unter 10 %. In der politischen Arbeit widmeten sie sich den „weichen Frauenthemen" wie Jugend, Arbeit und Soziales. Andere Bereiche wie Finanzen, Innen- und Außenpolitik behielten sich die Männer vor.

Q2 Angestellte im Schreibbüro
Foto um 1929

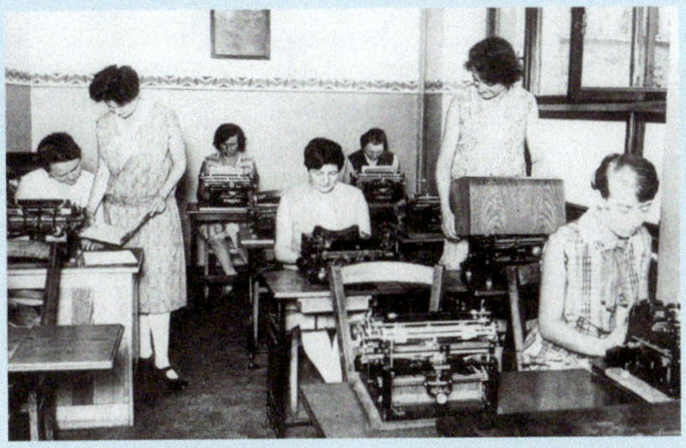

Mit dem Wandel der Wirtschaft bekamen Verwaltung, Dienstleistung und Handel eine größere Bedeutung. Durch technische Entwicklungen wie der Schreibmaschine ergab sich daraus ein neues Arbeitsfeld für Frauen.

Q3 Erinnerungen einer „Überflüssigen"

Lena Christ beschreibt in ihrem autobiografischen Roman das Leben als uneheliche Tochter einer Köchin, die in München einen Metzger mit eigenem Geschäft geheiratet hat. Über ihre Aufgaben als Neunjährige schreibt sie:

In aller Frühe musste ich zuerst das Fleisch austragen, dann Feuer machen, Stiefel putzen, Stiegen wischen und der Mutter die Sachen einholen, die sie zum Kochen brauchte. In einer Februarnacht aber kam das Kind [...]. Nun hieß es um fünf Uhr aufstehen und zu den übrigen Arbeiten noch das Bad, Wäsche und Windeln für den kleinen Hansl herrichten. Kam ich mittags aus der Schule wurde ich meistens mit Schlägen empfangen [...]. Vor dem Essen musste ich noch den Laden und das Schlachthaus putzen und das Nötige einkaufen. [...] Nach Tisch hatte ich das Geschirr zu spülen, die Kindswäsche zu waschen und den Buben einzuschläfern. Ganz abgehetzt kam ich dann des Nachmittags in die Schule und konnte während der Handarbeitsstunden nur mühsam den Schlaf bekämpfen.

Lena Christ, Erinnerungen einer Überflüssigen, München 1972, S. 43ff.

M1 Über das Leben auf dem Land

Im Gegensatz zu Großstädten sah das Leben der Frauen auf dem Land ganz anders aus. In einem Buch zum Frauenleben in Bayern schreibt die Kulturhistorikerin Karin Sommer:

Im noch stark agrarisch geprägten Bayern der Weimarer Republik bleibt die Landwirtschaft klassisches Betätigungsfeld der Frauen. Eine Lehre oder höhere Schule bleibt die Ausnahme. Die 13-, 14-jährigen Schulabgängerinnen finden ihr Fortkommen vorwiegend auf dem elterlichen Bauernhof bzw. als Magd bei einem fremden Bauern. Trotz gewisser Arbeitserleichterungen durch Maschinen ist die Arbeit in der Landwirtschaft immer noch äußerst beschwerlich, geregelte Freizeit oder Urlaub sind Fremdworte. Die Geschlechterrollen bleiben im Wesentlichen festgeschrieben, sowohl in der Familie als auch in der Dorfgemeinschaft. Die Frauen auf dem Land erfahren im Allgemeinen nur eine geringe Wertschätzung. Aussagen wie „Die Frau ist dem Bauern eine Frau fürs Bett, eine Mutter für die Kinder und eine Magd zum Arbeiten" lassen Rückschlüsse auf ausgeprägt patriarchalische* Strukturen zu.

Frauenleben in Bayern. Von der Jahrhundertwende bis zur Trümmerzeit, hrsg. von der Bayerischen Landeszentrale für Politische Bildungsarbeit, München 1993, S. 186–215 (leicht bearbeitet)

*patriarchalisch
Familie, in der die Männer absolute Macht über die Ehefrau und Kinder haben

1 Erläutere die rechtlichen und gesellschaftlichen Veränderungen für Frauen in der Weimarer Republik (*VT*).

2 Beschreibe, wie sich die Veränderungen in Beruf und Alltag in den Städten auf das Selbstbild der Frauen auswirkten (*Q 1–Q 3*).

3 Eine Frau aus Berlin kommt zu Besuch aufs Land und unterhält sich mit einer Bauersfrau über ihren Alltag. Schreibe einen Dialog zwischen den beiden Frauen (*M 1*).

4 Informiere dich über das Leben von Marie Juchacz, Lena Christ und anderen bekannten Frauen der Zeit. Diskutiere in der Klasse, wie frei und gleichberechtigt sie waren, und bilde dir ein Urteil. → S. 198

5 Begründe, warum sich trotz der Unterschiede zwischen dem Leben in der Stadt und auf dem Land für die Stellung der Frauen in der Gesellschaft wenig änderte.

Der „Schwarze Freitag" löst die Weltwirtschaftskrise aus

Q1 Titelseite der „Daily Mail" vom 25. Oktober 1929

FRIDAY. OCTOBER 25, 1929.

Daily Mail

CONTINENTAL EDITION

GIVING ALL THE NEWS MANY HOURS IN ADVANCE OF ANY OTHER ENGLISH JOURNAL CIRCULATING ON THE CONTINENT.

No. 11,650. PRICE (France) ONE FRANC.

GREATEST CRASH IN WALL STREET'S HISTORY

DELUGE OF PANIC SELLING OVERWHELMS MARKET

19,000,000 SHARES CHANGE HANDS

PRICES TUMBLE LIKE AN AVALANCHE

WILD SCENES TILL GREAT FINANCIERS COME TO RESCUE

The New York Stock Exchange.

The worst crash in the history of Wall Street took place yesterday, when 19,226,400 shares changed hands, the values of securities were reduced by billions of dollars, and the big stocks dropped to record low figures.

GREAT FILM FIRE AT HOLLYWOOD

MILLIONS OF DOLLARS OF DAMAGE DONE IN LABORATORY OUTBREAK.

NEGATIVES DESTROYED.

MAN KILLED AND LARGE BUILDING SHATTERED BY FORCE OF EXPLOSIONS.

ATTEMPT TO KILL PRINCE HUMBERT

BETROTHAL DAY DRAMA

SHOT AT BY SOCIALIST

PRINCE'S COURAGE

SEARCH FOR NEW FRENCH PREMIER

LEADER OF RADICAL-SOCIALIST PARTY RECEIVES CALL TO ELYSEE.

Wirtschaftsboom in den USA

In den 1920er-Jahren kam es in den USA zu einem Wirtschaftsboom. Durch den Kauf von Aktien konnte man direkt von den Gewinnen eines Unternehmens profitieren. Das zusätzliche Geld investierten die Firmen vor allem in die Fließbandproduktion und ermöglichten damit die Massenproduktion von Waren. Selbst „Luxusgüter" wie Elektrogeräte und Autos waren für weite Teile der Bevölkerung nun erschwinglich. Zudem konnten sie auch auf Raten gekauft werden. Das Vertrauen in die Wirtschaft war so groß, dass sogar Aktien auf Kredit gekauft wurden.

Börsenkrise wird zur Weltwirtschaftskrise

Dennoch wuchs das Angebot an Waren schneller als die Nachfrage. Durch die Überproduktion kam es zu einer Absatzkrise und die Gewinne der Unternehmen gingen zurück. Die Folgen waren sinkende Preise, Produktionsrückgänge, Konkurse und steigende Arbeitslosigkeit. Viele Anleger befürchteten, dass ihre Aktien an Wert verlieren würden, und verkauften sie. Nach den ersten Kursverlusten gerieten sie immer mehr in Panik. Am sogenannten „Schwarzen Freitag" fielen die Kurse an der Wall Street ins Bodenlose. Viele verloren in kürzester Zeit ihr ganzes Vermögen, die Banken wurden zahlungsunfähig, Firmen gingen bankrott und Millionen Amerikaner wurden arbeitslos. Aufgrund der globalen Wirtschaftsbeziehungen kam es zur Weltwirtschaftskrise.

Geschichte In Clips
Einen Film zur Wirtschaftskrise im Deutschen Reich findest du unter Mediencode 30024-27

Auswirkungen auf Deutschland

Neben den USA traf die Krise Deutschland besonders hart. Seit dem Dawes-Plan von 1924 (siehe S. 70) war die deutsche Wirtschaft auf die amerikanischen Kredite angewiesen. Die US-Regierung ging jetzt jedoch dazu über, die einheimische Wirtschaft durch hohe Importzölle zu schützen und die Kredite aus dem Ausland zurückzufordern. Den deutschen Banken und Unternehmen fehlten die Kredite und so kam es auch hier zu zahlreichen Konkursen und Massenarbeitslosigkeit. Von 1929 bis 1932 sanken Produktion und Volkseinkommen um die Hälfte, die Arbeitslosigkeit stieg sprunghaft an und überschritt 1932 zeitweise die 6-Millionen-Grenze. Die 1927 eingeführte Arbeitslosenversicherung reichte nicht aus, um die Massen an Erwerbslosen zu unterstützen. Fürsorgeeinrichtungen versuchten, die schlimmste Not zu lindern. Dennoch gehörten bald Obdachlosigkeit, Hunger und Verelendung zum Alltag in Deutschland. Ein Großteil der Menschen wählte daraufhin rechts- und linksextreme Parteien, die eine schnelle Besserung der Lage versprachen.

Wusstest du?

Bulle und Bär sind Börsensymbole

Das hängt mit dem Kampfverhalten der beiden Tiere zusammen. Der Bulle stößt mit seinen Hörnern von unten nach oben zu und symbolisiert somit steigende Kurse an der Börse. Der Bär dagegen haut mit der Tatze von oben nach unten und steht somit für fallende Kurse und Kurseinbrüche. Dies soll angeblich darauf zurückgehen, dass im 17. Jh. in der Nähe der Londoner Börse Schaukämpfe mit Tieren veranstaltet wurden. So sollen die Tiere in die Sprache der Börsianer eingegangen sein.

Q2 Reaktionen auf die Wirtschaftskrise

Heinrich Windelen (1921–2015) war Minister in der BRD und hatte sieben Geschwister. Sein Vater hatte eine kleine Fabrik für Lederwaren in Schlesien. Über die Folgen der Weltwirtschaftskrise erzählt er:

Im Jahr 1929, nach dem „Schwarzen Freitag" in Amerika, wurde es auch bei uns kritisch. Die Zinsen für Bankkredite stiegen steil an. Mein Vater und meine Mutter wussten manchmal nicht, woher wir das Geld nehmen sollten. Doch bei all unseren Sorgen – vielen ging es schlechter als uns. Das Arbeitsamt hatte ein Nebengebäude unserer Fabrik gemietet. Die Menschenschlangen, die einmal wöchentlich das kümmerliche „Stempelgeld" bekamen, wurde immer länger. Die Not war so groß, dass „Volksküchen" eingerichtet wurden, um ihnen wenigstens eine warme Mahlzeit am Tag zu sichern. Unvergessen sind mir die Aufmärsche der Arbeiter, die die Kommunisten organisierten. Mit hochgereckten Fäusten protestierten die Arbeiter und forderten die Revolution.

Heinrich Windelen, Als die Weber „stempeln" gingen, in: Rudolf Pörtner (Hrsg.), Alltag in der Weimarer Republik. Kindheit und Jugend in unruhiger Zeit, München 1990, S. 612–616

M1 Konkurse* und Massenarbeitslosigkeit infolge der Weltwirtschaftskrise in Deutschland

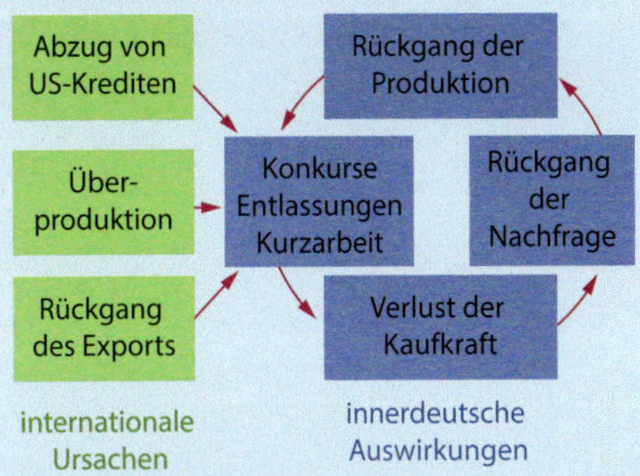

Das Schaubild zeigt die Folgen der Weltwirtschaftskrise für Deutschland.

Q3 Für die Kinder war es am schlimmsten

1931 berichtet das preußische Wohlfahrtsministerium:

Die Arbeitslosigkeit der Eltern verursacht bei den jungen Kindern Unterernährung, Häufung der Krankheiten, Gleichgültigkeit gegenüber hygienischen Anforderungen [...]. Die Kinderkrankheiten häufen sich, da der Arzt sehr oft zu spät oder gar nicht aufgesucht wird, weil für Arztschein und Medizin die notwendigen Gebühren nicht aufzubringen sind oder kein Fahrgeld vorhanden ist. [...]

Sehr deutlich sind die häufigen Erkrankungen der Kinder in den Schulen infolge Blutarmut und Hunger. Schwindel- und Ohnmachtsanfälle treten stark auf, auch bei älteren Kindern. Bei Nachforschungen in den Haushaltungen hat sich herausgestellt, dass die Ernährung völlig unzureichend ist, Vitamine (Obst, Gemüse) ganz fehlen, weil die Mittel nicht vorhanden sind. Skorbutanzeichen* machen sich schon bemerkbar in gewissen Elendsquartieren der Großstädte.

Wilhelm Treue (Hrsg.), Deutschland in der Weltwirtschaftskrise in Augenzeugenberichten, Düsseldorf 1967, S. 248

Q4 Arbeitslose im Hof des Arbeitsamtes Hannover

Das Foto von Walter Ballhause von 1930 zeigt die Massenarbeitslosigkeit infolge der Weltwirtschaftskrise. Anfang 1931 waren in Deutschland bereits fünf Millionen Menschen arbeitslos. Die Kosten für die Arbeitslosenversicherung stiegen immer mehr; zugleich sanken deren Leistungen.

1 Erkläre die Auswirkungen der Weltwirtschaftskrise auf die deutsche Wirtschaft (*M 1*).
→ S. 198

2 Beschreibe die Auswirkungen der Weltwirtschaftskrise auf die Lebensverhältnisse der Menschen (*Q 2* und *Q 4*).

3 Untersuche, wie sich die Arbeitslosigkeit der Eltern auf die Kinder auswirkte (*Q 3*).

4 Begründe, inwiefern die Massenarbeitslosigkeit nach 1929 zu einer politischen Radikalisierung der Bevölkerung beitrug (*Q 2*, *Q 4* und *VT*).

5 Versetze dich in die Situation eines jungen Arbeitslosen damals und heute. Formuliere seine Gedanken, Hoffnungen und Ängste, zum Beispiel in einem Inneren Monolog, einem Dialog oder in einem Zeitungsartikel.

***Konkurs**
oder Insolvenz bezeichnet die Zahlungsunfähigkeit von Firmen, u.a. hinsichtlich von Löhnen

***Skorbut**
schwere Krankheit aufgrund von Vitamin-C-Mangel

Geschichte hört nicht auf

Radikale Gruppen bedrohen die Demokratie – damals wie heute

Wenn heute über die Weimarer Republik gesprochen wird, geht es oft nur um die rechts- und linksradikalen Kräfte, die sie bekämpften und an denen sie scheiterte. Viele glauben, dies könne so nicht mehr geschehen. Die Verfasser des Grundgesetzes 1949 haben zwar aus den Schwächen der Weimarer Republik gelernt. Aber können wir uns darauf verlassen, dass unsere Demokratie so stark ist, dass sie nicht von radikalen Gruppen zerstört wird? Laut einer Umfrage eines Radiosenders im Jahr 2013 wären 31 Prozent der Wähler bereit gewesen, ihre Stimme für Geld zu verkaufen. Bei der Bundestagswahl 2017 haben knapp 25 Prozent der Wähler ihre Stimme nicht abgegeben. Viele Nichtwähler geben an, kein Vertrauen in die Parteien zu haben oder von der Politik enttäuscht zu sein. Bundespräsident Steinmeier betonte in einer Rede zum 100-jährigen Jubiläum der Weimarer Verfassung, auch heute sei das Gelingen der Demokratie nicht garantiert. „Demokratie ist und bleibt ein Wagnis, weil sie sich völlig ihren Bürgern anvertraut! Jeder, der sich abwendet, fehlt der Demokratie."

Q1 „Sie tragen die Buchstaben der Firma – aber wer trägt den Geist?!"
Karikatur von Thomas Theodor Heine, 21. März 1927

M1 „Schwarz-Rot-Gold – Wahrzeichen unserer Demokratie"

Schon 1919 wehte die schwarz-rot-goldene-Fahne über der Weimarer Republik. Als Symbol für Freiheit und Demokratie wurde sie damals wie bei der Gründung der Bundesrepublik Deutschland gewählt. In einer Rede 2019 äußert sich Bundespräsident Steinmeier angesichts der Wahlerfolge rechter Gruppierungen:

Ist es nicht historisch absurd, wenn diese schwarz-rot-goldene Fahne heute am auffälligsten und am häufigsten ausgerechnet von denen geschwungen wird, die einen neuen nationalistischen Hass entfachen wollen? Nein, Schwarz-Rot-Gold, das waren immer die Farben von Einigkeit und Recht und Freiheit! [...] Schwarz-Rot-Gold, das sind unsere Farben! Das sind die Wahrzeichen unserer Demokratie! Überlassen wir sie niemals den Verächtern der Freiheit!

https://www.bundesregierung.de/breg-de/service/bulletin/rede-von-bundespraesident-dr-frank-walter-steinmeier-1581388 [04.05.2020]

M2 PEGIDA-Demonstration in Dresden
Foto vom 21. Januar 2015

Pegida steht für „Patriotische Europäer gegen die Islamisierung des Abendlandes". Seit 2014 organisiert diese Bürgerbewegung in Dresden und anderen Städten Demonstrationen gegen eine vermeintlich verfehlte Einwanderungs- und Asylpolitik in Deutschland. Mit fremdenfeindlichen Parolen wendet sie sich gegen die angebliche „Islamisierung" Deutschlands und Europas.

M3 Spaltung der Gesellschaft trotz Wohlstand

Der Soziologe Heinz Bude sagt in einem Interview über die vielen Ängste, die es in Deutschland gibt:

In der Tat gibt es unter der Oberfläche dramatische Spaltungsbewegungen in der deutschen Gesellschaft. Wir haben ein Auseinanderfallen der oberen und unteren Mittelschicht. Zum einen gibt es Doppelverdiener-Haushalte mit hoch qualifizierten Berufen, einem relativ hohen Einkommen und Prestige. Daneben gibt es so etwas wie eine stille Prekarisierung*. Das sind nicht Menschen, die von Hartz IV leben, es sind Leute, die Vollzeit arbeiten und dafür mit 900 bis 1100 Euro nach Hause gehen. Es sind Paketzusteller, Gebäudereiniger, Beschäftigte bei Billigdiscountern und im Pflegebereich, die das Gefühl haben, dass ihnen das alles nichts nutzt und ihre Arbeit nicht wertgeschätzt wird.

https://www.badische-zeitung.de/literatur-und-vortraege/soziologe-bude-gespaltene-mittelschicht-fuehrt-zu-pegida--99492687.html [vereinfacht, 04.05.2020]

M4 Extremistische Straftaten

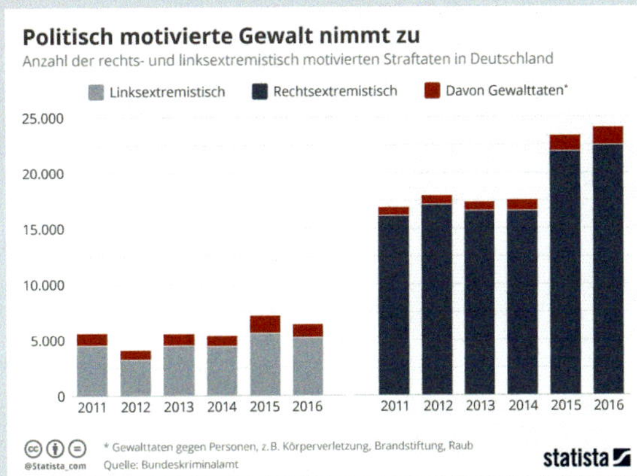

M5 Trennlinie

Aus der Abschiedsrede des scheidenden Bundespräsidenten Joachim Gauck am 18. Januar 2017:

Die entscheidende Trennlinie in unserer Demokratie verläuft nicht zwischen Alteingesessenen und Neubürgern, auch nicht zwischen Christen, Muslimen, Juden oder Atheisten. Die entscheidende Trennlinie verläuft zwischen Demokraten und Nicht-Demokraten. Es zählt nicht die Herkunft, es zählt die Haltung!

https://www.bundespraesident.de/SharedDocs/Reden/DE/Joachim-Gauck/Reden/2017/01/170118-Amtszeitende-Rede.html [21.06.2019]

Beispiele für Gewalttaten

Am 23. November 1992 warfen Neonazis Brandsätze auf von türkischen Familien bewohnte Häuser in Mölln, Schleswig-Holstein. Dabei starben drei Menschen, neun wurden schwer verletzt. Von Brandanschlägen, Hassparolen, Körperverletzungen von Neonazi-Gruppen wie der NSU oder Anschlägen einzelner Gewalttäter auf Politiker wie z. B. der Ermordung des Kasseler Regierungspräsidenten Walter Lübcke 2019 wird in den Medien immer wieder berichtet.

***Prekarisierung**
Abgleiten in eine Lage, in der auf Dauer Lebensunterhalt und soziale Sicherung nicht mehr gewährleistet sind

1 Interpretiere die Karikatur (*Q 1*) und bilde dir ein Urteil, ob Heines skeptische Sicht auf die Weimarer Republik zutrifft. ➔ S. 198

2 Erarbeite aus den Materialien und Quellen mögliche Bedrohungen unserer Demokratie und deren Ursachen (*M 1–M 5*).

3 Erläutere die Aussage des ehemaligen Bundespräsidenten Gauck (*M 5*).

4 Recherchiere die Geschichte der Fahne der Bundesrepublik Deutschland. Erläutere dabei die Gründe für die Übernahme als Nationalfarben der Weimarer Republik und der BRD.

5 Bundeskanzlerin Angela Merkel sagte 2019: „Jede Generation muss wieder für die Demokratie kämpfen." Stelle die Bedeutung dieser Aussage für den einzelnen Bürger und sein Engagement dar. Versuche dabei, einen Bezug zu *Q 1* herzustellen.

Von der Wirtschaftskrise zur Staatskrise

Q1 Politisch erbitterte Feinde – einig im Mieterstreik

Foto aus dem „Arme-Leute-Quartier" in der Köpenicker Straße in Berlin, September 1932. Unter dem Motto „Erst Essen – dann Miete!" protestierten Bewohner gegen Kürzungen bei der Unterstützung, zu hohe Mieten und die völlig verwahrlosten Häuser. Aus den Fenstern hängen Fahnen der NSDAP und der KPD.

Ende der parlamentarischen Demokratie

Infolge der Weltwirtschaftskrise sanken die Steuereinnahmen und gleichzeitig stiegen die Ausgaben für die Arbeitslosen massiv an. Sollten mithilfe neuer Staatsschulden und der Gefahr einer neuen Inflation die Konjunktur angekurbelt und die Sozialausgaben erhöht werden? Oder sollte ein radikaler Sparkurs mit Kürzungen für die Arbeitslosen die Wirtschaftskrise beenden? Das hätte allerdings die Not vergrößert. Über dieser Frage kam es zum Streit in der Regierungskoalition aus SPD, DDP, Zentrum und BVP, die im März 1930 daran zerbrach.

M1 Arbeitslosigkeit in Deutschland 1921–1933

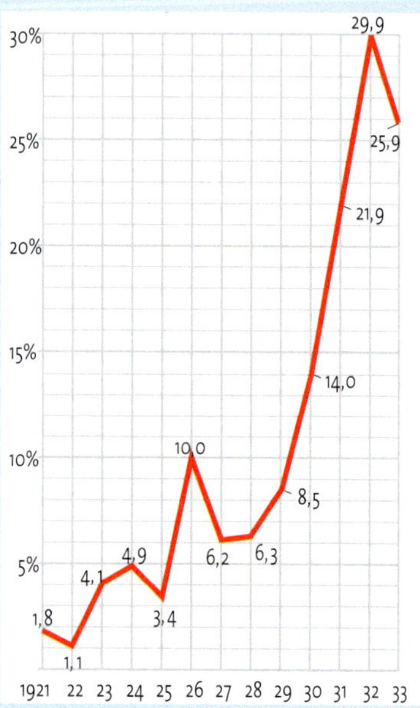

„Präsidialkabinette"

Im Reichstag gab es nun keine regierungsfähige Mehrheit mehr. Reichspräsident Hindenburg ernannte kurzerhand den Finanzexperten und Zentrumspolitiker Heinrich Brüning zum Reichskanzler. Diese wie auch die folgenden Regierungen zwischen 1930 und 1933 waren „Präsidialkabinette". Sie regierten ohne Mehrheit im Parlament durch „Notverordnungen" nach Art. 48 der Weimarer Verfassung (siehe S. 60). Brüning betrieb eine strenge Sparpolitik. Er kürzte das Arbeitslosengeld, Gehälter für Beamte und Angestellte sowie andere Staatsausgaben und erhöhte gleichzeitig die Steuern, um Unternehmen zu fördern. Mit diesem Sparkurs wollte er die Siegermächte davon überzeugen, keine Reparationen mehr zu verlangen. Wenn der Reichstag die Notverordnungen blockierte, löste Hindenburg ihn auf und setzte Neuwahlen an. So gab es zwischen 1930 und 1933 vier Reichstagswahlen. Diese brachten jedoch keine stabilen Mehrheiten und so verlor das Parlament immer mehr an Macht. In Deutschland verhinderte der als „Hungerkanzler" verschriene Brüning zwar eine Inflation, verschärfte jedoch die wirtschaftliche Krise.

Politische Radikalisierung

Im Mai 1932 hatte Brüning schließlich das Vertrauen des Reichspräsidenten verloren und dieser zwang ihn zum Rücktritt. Hindenburg versuchte es noch mit zwei weiteren Kanzlern: Franz von Papen und Kurt von Schleicher. Doch auch sie scheiterten. Die anhaltende Wirtschaftskrise führte nun zu einer politischen Krise. Hindenburg und seine Berater lehnten zunehmend die demokratische Mitbestimmung des Volkes ab. Sie wollten eine autoritäre Präsidialdiktatur. Kommunisten, Sozialdemokraten und Gewerkschaften sollten dauerhaft ausgeschaltet werden.
Radikale und antidemokratische Parteien gewannen immer mehr Anhänger. Den stärksten Zulauf hatten KPD, NSDAP und DNVP. In der Öffentlichkeit standen sich uniformierte Kampfverbände der Parteien gegenüber. Vor allem vor den Wahlen lieferten sie sich blutige Saal- und Straßenschlachten, die Hunderte Tote forderten. Als bei den Reichstagswahlen 1932 die NSDAP stärkste Partei mit 37,4 Prozent der Stimmen wurde, forderte Adolf Hitler das Kanzleramt. Hindenburg zögerte noch, da ihm Hitler und seine Partei als zu unberechenbar erschienen.

M2 Reichstagswahlen 1928 bis 1932

Das Schaubild zeigt die Ergebnisse der Reichstagswahlen.

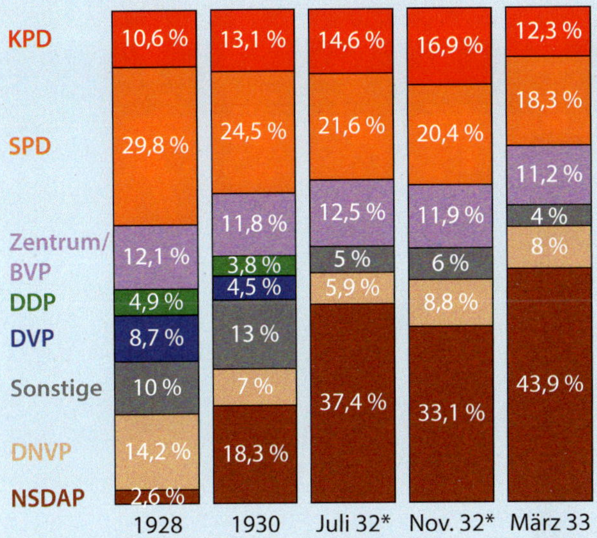

Wahltermine und -beteiligung
1928, 20. Mai: 75,6 %
1930, 14. September: 82,0 %
1932, 31. Juli: 84,1 %
1932, 6. November: 80,6 %
1933: 5. März: 88,8 %

* Juli und November 1932 sowie 1933: DVP und Dt. Staatspartei (ehemals DDP) unter Sonstige

Nach: www.schule-bw.de

M3 Machtmechanismen der Präsidialregierungen (1930–1933)

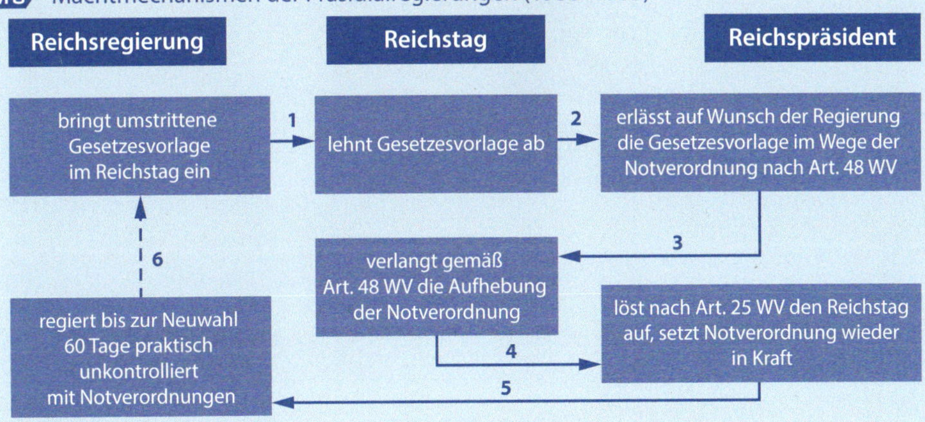

1 Stelle chronologisch das Ende des parlamentarischen Systems dar, z. B. als Zeitleiste oder Tabelle (*VT*).

2 Untersuche die Ergebnisse der Reichstagswahlen (*M 2*):

a) Nenne Parteien, die Stimmen gewonnen bzw. verloren haben, und ziehe Rückschlüsse auf das Wählerverhalten.

b) Setze dies in Beziehung zur Situation der Berufstätigen und die Entwicklung der Arbeitslosenzahlen. Erkläre die Zusammenhänge (*Q 1*, *M 1*).

c) Zeige mögliche Alternativen auf und beurteile, ob diese politisch möglich waren.

3 Analysiere das Schema zur Präsidialregierung. Begründe, warum von 1930 bis 1933 keine parlamentarische Demokratie mehr bestand (*M 3*). ➔ S. 198

4 Nimm kritisch Stellung zur Frage nach der Verantwortung für das Scheitern der Weimarer Republik. Verfasse einen Kommentar aus heutiger Sicht, indem du die Verantwortung der Parteien, des Reichspräsidenten und der Bürger berücksichtigst (*Q 1*, *M 2*, *M 3*). ➔ S. 198

Das weiß ich – …

Die Weimarer Republik

Grund- und Menschenrechte
Versailler Vertrag
1929 Weltwirtschaftskrise
1923 Krisenjahr
Frauenwahlrecht
Inflation
persönliche Freiheiten
einseitige Rechtsprechung der Justiz
Arbeitslosenversicherung
Reparationen
Putschversuche
Aufnahme in den Völkerbund
Links- und Rechtsradikale
politische Morde
Ausgleich mit Frankreich
Stabilisierung der Wirtschaft
technische und kulturelle Errungenschaften

Wohnungsbau – neues Wohnen: siehe Mediencode 30024-28

„Frankfurter Küche": siehe Mediencode 30024-29

1 Bildet Teams mit vier oder fünf Schüler-/innen.

2 Ordnet die Begriffe aus dem Wortspeicher den beiden Waagschalen „Erfolge der Weimarer Republik" sowie „Belastungen und Bedrohungen" zu. Begründet eure Entscheidung.

3 Jeder in der Gruppe wählt zwei Begriffe aus den beiden Waagschalen und erstellt zu jedem Begriff eine kleine Mindmap. Tragt eure Ergebnisse in der Gruppe vor.

4 Wodurch ist unsere Demokratie heute gefährdet? Erstellt in Kleingruppen eine ähnliche Waagschale wie für die Weimarer Republik. Diskutiert eure Ergebnisse.

… das kann ich!

Q1 Weißenhofsiedlung in Stuttgart
Foto von 1927

M1 „Frankfurter Küche" (1926)
Späterer Nachbau

Webquest mit Gallerywalk – Thema „Alltagsleben in der Weimarer Republik – Aufbruch in die Moderne"

- Wohnungsbau – neues Wohnen
- Frankfurter Küche
- Aufschwung der Motorisierung
- Beginn des zivilen Luftverkehrs

Q2 Besitzer einer Harley-Davidson
Foto von 1928

Q3 Flugzeug der „Luft Hansa"
Foto von 1926

1 Teilt euch in Kleingruppen ein und einigt euch auf ein Themengebiet.

2 Informiert euch mittels eines Webquests. Nutzt dafür die Internetlinks, die ihr mithilfe der Mediencodes in den Randspalten abrufen könnt, und sucht gegebenenfalls selbstständig weitere. Leitfragen sind:
a) Was ist „modern" an den Entwicklungen, die hier beschrieben werden?
b) Welche Parallelen oder Weiterentwicklungen gibt es in der Gegenwart?
c) Was hat euch überrascht / gewundert / beeindruckt?

3 Erstellt anschließend für euer Thema ein Lernplakat (alternativ: ein digitales Pinboard z. B. mit padlet). Sucht anschließend in einem „Gallerywalk" die Ergebnisse / Plakate der anderen Gruppen auf, stellt Fragen. Dazu muss an jeder Station ein Experte / eine Expertin verbleiben. Diese Person sollte aber nach einer vereinbarten Zeit gewechselt werden, damit sie auch die anderen Plakate anschauen kann.

Beginn der zivilen Luftfahrt: siehe Mediencode 30024-30

Aufschwung der Motorisierung: siehe Mediencode 30024-31

3 Nationalsozialismus – Ideologie und Politik bis 1939

Q1 Fackelzug durch das Brandenburger Tor
Foto von 1933

Der 30. Januar 1933 stellt einen bedeutenden Einschnitt in der deutschen Geschichte dar. Nachdem Adolf Hitler durch den Reichspräsidenten Paul von Hindenburg zum Reichskanzler ernannt worden war, übernahmen die Nationalsozialisten wichtige Machtpositionen im Staat. Sie setzten das Ereignis von Anfang an mit mächtigen Bildern in Szene. Um besonders eindrucksvolle Fotografien zu erhalten, stellten sie den Fackelzug durch das Brandenburger Tor im Sommer 1933 nach. Das inszenierte* Bild sollte die spontane Begeisterung des deutschen Volkes anlässlich des Machtantritts Hitlers demonstrieren. Der Umstand, dass es sich nicht um ein Originalfoto, sondern um ein nachträglich aufgenommenes Bild handelt, wurde in Veröffentlichungen bewusst verschwiegen.

* **inszenieren**
in einer gestellten Szene bewusst darstellen (wie im Film)

Was weißt du schon?

- Sprecht in eurer Klasse darüber, was ihr über den Nationalsozialismus wisst.
- Tragt zusammen, woher euer Wissen stammt.
- Sucht in eurem Wohn- oder Schulort nach Spuren, die an die Zeit des Nationalsozialismus erinnern.
- Auch heute ist es noch wichtig, über die NS-Zeit Bescheid zu wissen. Begründet.

Orientierung

Die Nationalsozialisten errichten eine Unrechtsherrschaft

*Konzentrationslager
Massenlager, die zunächst dazu dienten, politische Gegner gefangen zu halten und gefügig zu machen. Später wurden sie im Sinne der NS-Rassenpolitik dazu benutzt, angeblich minderwertige Volksgruppen massenhaft zu ermorden.

*Sinti und Roma
Volksgruppen, die wahrscheinlich vor ca. 1000 Jahren aus Nordwestindien ausgewandert sind und seit ca. 600 Jahren in Deutschland leben. Die früher übliche Bezeichnung „Zigeuner" ist diskriminierend.

Nach der Ernennung Hitlers zum Reichskanzler begannen die Nationalsozialisten damit, ihre politischen Gegner – meist Kommunisten und Sozialdemokraten – zu verfolgen. Eine Notverordnung, die die Grundrechte einschränkte, erleichterte ihr brutales und menschenverachtendes Vorgehen. In Dachau entstand nur wenige Wochen nach der Machtübernahme das erste Konzentrationslager*.
Zudem wurde der Reichstag mithilfe des „Ermächtigungsgesetzes" entmachtet. Jetzt war es der nationalsozialistischen Reichsregierung möglich, Gesetze zu verabschieden, auch wenn sie von der Reichsverfassung abwichen. Das Ziel war ein Einheitsstaat. Abweichende Meinungen oder gar Widerstand wurden bedingungslos unterdrückt. Juden, Sinti und Roma* sollten nicht zur „Volksgemeinschaft" gehören. Sie mussten Terror und Verfolgung ertragen. Außenpolitisch steuerten die Nationalsozialisten von Beginn ihrer Herrschaft an auf einen Krieg zu.

Q1 **Appell im Konzentrationslager Dachau**
Fotografie von Friedrich Bauer vom 28. Juni 1938

Am Ende des Kapitels könnt ihr

- einen Zusammenhang zwischen der NS-Ideologie und dem Vorgehen der Nationalsozialisten herstellen;
- Maßnahmen der Nationalsozialisten zum Machtausbau bewerten und erklären, weshalb diese demokratischen Prinzipien widersprechen;
- den menschenverachtenden Charakter der nationalsozialistischen Ideologie erkennen, indem ihr den Alltag im NS-Staat untersucht;
- erklären und beurteilen, warum viele Deutsche dem Nationalsozialismus zustimmten.

30. Januar 1933	28. Februar 1933	24. März 1933	15. September 1935	7. März 1936
Hitler wird Reichskanzler	„Verordnung zum Schutz von Volk und Staat" (Reichstagsbrandverordnung)	„Ermächtigungsgesetz"	Ausbürgerung der Juden („Nürnberger Gesetze")	Einmarsch der Wehrmacht ins entmilitarisierte Rheinland

M 1 Diktaturen in Europa 1938
Nicht nur in Deutschland, sondern in zahlreichen europäischen Ländern entstanden in den 1920er- und 30er-Jahren Diktaturen und autoritäre Regierungen, in denen Grund- und Mitbestimmungsrechte eingeschränkt waren.

- Nenne Kennzeichen der NS-Diktatur (*VT*).
- Beschreibe die Häftlinge im Konzentrationslager Dachau (*Q 1*). ➜ S. 199
- Stelle Diktaturen und diejenigen Staaten, in denen sich die Demokratie behaupten konnte, in einer Tabelle gegenüber (*M 1*).
- Autoritäre Regierungen konnten sich nicht in allen Staaten durchsetzen (*M 1*). Erkläre diesen Umstand. ➜ S. 199

13. März 1938 – „Anschluss" Österreichs ans Deutsche Reich

9. November 1938 – Novemberpogrome

29./30. September 1938 – Münchner Abkommen

15. März 1939 – Besetzung der „Rest-Tschechei"

1. September 1939 – Deutscher Überfall auf Polen

Welche Ziele verfolgen die Nationalsozialisten?

Q1 „Am Anfang war das Wort"
Ölgemälde von Otto Hoyer, 1937

*Ideologie
ein System von Ideen, Vorstellungen und Werturteilen (= Weltanschauung)

Nationalsozialismus
Weltanschauung und politische Bewegung. Der Begriff verbindet in eigentümlicher Weise die Begriffe Nationalismus (= Glaube an die Überlegenheit des eigenen Volkes) und Sozialismus (= Verantwortung der „Volksgemeinschaft" für den einzelnen Bürger).

„Volksgemeinschaft"
nach der völkischen Weltanschauung die soziale Einheit aller Deutschen – unabhängig von Stand, Beruf und Konfession

Antisemitismus
Judenfeindschaft, Judenhass aufgrund der Annahme, dass Juden eine eigene Rasse seien

Geschichte In Clips
Einen Film zum Thema „Der Aufstieg der NSDAP bis 1930" findest du unter Mediencode 30024-32

Die Zeit von der Machtübergabe an die Nationalsozialisten bis zum Jahr 1934 erklärt der Film, zu dem dich Mediencode 30024-33 führt.

Hitlers „Mein Kampf"

Nach seinem gescheiterten Putschversuch im November 1923 in München (siehe S. 66) verbüßte Adolf Hitler seine milde Gefängnisstrafe im oberbayerischen Landsberg am Lech. Seine Partei, die Nationalsozialistische Deutsche Arbeiterpartei (NSDAP), wurde vorübergehend verboten. Während seiner neunmonatigen Haftzeit verfasste Hitler den ersten Band von „Mein Kampf", dem 1925 der zweite Band folgte. Darin legte er seine Ideologie* dar. Der **Nationalsozialismus** enthielt keine grundsätzlich neuen Ideen. In dem Begriff bündelten sich vor allem Vorstellungen und Meinungen, die damals in der deutschen und österreichischen Gesellschaft weit verbreitet waren.

„Kampf der Rassen"

Für die Nationalsozialisten wurden die Rassenlehre und die „Reinheit" des deutschen Volkes zu den Grundpfeilern ihres Weltbildes. Sie vertraten die Ansicht, dass wie überall in der Natur unter den Menschen eine Auslese im Kampf um das Dasein herrsche. Die Gesunden und Starken würden überleben, die Kranken und Schwächeren hingegen vernichtet. Entsprechend gebe es eine vor allem in Deutschland und Nordeuropa beheimatete „Herrenrasse" (= Arier). Ihr Idealtyp sei durch blaue Augen und blonde Haare gekennzeichnet. Diese **„Volksgemeinschaft"** habe dieselbe Abstammung und sei dadurch auf natürliche Weise miteinander verbunden. Keinesfalls dürfe sie ihr Blut mit „minderwertigen Rassen" vermischen, zu denen nach Hitlers Ansicht vor allem die Juden zählten. Denn für die Nationalsozialisten waren die Juden keine Glaubensgemeinschaft, sondern eine eigene, fremde Rasse. Der **Antisemitismus** bestimmte Hitlers Politik entscheidend. Die Nationalsozialisten wollten die jüdischen Mitbürger ausgrenzen und vernichten. Werte wie Mitgefühl und Toleranz galten in diesem Weltbild als Schwäche und gefährdeten angeblich das Gedeihen des „deutschen und artverwandten Blutes".

„Lebensraum"

Die Nationalsozialisten machten „die Juden" für alles verantwortlich, was aus ihrer Sicht schlecht war: Marxismus, Bolschewismus, die Niederlage des Deutschen Reiches im Ersten Weltkrieg und die parlamentarische Demokratie.
Der Nationalsozialismus spielte in ihrer Gedankenwelt eine wichtige Rolle: Deutschland sollte wieder eine Großmacht werden und der Versailler Vertrag abgeschafft werden. Darüber hinaus sah es Hitler als eine wichtige Aufgabe an, für das deutsche Volk „Lebensraum im Osten" zu gewinnen. Denn er war von der Vorstellung besessen, dass Deutschland nicht genügend Raum zur Entfaltung der eigenen Kräfte habe. Er beabsichtigte, einen rücksichtlosen Krieg gegen die Sowjetunion und deren Ideologie, den Kommunismus, zu führen.

Q2 Rassistische Weltanschauung

In einer ideologischen Schrift der NSDAP heißt es 1933:

Das allgemeinste unerbittliche Gesetz des Lebens ist nun Kampf um sein Dasein und seine Entfaltung, Kampf der Rassen um ihren Lebensraum. [...]

Ein kleiner, aber mächtiger Teil der Erdbevölkerung wählte den Weg der Parasiten*. Er sucht sich durch intelligente und heuchlerische Einfühlung und Überlistung in bodenständigen Volkstümern einzunisten, diese mit händlerischer Schlauheit um den Ertrag ihrer Arbeit zu bringen und durch raffinierte geistige Zersetzung der Selbstführung zu berauben. Die bekannteste und gefährlichste Art dieser Rasse ist das Judentum.

[Eine andere] Gruppe endlich führt den Kampf offen, mit Wagemut und selbstbewusstem Einsatz rassischer Kraft. Sie umfasst die ausgesprochenen *Herren- und Kriegerrassen*. Sie ringen mit der Natur, um ihr Nahrung und Schätze des Bodens abzugewinnen [...]. Aber sie greifen auch zum Schwerte, wenn man sie ihrer Freiheit berauben will oder andere, insbesondere niedere Rassen, ihrem Nachwuchs einen Lebensraum streitig machen wollen [...]. Nur diese Rassen haben sich als kulturschöpferisch und staatenbildend erwiesen. Die bedeutsamste unter ihnen ist die nordische geblieben, die sich mit ihrer Arbeits- und Wehrkraft über die Hälfte des Erdballs erobert und mit ihrer Technik und Wissenschaft ihn heute fast ganz unterworfen hat. Das Vorvolk dieser Rasse aber ist das deutsche.

Zitiert nach: Walther Hofer (Hrsg.), Der Nationalsozialismus. Dokumente 1933–1945, Frankfurt am Main [50]2011, S. 32 f.

*Parasiten
in der Natur Lebewesen, die dadurch leben, dass sie andere schädigen (= Schmarotzer)

Q3 Unterrichtsmaterial

Für politische Schulungen nutzten die Nationalsozialisten solche Schautafeln.

1 Beschreibe die Pose, in der Hitler dargestellt ist (*Q 1*).

2 Erkläre den Titel des Bildes. Berücksichtige dabei die Anspielung auf das Neue Testament, Joh. 1,1 (*Q1*). ➔ S. 199

3 Stelle die beiden menschlichen „Rassen" gegenüber, wie sie der Autor in *Q 2* darstellt. ➔ S. 199

4 Beschreibe den Zweck der Schautafel *Q 3*. Erläutere, mit welchen Mitteln er erreicht werden sollte.

5 Formuliere bzw. gestalte einen Gegenentwurf zu *Q 3* und zeige darin, wie mit Behinderten würdig umgegangen werden sollte.

Weiterführende Informationen zum Thema Ideologie und einen Auszug aus einem Geschichtsbuch von 1941 findest du unter Mediencode 30024-34

Hitler wird Reichskanzler

Q1 Fackelzug in Berlin anlässlich Hitlers Kanzlerschaft
Foto vom 30. Januar 1933

Fackelzug in Berlin anlässlich Hitler's Kanzlerschaft.

*SA (= Sturmabteilung)
Die Kampforganisation der NSDAP spielte als Ordnertruppe eine entscheidende Rolle beim Aufstieg der NSDAP. Nach der „Machtübernahme" der Nationalsozialisten wurde die SA teilweise als staatliche Hilfspolizei eingesetzt.

Geschichte In Clips
Einen Film zum Ende der Weimarer Republik findest du unter Mediencode 30024-35

Die missliche Situation der NSDAP

Am Ende des Jahres 1932 schien die NSDAP kurz vor dem Ruin zu stehen. Hitlers Partei hatte nur noch wenig Geld zur Verfügung. Außerdem war die Zustimmung der Wähler gesunken. Denn mit 33,1 Prozent hatte sie im November zwar wieder die meisten Sitze im Reichstag errungen, aber zwei Millionen Wählerstimmen verloren. Der Hauptgrund war, dass sich die wirtschaftliche Lage besserte und es dadurch weniger Unzufriedene gab.

Nationale Einheit

Reichspräsident Hindenburg wollte die national gesinnten Parteien und Kräfte, die größtenteils antidemokratisch waren, verbünden. Zu den Nationalsozialisten hatte er ein zwiespältiges Verhältnis. Einerseits war ihm diese junge nationale Bewegung sympathisch, andererseits wollte er sich von Hitler nicht die Führung in Deutschland streitig machen lassen. Zweimal schon waren Verhandlungen darüber gescheitert, ob Hitler Reichskanzler werden sollte.

Papens Einrahmungskonzept

Im Januar 1933 stimmte Hindenburg einem Vorschlag Franz von Papens zu. Hitler sollte demnach Kanzler werden. In dem Präsidialkabinett sollten allerdings nur drei Minister der NSDAP, aber neun einflussreiche konservative Politiker vertreten sein. Kritikern seines Planes entgegnete Papen: „Was wollen Sie denn? Ich habe das Vertrauen Hindenburgs. In zwei Monaten haben wir Hitler in die Ecke gedrückt, dass er quietscht!"

Machtübergabe

Am 30. Januar 1933 ernannte Hindenburg Hitler zum Reichskanzler. Das Kabinett wurde auf die Weimarer Verfassung vereidigt. Hitler wurde somit gemäß der Verfassung das Amt legal übertragen. Er bestimmte nun die Richtlinien der Politik. Doch er hatte nie verheimlicht, dass er das demokratische System zerstören wolle.

Aufmärsche und Feierlichkeiten

Hitlers Anhänger feierten diesen Erfolg überschwänglich. Überall in Deutschland fanden organisierte Siegesfeiern statt. In vielen deutschen Städten marschierten die „Braunhemden" – so wurden die SA-Truppen* nach der Farbe ihrer Uniform genannt – noch am gleichen Abend in stundenlangen Fackelzügen durch die Straßen. Damit machten sie deutlich, dass die deutsche Geschichte mit der Kanzlerschaft Hitlers eine entscheidende Wende genommen habe.

Wusstest du?

Adolf Hitler, 1889 in Braunau am Inn (Österreich) geboren, verließ die Realschule ohne Abschluss. 1907 übersiedelte er nach Wien, wo er sich zweimal erfolglos an der Kunstakademie bewarb. 1914 trat Hitler als Freiwilliger in ein bayerisches Reserve-Regiment ein und nahm am Ersten Weltkrieg teil. 1920 arbeitete er in München am ersten Programm der NSDAP mit.

Q2 Hindenburg lehnt Hitler ab

Hitler fordert 1932 Reichspräsident Hindenburg mehrmals auf, er solle ihn „ohne Vorbehalte" zum Kanzler ernennen. Am 24. November 1932 lässt Hindenburg mitteilen:

Der Herr Reichspräsident hat diesen Vorschlag abgelehnt, da er glaubt, es vor dem deutschen Volk nicht vertreten zu können, dem Führer einer Partei, die immer erneut ihre Ausschließlichkeit betont hat, seine präsidialen Vollmachten zu geben, und er befürchten musste, dass ein von Herrn Hitler geführtes Präsidialkabinett sich zwangsläufig zu einer Parteidiktatur mit all ihren Folgen für eine außerordentliche Verschärfung der Gegensätze im deutschen Volk entwickeln würde, die [...] der Herr Reichspräsident vor seinem Eid und seinem Gewissen nicht verantworten könnte.

Zitiert nach: Walther Hofer (Hrsg.), Der Nationalsozialismus. Dokumente 1933–1945, Frankfurt [50]2011, S. 25

Q4 Das Kabinett Hitler

Foto vom 30. Januar 1933

Der Regierung gehörten nur drei Nationalsozialisten an: Neben Hitler (in der Mitte sitzend) sind das noch Hermann Göring (links sitzend) und Wilhelm Frick, der Innenminister wurde (stehend, dritter von rechts). Rechts sitzt der Vizekanzler Franz von Papen.

Q3 Kritische Stimmen

Die „Frankfurter Zeitung" schreibt in ihrer Ausgabe vom 1. Februar 1933:

Was aber darüber hinaus [gemeint ist die Organisation der Bewegung] eine politische Leistung Herrn Hitlers wäre, ist nicht zu sehen. Wir versprechen uns nichts, weil es uns unmöglich ist, den Politiker vom Menschen zu trennen. Wir haben in diesem Augenblick, in dem Herrn Hitler die Kanzlerschaft des Deutschen Reiches übertragen worden ist, offen auszusprechen, dass er bis zur Stunde den Beweis menschlicher Qualifikation für dieses hohe Amt der Nation schuldig geblieben ist.

In der Ausgabe vom 2. Februar ergänzt die „Frankfurter Zeitung":

Die Öffentlichkeit [...] ist misstrauisch geworden. Sie hat ein Recht, es zu sein, da [...] die Nationalsozialistische Partei eine Ideologie ihr Eigen nennt, die dem demokratischen Grundgedanken unserer Verfassung genau zuwiderläuft.

Zitiert nach: Michael Krejci, Die Frankfurter Zeitung und der Nationalsozialismus 1923–1933, Würzburg 1967, S. 98f.

1 Erläutere in eigenen Worten, weshalb Reichspräsident Hindenburg eine Ernennung Hitlers zum Reichskanzler zunächst ablehnte (*VT*, *Q 2*).

2 Erkläre Papens Konzept der „Einrahmung". Trenne dazu auf einer Kopie von *Q 4* die drei NS-Regierungsmitglieder durch Linien von den übrigen Ministern.

3 Vergleiche *Q 1* mit der Fotografie, die du auf der Auftaktseite findest. → S. 199

4 Fasse die Kritik, die die „Frankfurter Zeitung" an der Machtübernahme Hitlers übt, in Schlagworten zusammen (*Q 3*).

5 Heutige Historiker sprechen im Zusammenhang mit Hitlers Regierungsantritt von „Machtübergabe", „Machtübertragung" oder „Machtauslieferung". Begründe, warum in der ersten Zeit nach Ende des „Dritten Reiches" am liebsten von „Machtergreifung" gesprochen wurde.

6 Stellt euch vor, in eurer Stadt gäbe es ein Gebäude oder eine Straße, die nach Hindenburg benannt ist. Diskutiert, ob der Name geändert werden sollte (*Q 2*, *VT*).

Die Nationalsozialisten bauen ihre Macht aus

Q1 Der „Tag von Potsdam"
Foto vom 21. März 1933

Hindenburg trägt Uniform und Ehrenzeichen des kaiserlichen Feldmarschalls.

*Propaganda
politische Werbung, die dem Zweck dient, möglichst viele Menschen für sich zu gewinnen

⚠ „Ermächtigungsgesetz"
Vom Reichstag am 23. März 1933 beschlossenes Gesetz. Es erlaubte der Regierung unter Adolf Hitler, Gesetze ohne den Reichstag zu beschließen. Nur die Abgeordneten der SPD stimmten dagegen; die kommunistischen Abgeordneten waren zuvor bereits verhaftet worden oder ins Exil gegangen.

Der Reichstag brennt

Hitler wollte alleine regieren und nicht dauerhaft auf seine konservativen Bündnispartner und die Zustimmung des Reichspräsidenten angewiesen sein. Daher sollten Neuwahlen seiner Partei eine Mehrheit im Parlament verschaffen.

Am Abend des 27. Februar 1933, gut eine Woche vor dem Wahltermin, brannte das Reichstagsgebäude in Berlin. Die Polizei verhaftete vor Ort den holländischen Kommunisten Marinus van der Lubbe, der die Brandstiftung gestand. Historiker zweifeln jedoch daran, dass der schwer sehbehinderte Mann für den Großbrand alleine verantwortlich war.

Die Nationalsozialisten nutzten die Gelegenheit, um gegen alle ihre Widersacher vorzugehen. Sie behaupteten, dass die Kommunisten einen Bürgerkrieg entfachen wollten, und setzten nur einen Tag nach dem Brand die Notverordnung „Zum Schutz von Volk und Staat" durch. Darin wurden die wichtigsten Grundrechte der Weimarer Verfassung außer Kraft gesetzt. Die „Reichstagsbrandverordnung" gab damit den Nationalsozialisten die entscheidende gesetzliche Grundlage an die Hand, politische Gegner zu verhaften und mit schonungslosem Terror zu verfolgen.

In dieser Atmosphäre fanden am 3. März 1933 die Reichstagswahlen statt. Obwohl die NSDAP einen aufwändigen Wahlkampf führte, verpasste sie mit 43,9 Prozent der Stimmen die absolute Mehrheit. In Bayern schnitt sie dabei mit 43,1 Prozent nur geringfügig schwächer ab. Die schlechtesten Wahlergebnisse hatte sie dabei in Unterfranken und der Oberfalz mit jeweils 34 Prozent.

Der „Tag von Potsdam"

Mit einem feierlichen Staatsakt wurde drei Wochen später der neue Reichstag in der Garnisonkirche in Potsdam eröffnet. Dort lag der Preußenkönig Friedrich der Große begraben. Nach dem Festakt verbeugte sich Hitler ehrerbietig vor dem Reichspräsidenten Hindenburg, der im Volk sehr angesehen war. Dieser war mit seiner Uniform als kaiserlicher Generalfeldmarschall bekleidet.

Das „Ermächtigungsgesetz"

Durch solche Propaganda*-Auftritte errangen die Nationalsozialisten Zustimmung im konservativen Lager. Mit einem „Ermächtigungsgesetz" wollten sie nun die alleinige Herrschaft an sich reißen. Die bürgerlichen Parteien wurden hierzu durch falsche Versprechungen und offene Drohungen gefügig gemacht. Die Kommunisten sowie Teile der SPD waren von der Abstimmung ausgeschlossen. Viele von ihnen waren zuvor schon verhaftet worden oder untergetaucht. Dadurch kam die notwendige Zwei-Drittel-Mehrheit im Reichstag zustande. Das **„Ermächtigungsgesetz"** ermöglichte der nationalsozialistischen Reichsregierung, Gesetze zu verabschieden, auch wenn diese von der Reichsverfassung abwichen. Trotz der Bedrohungen stimmten die 94 im Parlament verbliebenen SPD-Abgeordneten gegen diese „Selbstauflösung des Parlaments".

Q2 Verordnung „Zum Schutz von Volk und Staat"

Am 28. Februar 1933, einen Tag nach dem Reichstagsbrand, setzt Hitler eine Notverordnung durch, die der „Abwehr kommunistischer staatsgefährdender Gewaltakte" dienen soll:

Die Artikel 114, 115, 117, 118, 123, 124 und 153 der Verfassung des Deutschen Reiches werden bis auf Weiteres außer Kraft gesetzt. Es sind daher Beschränkungen der persönlichen Freiheit, des Rechtes der freien Meinungsäußerung, einschließlich der Pressefreiheit, des Vereins- und Versammlungsrechtes, Eingriffe in das Brief-, Post-, Telegraphen- und Fernsprechgeheimnis, Anordnungen von Haussuchungen und von Beschlagnahme sowie Beschränkungen des Eigentums auch außerhalb der sonst hierfür bestimmten gesetzlichen Grenzen zulässig.

Zitiert nach: Walther Hofer (Hrsg.), Der Nationalsozialismus. Dokumente 1933–1945, Frankfurt am Main [50]2011, S. 55

Q3 „Gesetz zur Behebung der Not von Volk und Reich"

Das sogenannte „Ermächtigungsgesetz" wird am 23. März 1933 von einer Mehrheit des Reichstages angenommen. Darin heißt es:

Art. 1: Reichsgesetze können außer in dem in der Reichsverfassung vorgesehenen Verfahren auch durch die Reichsregierung beschlossen werden. [...]

Art. 2: Die von der Reichsregierung beschlossenen Reichsgesetze können von der Reichsverfassung abweichen, soweit sie nicht die Einrichtung des Reichstages und des Reichsrates als solche zum Gegenstand haben. Die Rechte des Reichspräsidenten bleiben unberührt.

Zitiert nach: Walther Hofer (Hrsg.), Der Nationalsozialismus. Dokumente 1933–1945, Frankfurt am Main [50]2011, S. 58

Q4 „Der Brandstifter"

Das „New York World-Telegram" veröffentlichte diese Karikatur am 23. März 1933. Im Rauch der Fackeln sind die Worte „race hatred" (Rassenhass) und „repression" (Unterdrückung) zu erkennen.

1 Erkläre, welche Absichten die Nationalsozialisten mit dem „Tag von Potsdam" verfolgten (*Q 1*, *VT*). Warum stellten sie sich in eine Reihe mit dem Preußenkönig und dem Reichspräsidenten?

2 Beim Foto *Q 1* wurde nachträglich der Hintergrund abgeschwächt. Beschreibe, wie sich dadurch die Wirkung des Bildes verändert. Nenne mögliche Gründe für die Bearbeitung des Bildes.

3 Interpretiere die Karikatur *Q 4*. Gehe dabei insbesondere auf die Frage ein, ob auch die Nationalsozialisten Motive für das Anzünden des Reichstages hatten.

4 Erkläre mithilfe des Grundgesetzes Art. 1,3 und Art. 79,3, weshalb die Verordnung „Zum Schutz von Volk und Staat" (*Q 2*) und das „Ermächtigungsgesetz" (*Q 3*) mit unseren heutigen Rechtsgrundsätzen nicht vereinbar wäre. → S. 199

5 Erläutere, weshalb man im Zusammenhang mit dem „Ermächtigungsgesetz" (*Q 3*) auch von einer „Selbstauflösung des Parlaments" spricht.

6 Bewerte die Methoden, mit denen die Nationalsozialisten ihre Macht ausbauten.

Der SPD-Vorsitzende und Reichstagsabgeordnete Otto Wels hielt eine mutige, berühmt gewordene Rede vor dem Reichstag gegen das „Ermächtigungsgesetz". Du kannst sie anhören mithilfe des Mediencodes 30024-36

„Ein Volk, ein Reich, ein Führer" – der „Führerstaat"

Q1 Erste Sitzung des neuen Stadtrats in München
Fotografie vom 25. Juli 1933

Nachdem Oberbürgermeister Karl Scharnagl (Zentrum) zum Rücktritt gezwungen wurde, übernahm Karl Fiehler, ein „alter Kämpfer" aus der Münchner Frühzeit der NSDAP, dieses Amt. Nach dem Verbot der anderen Parteien bestand der Stadtrat seit Juli 1933 nur aus NSDAP-Mitgliedern.

Gleichschaltung
die Ausrichtung von Staat, Gesellschaft und Kultur nach den Vorstellungen einer einzigen Partei, der NSDAP

„Volksgemeinschaft"
nach der völkischen Weltanschauung die soziale Einheit aller Deutschen – unabhängig von Stand, Beruf und Konfession

*Gewerkschaft
Vereinigung von Arbeitnehmern, um ihre gemeinsamen Interessen (meist gegenüber den Arbeitgebern) durchzusetzen

Geschichte In Clips
Einen Film zum Thema „Volksgemeinschaft' und Führerkult" findest du unter Mediencode 30024-37

Der Begriff „Gleichschaltung"

Unmittelbar nach der Regierungsübernahme leiteten die Nationalsozialisten Maßnahmen ein, um ihren Leitsatz „Ein Volk, ein Reich, ein Führer" in die Tat umzusetzen. Überall sollte der Wille des „Führers" durchgesetzt werden. Ihre Methode nannten die Nationalsozialisten **„Gleichschaltung"**. Dieser Begriff verdeutlicht, dass die neuen Machthaber alle Bereiche des gesellschaftlichen und politischen Lebens kontrollieren wollten. Meinungsvielfalt oder gar Widerstand sollte es in der **„Volksgemeinschaft"** nicht geben.

„Gleichschaltung" der Länder und Gemeinden

Mit einem Gesetz verloren am 31. März 1933 die Länderparlamente ihre Eigenständigkeit. Dies machte die NSDAP in allen Ländern zur stärksten Partei. Ein „Reichsstatthalter" kontrollierte von nun an alle Behörden und Einrichtungen der Länder und Gemeinden. Außerdem wurden die Hoheitsrechte der Länder auf das Reich übertragen.
In den Städten und Gemeinden ersetzten die Nationalsozialisten Bürgermeister, die nicht auf ihrer Linie waren, durch eigene „Parteigenossen".

Das Ende der freien Gewerkschaften und der Parteien

Den 1. Mai 1933 hatte Hitler zum „Tag der nationalen Arbeit" und erstmals zum gesetzlichen Feiertag erklärt. Dies wurde von den Gewerkschaften* als wohlwollendes Entgegenkommen angesehen. Doch schon einen Tag später stürmten die Nationalsozialisten deren Häuser, eigneten sich das Gewerkschaftsvermögen an und verhafteten führende Vertreter. Die Mitglieder der freien Gewerkschaften wurden zwangsweise in die „Deutsche Arbeitsfront" (DAF) eingegliedert.
Ein ähnliches Schicksal widerfuhr den Parteien. Die SPD und die KPD wurden verboten, während die bürgerlichen und konservativen Parteien zur Selbstauflösung gezwungen wurden. Von diesem Zeitpunkt an gab es nur noch eine Partei, die NSDAP.

Mörderisches Vorgehen

Ohne Rücksicht ging Hitler auch gegen Ernst Röhm, den Stabschef der SA, vor. Von dem früheren Weggefährten drohte Hitler Gefahr, weil Röhm teilweise andere Vorstellungen vom Fortgang der „nationalen Revolution" hatte und zudem über eine schlagkräftige Armee verfügte. Deshalb ließ Hitler ihn – wie 200 weitere politische Gegner – in der Nacht zum 30. Juni 1934 ermorden. Als Vorwand gaben die Nationalsozialisten an, Röhm habe einen Putsch geplant.

Vereidigung der Wehrmacht auf Hitler

Als Reichspräsident Paul von Hindenburg am 2. August 1934 starb, übernahm Hitler dessen Macht. Er nannte sich fortan „Führer und Reichskanzler". Hitler befehligte nun auch die Reichswehr. Die Soldaten mussten ihm unbedingten Gehorsam schwören.

Wusstest du?

Bayern hatte für die Nationalsozialisten eine besondere Bedeutung. München, wo 1923 der Hitler-Putsch stattgefunden und Hitler seinen politischen Aufstieg erlebt hatte, wurde zur „Hauptstadt der Bewegung" ernannt. Die Parteizentrale der NSDAP blieb in München. (Siehe auch Reichsparteitage, S. 96)

M1 Die Absetzung des bayerischen Ministerpräsidenten

Der Historiker Kurt Preis erzählt, wie die Entmachtung des bayerischen Ministerpräsidenten Dr. Heinrich Held (BVP) am 9. März 1933 vor sich ging. Anwesend waren außer Dr. Held der SA-Chef Röhm, der Gauleiter von Oberbayern Wagner, General von Epp und SS-Reichsführer Himmler:*

Röhm: „Herr Ministerpräsident, ich komme als Führer der SA und fordere Sie auf, dem Volkswillen Rechnung zu tragen und mit Ihrer Regierung zurückzutreten!“ General von Epp müsse zum Generalstaatskommissar ernannt und die vollziehende Gewalt ihm übertragen werden. Zur Bekräftigung dieser Forderung klatschte der Gauleiter Wagner mit der Reitpeitsche auf den Sitzungstisch. Von der Straße waren die Gesänge der SA zu hören. Dr. Held stand auf. „Ich lehne dieses Ansinnen rundweg ab. Eine solche Entscheidung kann ich auch nicht alleine treffen. Ich werde den Ministerrat für 14 Uhr 30 einberufen. Mehr habe ich Ihnen nicht zu sagen, meine Herren!“

Gegen 16 Uhr trafen Epp, Röhm, Wagner und Himmler erneut mit Held und einigen seiner Minister zusammen. Held: „Das Kabinett hat beschlossen, Ihrem Vorschlag nicht zu folgen. Wir lassen uns nicht unter den Druck der SA setzen!“

Erst gegen 20 Uhr 15 traf ein Telegramm des Reichsinnenministers Frick aus Berlin ein. Es hatte folgenden Wortlaut: „Da die infolge Umgestaltung politischer Verhältnisse in Deutschland hervorgerufene Beunruhigung der Bevölkerung die öffentliche Sicherheit und Ordnung in Bayern gegenwärtig nicht mehr gewährleistet scheinen lässt, übernehme für die Reichsregierung gem. § 2 Verordnung zum Schutz von Volk und Staat Befugnisse Oberster Landesbehörden Bayern und übertrage Befugnisse Generalleutnant Ritter von Epp in München. Ersuche diesem sofort die Geschäfte zu übergeben. Erwarte Drahtnachricht von Übergabe.“

[...] Die formelle Übergabe der Amtsgeschäfte fand am nächsten Tag um 11 Uhr statt.

Kurt Preis, München unterm Hakenkreuz, München 1989, S. 17–20 (gekürzt)

*SS
Abkürzung für „Schutzstaffel“; Organisation, die zunächst zum persönlichen Schutz Adolf Hitlers eingerichtet wurde. Später beherrschte sie die Polizei und wurde zum Hauptträger des NS-Terrors.

M2 Weg eines „gleichgeschalteten“ Deutschen

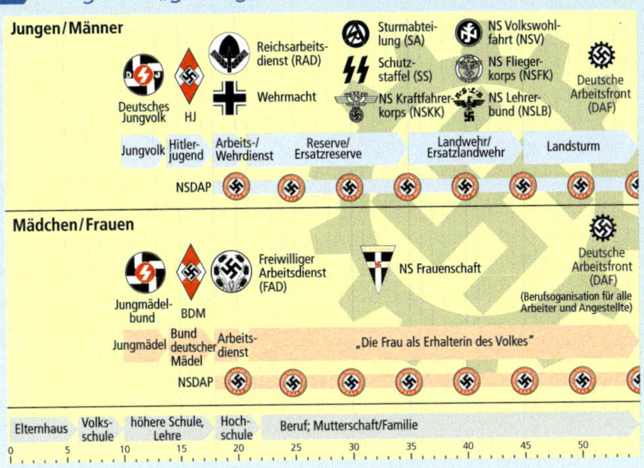

Hitler äußerte sich am 4. Dezember 1938 über die Jugendlichen: „Und sie werden nicht mehr frei sein, ihr ganzes Leben.“

1 Erkläre mithilfe der Fotografie *Q 1*, woran man erkennen kann, dass der Münchner Stadtrat „gleichgeschaltet“ wurde.

2 Beurteile die Begründung, die Reichsinnenminister Frick für die Übergabe der Amtsgeschäfte an Ritter von Epp angibt (*M 1*).

3 Schreibe einen Tagebucheintrag vom 9. März 1933 aus der Sicht des bayerischen Ministerpräsidenten Dr. Heinrich Held (*M 1*).

4 Vergleiche die „Gleichschaltung des Einzelnen“ mit deinen eigenen Lebensentwürfen (*M 2*).

5 Erläutere die Nachteile der „Gleichschaltung“ für jeden einzelnen Bürger (*M 2*).

6 Die Soldatinnen und Soldaten der Bundeswehr versprechen heute im Gelöbnis, „der Bundesrepublik Deutschland treu zu dienen“. Vergleiche mit dem Eid der Wehrmachtssoldaten, die Hitler unbedingten Gehorsam schwören mussten (*VT*).

Überall Propaganda

Q1 Reichsparteitag der NSDAP
Titelblatt, 10. September 1933

Zur Schlusskundgebung marschierten 150 000 SA- und SS-Männer auf.

Geschichte In Clips
Einen Film über die NS-Propaganda findest du mithilfe von Mediencode 30024-38

Ministerium für „Volksaufklärung und Propaganda"

Die Nationalsozialisten wollten die Menschen in ihrem Sinne beeinflussen. Dafür benutzten sie einen großen Propagandaapparat. Hitler schuf ein eigenes Ministerium für „Volksaufklärung und Propaganda", das sein enger Vertrauter Dr. Joseph Goebbels leitete. Es durften nur noch Nachrichten verbreitet werden, denen das Ministerium die Zustimmung erteilte. Alle anderen fielen der Zensur* zum Opfer. Kritische Zeitungen wurden verboten.
Bücher von jüdischen, kommunistischen oder pazifistischen* Schriftstellern wurden in groß inszenierten Aktionen verbrannt, beispielsweise am 10. Mai 1933 auf dem Berliner Opernplatz.

*Zensur
Überwachung des Inhalts von Medien, um kritische Äußerungen zu unterbinden

*Pazifismus
Grundhaltung, die den Krieg als Mittel der Politik ablehnt

*Manipulation
bewusste und gezielte Beeinflussung und Lenkung

Nutzung der modernen Medien

Radio und Film waren zu Beginn des 20. Jhs. ganz neue Medien, die auch Stimmungen und Gefühle übermitteln konnten. Dadurch war es möglich, die Zuhörer bzw. Zuschauer noch wirkungsvoller zu manipulieren*.
Bereits in der Weimarer Republik war der Rundfunk verstaatlicht worden. Goebbels konnte ihn folglich nach der „Machtergreifung" ohne große Probleme übernehmen. Um breite Massen anzusprechen, brachten die Nationalsozialisten ein kostengünstiges Empfangsgerät, den „Volksempfänger", in Umlauf.
Auch das deutsche Filmwesen brachte Goebbels unter seine Kontrolle. Er verbot die Filme vieler „staatsfeindlicher" Regisseure, darunter vieler berühmter jüdischer Filmemacher. Der „neue deutsche Film" beschäftigte sich mit Themen, die für die Nationalsozialisten wichtig waren: So wurden beispielsweise kinderreiche Familien ebenso verherrlicht wie Helden, die gegen vermeintliche Schädlinge der Gesellschaft (Juden, „Zigeuner") kämpften. Auch in der „Wochenschau", die stets als Vorprogramm im Kino lief, ging es dem Propagandaministerium nicht in erster Linie um Information und Unterhaltung, sondern um die Beeinflussung im Sinne des NS-Regimes.

Verführung der Massen

In den Jahren 1933 und 1934 filmte die bekannte Regisseurin Leni Riefenstahl die Reichsparteitage in Nürnberg. Ihre Filme „Sieg des Glaubens" und „Triumph des Willens" zeigen uns auch heute noch den Ablauf der jährlich stattfindenden Massenveranstaltungen: Hunderttausende Teilnehmer marschierten, schworen Eide und hörten sich begeistert Reden an. Die Inszenierung war auf Adolf Hitler ausgerichtet, der als „nationaler Erlöser" gottgleich verehrt wurde.
Solche Veranstaltungen sollten den Zuschauern die scheinbare Macht und Größe des Regimes zeigen und Hitlers Popularität weiter erhöhen.

Wusstest du?

Die „Stadt der Reichsparteitage" Nürnberg galt den Nationalsozialisten als „deutscheste der deutschen Städte". Seit 1356 sollte jeder neu gewählte König des Heiligen Römischen Reiches dort seinen ersten Reichstag abhalten. Außerdem stellte die Kaiserburg, in der lange Zeit die Herrschaftszeichen der Könige aufbewahrt worden waren, Macht und Pracht vergangener Zeiten dar.

Q2 Die Wirkung von Propaganda

Joseph Goebbels über die Errichtung des Reichspropagandaministeriums am 15. März 1933:

Wir haben ein Ministerium für Volksaufklärung und Propaganda begründet. Diese beiden Titel drücken nicht dasselbe aus. Volksaufklärung ist im Wesen etwas Passives. Propaganda dagegen etwas Aktives. Wir können uns nicht damit begnügen, dem Volke zu sagen, was wir wollen, und Aufklärung darüber zu geben, wie wir es machen. Wir müssen dieser Aufklärung vielmehr eine aktive Regierungspropaganda zur Seite stellen, eine Propaganda, die darauf hinzielt, Menschen zu gewinnen. Es genügt nicht, die Menschen mit unserem Regiment mehr oder weniger auszusöhnen, sie zu bewegen, uns neutral gegenüberzustehen, sondern wir wollen die Menschen so lange bearbeiten, bis sie uns verfallen sind, bis sie auch ideenmäßig einsehen, dass das, was sich heute in Deutschland abspielt, nicht nur hingenommen werden muss, sondern auch hingenommen werden kann.

Zitiert nach: Wolfgang Michalka, Deutsche Geschichte 1933–1945. Dokumente zur Innen- und Außenpolitik, Frankfurt am Main [2]1996, S. 78 f.

Q3 Joseph Goebbels spricht

Fotografie, aufgenommen anlässlich eines SA-Appells im Berliner Lustgarten am 25. August 1934

Q4 Filmplakat zu „Hitlerjunge Quex"

Der Film wurde 1933 von der UFA (Universum-Film Aktiengesellschaft) mit Sitz in Berlin-Babelsberg produziert, die nach der Machtübernahme der Nationalsozialisten verstaatlicht wurde und sich den Propagandazwecken von Joseph Goebbels offen zur Verfügung stellte. Der langjährige NSDAP-Parteigenosse Karl Ritter produzierte den Film. Der zuvor wenig erfolgreiche Hans Steinhoff führte Regie und machte fortan im „Dritten Reich" als regimetreuer Regisseur Karriere.

1 Erläutere, wie das Titelbild *Q 1* eine positive Einstellung gegenüber der NSDAP erreichen will.

2 Erkläre den Unterschied, den Goebbels zwischen „Volksaufklärung" und „Propaganda" sieht (*Q 2*).

3 Beschreibe Goebbels' Mimik und Gestik (*Q 3*).

4 Erkläre, inwiefern der jugendliche Hauptdarsteller auf dem Filmplakat (*Q 4*) den nationalsozialistischen Idealen entsprach.

5 Erläutere anhand des Filmes „Hitlerjunge Quex", unter welchen Umständen ein Propagandafilm gedreht wurde (*Q 4*).

6 Diskutiert, warum es wichtig ist, dass die Medien verschiedene Meinungen verbreiten.

7 Informiere dich, in welchen Ländern heute die Medien zensiert werden.

Methode

Einen Propagandafilm untersuchen

Ein Beispiel für den „neuen deutschen Film"
Wie auf den vorangegangenen Seiten erläutert, beschäftigten sich deutsche Filme in der NS-Zeit häufig mit Themen, die für die Nationalsozialisten wichtig waren. Insbesondere die Lebensgeschichten von jungen Menschen, die sich besonders für die Ziele der „Bewegung" einsetzten, waren beliebt. Dieses Motiv greift auch der Film „Hitlerjunge Quex" auf, der im Folgenden näher untersucht werden soll.

Q1 Filmszene aus „Hitlerjunge Quex"

Im Film entscheidet sich Heini Völker gegen seinen kommunistischen Vater (rechts) und für den NS-Bannführer (links). Als Vorlage für den Film diente ein Roman von Aloys Schenzinger, der die Geschichte des Hitlerjungen Herbert Norkus erzählt. Dieser war 1932 im Alter von 15 Jahren beim Verteilen von Flugblättern von Kommunisten überfallen und erstochen worden.

*Hitlerjugend (HJ)
Jugendorganisation der NSDAP

M1 Der Inhalt des Filmes

In einem Fachbuch wird die Filmhandlung wie folgt dargestellt:

Berlin, in den letzten Jahren der Weimarer Republik: Der Druckerlehrling Heini Völker wächst bei seinem arbeitslosen und oft gewalttätigen Vater auf. Im Beusselkiez, einem Arbeiterviertel von Moabit, sind politische Unruhen und gewaltsame Auseinandersetzungen an der Tagesordnung. Arbeitslosigkeit und Entbehrung prägen die Menschen. Einen Ausbruch aus dieser Trostlosigkeit verspricht sich Heini von einem Wochenendausflug ins Zeltlager der Kommunistischen Jugend, zu dem ihn Stoppel, ein Bekannter des Vaters, eingeladen hat. Stoppel setzt alles daran, Heini für die Kommunisten anzuwerben. Während des Ausflugs fühlt Heini sich als Außenseiter und findet keinen Anschluss an die Gruppe. Viel stärker fühlt er sich zur Hitlerjugend*, die in direkter Nachbarschaft zeltet, hingezogen, deren Disziplin, Lieder und Rituale ihm imponieren. Nun setzt Heini seinerseits alles daran, ein Mitglied der HJ zu werden, während ihn sein Vater förmlich in die Obhut der Kommunisten prügeln will. Doch die Nazis halten ihn für einen Spitzel der Kommunisten und verweigern ihm die Aufnahme in ihren Kreis. Erst als Heini sie vor einem bewaffneten Überfall durch die Kommunisten warnt, findet er ihre Anerkennung. Stoppel und seine Kumpane trachten Heini für diesen Verrat nach dem Leben. Als Heini an seiner Arbeitsstelle Flugblätter druckt und diese im Beusselkiez verteilt, verfolgen ihn die Kommunisten und töten ihn mit einem Messerstich.

Friedemann Beyer und Norbert Grob (Hrsg.), Der NS-Film, Ditzingen 2018, S. 92ff. (leicht gekürzt)

M2 Zeitgenössische Wirkung

In einer Filmeinführung des „Deutschen Historischen Museums" ist über die Wirkung auf das Publikum zu lesen:

Das Echo nach der Premiere des Films im September 1933 war ausgesprochen positiv. Hitlerjunge Quex erhielt die hohe Auszeichnung „künstlerisch besonders wertvoll" und entwickelte sich auch zu einem kommerziellen Erfolg. […] Er wurde zu einem der erfolgreichsten Filme der Saison 1933/34.

Auch nachdem Hitlerjunge Quex aus dem regulären Kinobetrieb verschwunden war, wurde der Film oft gezeigt und zwar speziell in der Jugendarbeit, etwa in den Jugendfilmstunden der Hitlerjugend. Der Film war ab sechs Jahren freigegeben („jugendfrei") und wurde schon 1933 auch im Schulunterricht eingesetzt.

Philipp Stiasny; zitiert nach: https://www.dhm.de/fileadmin/medien/relaunch/zeughauskino/Stiasny_Hitlerjunge_Quex.pdf [03.03.2020]

Beschreiben

- Fasse den Inhalt des Films in eigenen Worten zusammen. ①
- Beschreibe das jeweilige Filmplakat (hier S. 97, Q4). Gehe insbesondere darauf ein, wie die Hauptperson dargestellt wird. ②

① *Der Film handelt von … .*

② *Die Hauptperson wird folgendermaßen dargestellt: Sie wirkt entschlossen/verängstigt etc., hat … .*

Untersuchen

- Sammle Informationen zur Entstehung des Films (z. B. Erscheinungsdatum und -ort, Produzent, Regisseur, Auftraggeber, literarische Vorlage, evtl. wahrer Hintergrund).
- Untersuche die formalen Mittel des Films:
  - Welche Requisiten und Kostüme stechen hervor? ①
  - Welche Bedeutung und Wirkung hat die eingesetzte Musik? ②
  - Welche Perspektiven/Einstellungen werden gewählt? ③ ➜ S. 199

① *Die Darsteller tragen … .*

② *Die Musik ist … . Sie wirkt auf den Zuschauer … .*

③ *Als Perspektive wird häufig die … gewählt, um … .*

Der Regisseur nutzt die …, um … .

Deuten

- Erläutere, welche Botschaft der Regisseur mit dem Film vermitteln möchte. ①
  Nutze dafür auch die Informationen auf den Seiten 96 f.
- Informiere dich, wie der Film bei den Zeitgenossen ankam und ob die Propaganda gewirkt hat.
- Beurteile, ob der Film den Betrachter auch heute noch beeinflussen könnte. ②

① *Der Regisseur möchte den Zuschauer davon überzeugen, dass … .*

② *Mich berührt die Thematik heute (nicht mehr), weil … .*

Alltag im NS-Staat

Q1 „NSDAP sichert die Volksgemeinschaft"
Plakat, um 1936

***Deutsche Arbeitsfront**
Nach dem Verbot der freien Gewerkschaften war sie der Einheitsverband der Arbeitnehmer und Arbeitgeber.

***Konzentrationslager**
Massenlager, die zunächst dazu dienten, politische Gegner gefangen zu halten und gefügig zu machen. Später wurden sie im Sinne der NS-Rassenpolitik dazu benutzt, angeblich minderwertige Volksgruppen massenhaft zu ermorden.

Vereinnahmung durch den Staat

„In Deutschland gibt es keine Privatsache mehr." Das sagte Robert Ley, der Leiter der „Deutschen Arbeitsfront"* (DAF), nachdem die Nationalsozialisten auch das Alltagsleben der Bürger „gleichgeschaltet" hatten. Als Kinder und Jugendliche mussten die Deutschen die staatlichen Jugendorganisationen besuchen. Anschließend leisteten sie ihren Arbeits- bzw. Wehrdienst ab und waren auch fortan in NS-Verbänden organisiert.
Die Organisation „Kraft durch Freude" (KdF), ein Unterverband der DAF, kümmerte sich um die Freizeit- und Urlaubsgestaltung vieler Menschen. Man lud zu Theatervorstellungen und Konzerten ein und ermöglichte Urlaubsfahrten zu erschwinglichen Preisen. Während solcher Fahrten gab es für die Teilnehmer jedoch politische Schulungen, in denen die Bürger im nationalsozialistischen Sinne beeinflusst wurden.

Der „deutsche Gruß" mit ausgestrecktem rechten Arm und den Worten „Heil Hitler" drückte die Verbundenheit mit dem Regime aus. Wer ihn offenkundig verweigerte, machte sich verdächtig. Verpflichtend waren auch Eintopfessen an bestimmten Sonntagen. Was sie dadurch gespart hatten, mussten die Bürger für das „Winterhilfswerk", eine Hilfsorganisation für Bedürftige, spenden. Der Einsatz für Notleidende sollte das Ansehen des NS-Regimes in der Bevölkerung erhöhen.

Die Rolle der Frau

Hitler hatte Frauen die Aufgabe zugeschrieben, Mutter zu sein und dem deutschen Volk Soldaten zu gebären. Für diesen „Dienst am Volk" sollten die Frauen auf eine berufliche Karriere verzichten.
Verheiratete Ehepaare konnten ein „Ehestandsdarlehen" beantragen, falls die Frau nach der Hochzeit nicht mehr ihren Beruf ausübte. Mit jedem neugeborenen Kind mussten sie weniger zurückzahlen. Kinderreiche Mütter wurden zudem mit „Mutterkreuzen" und Urkunden ausgezeichnet.

Systematische Überwachung und Unterdrückung

Der NS-Staat strebte die vollständige Kontrolle über seine Untertanen an. Da sich nicht alle Bürger so verhielten, wie die Machthaber wünschten, wurde die „Geheime Staatspolizei" (Gestapo) gegründet. Diese erhielt weitreichende Machtbefugnisse zur Bespitzelung und Überwachung verdächtiger Personen und Menschen, die nicht in die Weltanschauung der Nationalsozialisten passten. Gegner des Regimes wurden in „Schutzhaft" genommen, das heißt in Konzentrationslager* eingewiesen. Im Juli 1933 waren laut amtlicher Statistik bereits 27 000 politische Gegner – meist Anhänger der KPD und SPD – inhaftiert. In den Lagern waren die Häftlinge häufig schutzlos den SS-Wächtern ausgeliefert, die vor Folterungen und willkürlichen Hinrichtungen nicht zurückschreckten.

Q2 Frauenrechte

Das folgende Gedicht von Dora Rappard stammt vom Anfang des 20. Jhs. Der „Nationalsozialistische Lehrerbund“ nimmt es 1933 in seine Heftreihe „Die Schule im Dritten Reich. Klassenlesestoff für die neue deutsche Schule“ auf.

Das Recht, zu dienen und zu lieben,
das Recht, Barmherzigkeit zu üben,
das Recht, die Kindlein sanft zu hegen,
zu ziehen, lehren, mahnen, pflegen,
das Recht, wenn alles schläft, zu wachen,
das Recht, im Dunkel Licht zu machen,
das Recht, gekrönt mit sanfter Würde,
zu tragen anderer Last und Bürde,
das Recht, wenn trübe Zweifel walten,
den Glauben fest und treu zu halten,
das Recht, ohn' Ende zu verzeihn,
das Recht, ein gutes Weib zu sein
voll wahrer Güte, fromm und echt,
das ist das schönste Frauenrecht!

Ute Benz, Frauen im Nationalsozialismus, München 1993, S. 107 f.

Q3 „Volksweihnachtsfeier“

In einem Rundschreiben des Kreispropagandaleiters der NSDAP Kreis Groß-Frankfurt am Main vom 17. Dezember 1934 heißt es:

Die Reichspropagandaleitung wünscht, dass innerhalb der Volksgenossen [...] vorbereitet wird, dass alleinstehende Personen ohne Rücksicht auf ihre wirtschaftliche Lage von Familien mit Kindern eingeladen werden. Ferner ist durch geeignete Propaganda zu erreichen, dass Junggesellen zu armen Familien gehen und mit diesen den Heiligen Abend feiern. Umgekehrt sollen arme und alleinstehende Volksgenossen und Familien von wohlhabenden Familien eingeladen werden.

Zitiert nach: Wolfgang Wippermann, Das Leben in Frankfurt zur NS-Zeit III. Der Alltag, Frankfurt am Main 1986, S. 104

Q4 Eintopfsonntag

Plakat, um 1939

Von Oktober bis März sollte an einem Sonntag im Monat in allen deutschen Haushalten nur Eintopf gegessen werden. Die Ersparnis gegenüber dem normalen Sonntagsessen wurde pauschal mit 50 Pfennig veranschlagt und von den Blockwarten der NSDAP eingesammelt. Die „Spenden“ kamen dem Winterhilfswerk zugute.

1 Beschreibe das Plakat. Erläutere, wie man heute in Deutschland eine Familie darstellen würde, und vergleiche (*Q 1*).

2 Verfasse eine Mindmap zu den Rechten der Frau im Nationalsozialismus und beurteile dieses Rollenbild aus heutiger Sicht (*Q 2*).

3 Wie würdest du heute zu Anordnungen wie der „Volksweihnachtsfeier“ (*Q 3*) oder dem „Eintopfsonntag“ (*Q 4*) stehen? Nimm Stellung.

4 Beurteile, welche Absichten das NS-Regime mit solchen Aktionen verfolgte (*Q 3* und *Q 4*).

5 Schreibt einen Dialog zwischen einem Blockwart und einem deutschen Bürger, der sich nicht am Eintopfsonntag beteiligen möchte, und führt ihn vor der Klasse vor (*Q 4*).

Weitere Informationen über das Alltagsleben im NS-Staat findest du unter Mediencode 30024-39

Ausgrenzung und Verfolgung von Minderheiten

Q1 **„Der ewige Jude“**
Plakat zur gleichnamigen Sonderausstellung, die 1937 im Deutschen Museum in München gezeigt wurde

***Boykott**
Weigerung, jemandem Waren abzukaufen oder Dienstleistungen in Anspruch zu nehmen

„Nürnberger Gesetze“
auf dem Reichsparteitag 1935 in Nürnberg beschlossene antisemitische Gesetze zur Entrechtung von Juden in Deutschland

Geschichte In Clips
Zu einem Film über Ausgrenzung, Verfolgung und Terror im NS-Staat gelangst du mithilfe des Mediencodes 30024-40

Staatlich organisierte Ausgrenzung der Juden

Schon bald nach der Machtübernahme wurde deutlich, dass der Antisemitismus ein Hauptmerkmal der nationalsozialistischen Herrschaftspraxis werden sollte. Die ersten Maßnahmen zielten darauf ab, jüdische Mitbürger wirtschaftlich zu schwächen und sich an ihrem Eigentum zu bereichern. Am 1. April 1933 führten die neuen Machthaber einen reichsweiten Boykott* jüdischer Geschäfte, Banken, Arztpraxen und Rechtsanwaltskanzleien durch. Uniformierte SA-Männer hinderten Kunden daran, jüdische Geschäfte zu betreten. Auf Plakaten und Schildern standen judenfeindliche Parolen. Häufig wurden Schaufenster zertrümmert, Auslagen geplündert und jüdische Inhaber misshandelt.

Das „Gesetz zur Wiederherstellung des Berufsbeamtentums“ vom 7. April 1933 ermöglichte dem NS-Regime, jüdische und demokratisch eingestellte Beamte aus dem Staatsdienst zu entfernen. Als „Beamte nicht-arischer Abstammung“ galten dabei schon diejenigen, die einen jüdischen Großelternteil im Stammbaum hatten.

Auf dem Reichsparteitag 1935 wurden schließlich die **„Nürnberger Gesetze“** verkündet. Das sogenannte „Blutschutzgesetz“ verbot die Heirat und den außerehelichen Geschlechtsverkehr zwischen Juden und Nichtjuden. Das sollte der „Reinhaltung des deutschen Blutes“ dienen, die einen der Grundgedanken der NS-Rassenideologie darstellte. Im „Reichsbürgergesetz“ wurde festgelegt, dass Juden fortan als Bürger minderen Rechts galten. Sie verloren ihr Wahlrecht und durften kein öffentliches Amt mehr ausüben.

Entrechtung der Sinti und Roma

Auch Sinti und Roma wurden aufgrund ihrer angeblichen rassischen Minderwertigkeit verfolgt. Zunächst inhaftierten die Nationalsozialisten sie in „Zigeunerlagern“ außerhalb der Städte. Durch die „Nürnberger Gesetze“ galten auch die Sinti und Roma nicht als „Staatsangehörige deutschen oder artverwandten Blutes“. Das in Berlin gegründete „Rassenhygiene-Institut“ erfasste sie ab 1936 planmäßig. Dadurch konnten die Behörden später sofort auf sie zugreifen.

Inhaftierung missliebiger Personen

Unter dem Vorwand der „vorbeugenden Verbrechensbekämpfung“ verhängten die Nationalsozialisten über viele Sinti und Roma Haftstrafen, die in Konzentrationslagern zu verbüßen waren. Neben den „Zigeunern“ traf diese unrechtmäßige Vorbeugehaft auch andere, die als angebliche Verbrecher inhaftiert wurden: sogenannte „Arbeitsscheue“, Obdachlose, Prostituierte und Homosexuelle.

Q2 „Gesetz zum Schutze des deutschen Blutes und der deutschen Ehre"

Während eines Reichsparteitages 1935 in Nürnberg erlässt die NS-Regierung folgendes Gesetz:

Durchdrungen von der Erkenntnis, dass die Reinheit des deutschen Blutes die Voraussetzung für den Fortbestand des deutschen Volkes ist, und beseelt von dem unbeugsamen Willen, die deutsche Nation für alle Zukunft zu sichern, hat der Reichstag einstimmig das folgende Gesetz beschlossen, das hiermit verkündet wird.

§ 1 Eheschließungen zwischen Juden und Staatsangehörigen deutschen oder artverwandten Blutes sind verboten. Trotzdem geschlossene Ehen sind nichtig, auch wenn sie zur Umgehung dieses Gesetzes im Auslande geschlossen sind. [...]

§ 2 Außerehelicher Verkehr zwischen Juden und Staatsangehörigen deutschen oder artverwandten Blutes ist verboten.

Zitiert nach: Walther Hofer (Hrsg.), Der Nationalsozialismus. Dokumente 1933–1945, Frankfurt am Main [50]2011, S. 285

Q3 An den Pranger gestellt

Foto vom 10. März 1933

Nachdem er bei der Polizei eine Anzeige wegen Sachbeschädigung aufgeben wollte, wird der jüdische Anwalt Dr. Michael Siegel von SA-Truppen durch die Münchner Innenstadt getrieben.

Q4 Errichtung eines Lagers für Sinti und Roma

Das Fürsorgeamt der Stadt Frankfurt am Main berichtet am 17. Januar 1938 an den Oberbürgermeister:

[Es] wird mitgeteilt, dass die Belegzahl der Zigeuner im Lager inzwischen auf 122 Köpfe angewachsen ist. Zur Unterbringung der wohnwagenlosen Zigeuner* haben wir gebrauchte Möbelwagen gekauft und diese nach entsprechender Herrichtung in Wohnwagen umgewandelt. Inzwischen sind sämtliche Zigeuner, die in der Krupp- und Solmsstraße Aufstellung genommen haben, nach dem Lager überführt worden. Ebenso wurden die stadteigenen Wohnungen von Zigeunern geräumt. [...] Die Beaufsichtigung der Zigeuner geschieht durch zwei Polizeibeamte, die sich alle 24 Stunden ablösen. Morgens findet der Appell und bei Einbruch der Dunkelheit der Zapfenstreich* statt. Bei dieser Gelegenheit wird festgestellt, ob sämtliche Zigeuner sich im Lager befinden. Für die Folge soll das Lager für die arbeitslosen Zigeuner nur 1 Stunde am Tag geöffnet sein.

Zitiert nach: Wolfgang Wippermann, Das Leben in Frankfurt zur NS-Zeit, Bd. 2: Die nationalsozialistische Zigeunerverfolgung, Frankfurt am Main 1986, S. 77 f.

* wohnwagenlose „Zigeuner"
Gemeint sind diejenigen, die in einer festen Wohnung oder in einem Haus leben.

* Zapfenstreich
militärischer Ausdruck für den Beginn der Nachtruhe

1 Betrachte das Ausstellungsplakat *Q 1* und erkläre, mit welchen erniedrigenden Merkmalen der Jude dargestellt ist.

2 Fasse die Bestimmungen des „Blutschutzgesetzes" zusammen (*Q 2*). Erläutere dabei auch, wie diese Anordnungen begründet wurden.

3 Diskutiert anhand des Bildes (*Q 3*), wie ihr euch als Zuschauer in dieser Situation verhalten hättet.

4 Prüfe mithilfe des Grundgesetzes, welchen Grund- und Menschenrechten die Behandlung der Sinti und Roma in *Q 4* zuwiderlief. → S. 199

5 Erläutere, wie fest ansässige Menschen zwangsweise wohnsitzlos gemacht wurden (*Q 4*).

6 Auch heute kommt es im In- und Ausland vor, dass Menschen wie „Bürger zweiter Klasse" behandelt werden. Nenne Beispiele. Welche Begründungen werden dafür genannt?

Geschichte hört nicht auf

9. November – der bessere Nationalfeiertag?

Q1 Novemberrevolution im Deutschen Reich (1918)

Die Revolution von Soldaten und Matrosen erreicht Berlin und beschleunigt das Ende der Monarchie in Deutschland.

Q2 Hitler-Putsch in München (1923)

Eine kleine revolutionäre Gruppe um Adolf Hitler will die bayerische und deutsche Regierung absetzen, scheitert jedoch kläglich.
Auf dem Foto ist ein Stoßtrupp der SA zu sehen.

Q3 Pogrome gegen Juden (1938)

Auf dem Bild ist die Synagoge in München zu erkennen. Sie wird wie ca. 1400 weitere jüdische Gotteshäuser von den Nationalsozialisten zerstört.

Q4 Der Fall der Berliner Mauer (1989)

Am Abend des 9. November 1989 wird der Beschluss des DDR-Ministerrats mitgeteilt, alle Grenzen in der Bundesrepublik und nach West-Berlin zu öffnen. Menschen aus Ost- und West-Berlin strömen an die Mauer und feiern zusammen.

Der 9. November – ein deutscher Schicksalstag

⚠ Novemberpogrom
Bezeichnung für die gegen Juden verübten Gewaltaktionen am 9./10. November 1938

Geschichte In Clips
Mithilfe des Mediencodes 30024-41 gelangt ihr zu vier Ereignissen der deutschen Geschichte, die am 9. November geschahen:
- *Ausrufung der Republik 1918*
- *Hitler-Putsch 1923*
- *Reichspogromnacht 1938*
- *Mauerfall 1989*

Der 9. November ist unbestritten ein wichtiges Datum in der deutschen Geschichte:
- Am 9. November 1918 erreichte die Revolution, die Arbeiter, Soldaten und Matrosen in der sich abzeichnenden Niederlage im Ersten Weltkrieg vorangetrieben hatten, die Hauptstadt Berlin. Kaiser Wilhelm II. musste abdanken und Friedrich Ebert (SPD) übernahm als Reichskanzler die Regierungsgeschäfte. Eberts Genosse Philipp Scheidemann rief von einem Fenster des Reichstagsgebäudes die „Deutsche Republik" aus (siehe S. 48).
- Genau fünf Jahre später unternahm der Parteichef der NSDAP, Adolf Hitler, mit Unterstützung des Generalfeldmarschalls Erich Ludendorff einen Putschversuch gegen die neue Republik. Das Unternehmen scheiterte bereits nach wenigen Stunden vor der Münchner Feldherrnhalle. Zwar hatte die Republik gesiegt, doch Hitler nutzte die Aufmerksamkeit, die ihm der Gerichtsprozess gegen ihn bot, um sich als Anführer der nationalen Bewegung in Deutschland zu inszenieren (siehe S. 66).
- 1938 nutzten die Nationalsozialisten einen Mordanschlag auf einen deutschen Diplomaten in Paris, den der Jude Herschel Grynszpan ausgeführt hatte, zu „Rache- und Vergeltungsaktionen" gegenüber Juden im ganzen Reich. In der Nacht vom 9. auf den 10. November zerstörten fanatisierte Nationalsozialisten 1400 Synagogen sowie tausende Geschäfte, Wohnungen und jüdische Friedhöfe. Unzählige Juden wurden bei diesem **Novemberpogrom** misshandelt. Mindestens 400 wurden ermordet oder starben an den Folgen der Misshandlungen, 30 000 in Konzentrationslagern inhaftiert.
- Durch die innerdeutsche Grenze und die Berliner Mauer sollte verhindert werden, dass Bürger der DDR (= Deutsche Demokratische Republik) in den Westen flüchteten. Am 9. November 1989 wurde der Beschluss des DDR-Ministerrats verkündet, die Grenzen zwischen

den beiden deutschen Staaten zu öffnen. Es folgte mit dem Beitritt der DDR zur Bundesrepublik Deutschland im Jahre 1990 die Wiedervereinigung. Das Datum des Beitritts, den 3. Oktober, feiern die Deutschen jährlich mit dem „Tag der Deutschen Einheit" als Nationalfeiertag.

M 1 Der 9. November – der „richtige" Nationalfeiertag?

Das Internetmagazin „Duel Amical" stellt zwei unterschiedliche Ansichten dazu gegenüber:

Der 9. November ist ohne Zweifel der Schicksalstag der deutschen Geschichte, an dem sich zentrale Ereignisse des 20. Jahrhunderts ereignet haben. In diesem Zusammenhang stellt sich die Frage, ob diese Tatsache den 9. November zu einem besseren Nationalfeiertag macht als den 3. Oktober. Der Nationalfeiertag sollte primär ein Ereignis mit einer positiven Symbolwirkung darstellen, der die Menschen zusammenschweißt und sie mit Optimismus in die Zukunft schauen lässt. Der 9. November ist nicht zuletzt aufgrund des Hitler-Putsch (1923) und der Reichspogromnacht (1938) ein Datum, das mit negativen Konnotationen* behaftet ist. Des Weiteren sollte der Nationalfeiertag eine klare Botschaft aussenden und dies ist beim 9. November aufgrund der Anzahl und der Charakteristika der Ereignisse nicht der Fall. Welche Botschaft würde denn ein Nationalfeiertag am 9. November aussenden – Lehren aus dem Zusammenbruch der Weimarer Republik (Ausrufung der Republik; Hitler-Putsch), das zerstörerische Ausmaß der Judenverfolgung (Reichspogromacht) oder die friedliche Revolution des Deutschen Volkes (Fall der Berliner Mauer)? Die Botschaft des 3. Oktober ist dagegen klar und eindeutig: ein Sieg der Freiheit.

Gekürzte Meinungsäußerung von Adrian Sonder unter http://duelamical.eu/de/artikel/nationalfeiertag-deutschland-9-november-oder-3-oktober [03.03.2020]

Das Datum des Inkrafttretens des Beitritts des DDR-Staatsgebiets zum Rechtsgebiet der BRD am 3. Oktober 1990 steht nur allzu blass da. Es fällt schwer, mit diesem Datum etwas zu verbinden. Aber was ist mit dem 9. November der Jahre 1923 und vor allem 1938? [...] Nun, wenn auch unter fragwürdigen Umständen, so muss der 9. November 1923 doch als Tag gesehen werden, an dem die erste deutsche Republik erfolgreich verteidigt wurde und somit 10 weitere Jahre existieren konnte.

Was den 9. November 1938 als Nationalfeiertag Deutschlands anbelangt, so ist dieses Datum gegenüber 6 Millionen ermordeten Juden nicht despektierlich*, sondern ganz im Gegenteil eines: erinnernd. [...]

Ein Nationalfeiertag ist nicht in erster Linie zum Feiern da – sondern [...] zum Erinnern an das, was Staatsschaffendes, wie auch was Fürchterlichstes im Namen jenes deutschen Staates passiert ist. Dementsprechend soll und kann der 9. November die Erinnerung an den Massenmord nur erneuern und wachhalten – ganz anders der 3. Oktober, der vielmehr das Geschichtsvergessen beschleunigt. So steht der 9. November für nationale Erinnerung und die Erneuerung nationaler Würde.

Gekürzte Meinungsäußerung von Sebastian Meinhof unter http://duelamical.eu/de/artikel/nationalfeiertag-deutschland-9-november-oder-3-oktober [03.03.2020]

1 Halte in einer Tabelle fest, was für bzw. gegen den 3. Oktober als Nationalfeiertag spricht. Dabei genügen Stichpunkte (*VT, M 1*). → S. 199

2 Nenne die Vor- und Nachteile, die für den 9. November als Nationalfeiertag angeführt werden können, und lege dazu eine Tabelle mit Stichpunkten an (*VT, M 1*). → S. 200

3 Vergleiche jeweils die Vorteile und Nachteile mithilfe deiner Vorarbeiten und komme zu einem begründeten Urteil, welcher Tag der bessere Nationalfeiertag wäre.

4 Tauscht eure Ergebnisse miteinander aus, indem ihr in der Klasse eine Podiumsdiskussion veranstaltet.

***Konnotationen**
Vorstellungen

***despektierlich**
respektlos

Friedenspropaganda und Kriegsvorbereitungen

Q 1 Hitler schießt Friedenstauben

Karikatur auf die Rede Hitlers vom 17. Mai 1933, aus der New Yorker Zeitschrift „The Nation" vom Frühjahr 1933

Die zweigleisige Politik

Hitlers außenpolitisches Ziel war der Krieg. Dabei ging es ihm nicht allein um eine Revision* des Versailler Friedensvertrages, wie sie alle Regierungen der Weimarer Republik gefordert hatten, sondern um einen „Lebensraumkrieg" gegen die Sowjetunion (siehe S. 120). Dies hatte er in „Mein Kampf" dargestellt und unter anderem in einer Rede vor führenden deutschen Militärs am 3. Februar 1933 noch einmal betont. Doch er war sich bewusst, dass die materielle Aufrüstung und die militärische Erziehung der Bevölkerung eine gewisse Zeit in Anspruch nehmen würden. Das Ausland sollte die wahren Absichten möglichst nicht bemerken und sich in Sicherheit wähnen, damit es nicht die deutsche Aufrüstung erschwerte oder gar stoppte.

*Revision
Änderung, Rückgängigmachen

*Konkordat
Vertrag zwischen Kirche und Staat über die gegenseitigen Rechte und Pflichten

Friedenspolitik zum Schein

Zwei Vertragsabschlüsse steigerten Deutschlands Ansehen im In- und Ausland. Das Konkordat* mit dem Vatikan (Juli 1933) erlaubte der katholischen Kirche in Deutschland, ihre Angelegenheiten weitgehend selbst zu regeln, wenn sie sich nicht politisch einmischte. Ein Jahr später schloss Hitler einen Nichtangriffspakt mit Polen. Damit beruhigte er mögliche Gegner.

Kriegsvorbereitung

Am 13. Oktober 1933 trat das Deutsche Reich aus dem Völkerbund und der Abrüstungskonferenz aus. Dieser riskante Schritt wurde von den ausländischen Mächten hingenommen, obwohl er Hitler zukünftig freie Hand bei der Aufrüstung ließ und Deutschland von allen internationalen Kontrollen befreite.

Am 16. März 1935 verkündete Hitler die Einführung der allgemeinen Wehrpflicht. Das „Gesetz über den Aufbau der Wehrmacht" legte eine Friedensstärke von 550 000 Soldaten fest. Deutschland erhielt nun auch wieder eine schlagkräftige Luftwaffe. Wenngleich dies Verstöße gegen den Versailler Vertrag waren, gingen die Großmächte nicht dagegen vor.

Schließlich besetzten deutsche Truppen am 7. März 1936 das entmilitarisierte Rheinland. Damit verstieß Deutschland nicht nur gegen den Versailler Vertrag, sondern auch gegen den Vertrag von Locarno (siehe Seite 70). Doch wiederum zeigten sich die Westmächte, allen voran Großbritannien und Frankreich, unentschlossen und blieben passiv.

Wusstest du?

Zwischen 1933 und 1939 gab die Regierung Hitler ungefähr genauso viel Geld für Rüstungsgüter aus, wie der Staat insgesamt an Steuern in diesem Zeitraum einnahm. Dies bedeutet, dass das Deutsche Reich einen riesigen Berg an Schulden anhäufte, der nur durch einen zukünftigen Krieg getilgt werden konnte. Ohne einen Krieg, bei dem andere Länder ausgebeutet wurden, wäre es zwangsläufig zu einem Staatsbankrott gekommen.

Q2 Hitlers Kriegspläne

Am 3. Februar 1933, vier Tage nach seiner Ernennung zum Reichskanzler, hält Hitler vor den höchsten Vertretern der Reichswehr eine Rede. Generalleutnant Curt Liebmann notiert Hitlers wichtigste Aussagen:

Nach außen. Kampf gegen Versailles. Gleichberechtigung in Genf*; aber zwecklos, wenn Volk nicht auf Wehrwillen eingestellt. Sorge für Bundesgenossen. [...] Aufbau der Wehrmacht wichtigste Voraussetzung für Erreichung des Ziels: Wiedererringung der pol[itischen] Macht. Allg. Wehrpflicht muss wieder kommen. [...] Wie soll pol[itische] Macht, wenn sie gewonnen ist, gebraucht werden? Jetzt noch nicht zu sagen. Vielleicht Erkämpfung neuer Export-Mögl[ichkeiten], vielleicht – und wohl besser – Eroberung neuen Lebensraums im Osten u. dessen rücksichtslose Germanisierung.

Zitiert nach: Wolfgang Michalka, Deutsche Geschichte 1933–1945. Dokumente zur Innen- und Außenpolitik, Frankfurt am Main [2]1996, S. 17f.

Q3 Hitler als vermeintlicher Kriegsgegner

In einer Reichstagsrede am 21. Mai 1935 sagt Hitler:

Das Blut, das auf dem europäischen Kontinent seit dreihundert Jahren vergossen wurde, steht außer jedem Verhältnis zu dem volklichen Resultat der Ereignisse. Frankreich ist am Ende Frankreich geblieben, Deutschland Deutschland, Polen Polen, Italien Italien usw. [...] Hätten diese Staaten nur einen Bruchteil ihrer Opfer für klügere Zwecke eingesetzt, so wäre der Erfolg sicher größer und dauerhafter gewesen. [...] Eine gesunde Sozialpolitik kann bei einer Steigerung der Geburtenfreudigkeit einer Nation in wenigen Jahren mehr Kinder des eigenen Volkes schenken, als durch einen Krieg an fremden Menschen erobert und damit unterworfen werden könnten.

Nein! Das nationalsozialistische Deutschland will den Frieden aus tiefinnersten weltanschaulichen Überzeugungen. Es will ihn weiter aus der einfachen primitiven Erkenntnis, dass kein Krieg geeignet sein würde, das Wesen unserer allgemeinen europäischen Not zu beheben, wohl aber diese zu vermehren.

Zitiert nach: Walther Hofer, Der Nationalsozialismus. Dokumente 1933–1945, Frankfurt [50]2011, S. 178f.

Q4 Kritik der englischen Presse

Die Karikatur des Engländers David Low erschien im Juli 1936 in der Londoner Zeitung „Evening Standard". Auf dem aufgerollten Teppich sind die Begriffe „rearmament" (Aufrüstung) und „Rhineland fortification" (Rheinland-Befestigung) und am oberen Ende „boss of the universe" zu lesen.

1 Interpretiere die Karikatur *Q 1*. Berücksichtige dabei die Informationen, die du im Verfassertext erhältst.

2 Entscheide, welche von Hitler in *Q 2* angesprochenen Aspekte eine Revision des Versailler Vertrages darstellten und welcher Gesichtspunkt weit darüber hinausging.

3 Fasse in eigenen Worten die Argumente zusammen, die Hitler angeblich veranlassten, sich für den Frieden einzusetzen (*Q 3*).

4 Erläutere, welcher vorangegangene „Schachzug" ihn dazu bewogen haben könnte, gerade zu diesem Zeitpunkt eine Friedensrede zu halten (*VT*, *Q 3*).

5 Interpretiere die Karikatur *Q 4*. Gehe dabei insbesondere auf die dargestellte Haltung der demokratischen Politiker ein.

6 In einem Internetforum liest du folgenden Eintrag: „Im Grunde war Hitler ein Politiker, der nach Frieden strebte." Schreibe einen Kommentar, in dem du diese Auffassung mit sachlichen Argumenten widerlegst (*VT*, *Q 1–Q 4*).

*Genf war Sitz des Völkerbundes und Tagungsort der Abrüstungskonferenzen.

Die deutsche Aggressionspolitik steuert auf den Krieg zu

M1 Die Ausdehnung des Deutschen Reiches zwischen 1933 und 1939

*Expansionspolitik
Bestreben eines Staates/einer Regierung, das eigene Gebiet auszudehnen (meist militärisch – durch die Besetzung anderer Staaten)

*Appeasement-Politik
(Beschwichtigungspolitik) Bemühungen, einen (militärischen) Konflikt zu vermeiden, indem man dem Aggressor entgegenkommt

*„Rest-Tschechei"
NS-Bezeichnung für die verbliebenen westlichen Gebiete der Tschechoslowakei

*Protektorat
(= Schutzgebiet) beschönigender Begriff für die Herrschaft eines Staates über einen anderen

Münchner Abkommen
Die Staatschefs des Deutschen Reiches, Italiens, Englands und Frankreichs einigten sich während ihres Treffens in München (29./30. September 1938) über Streitfragen bezüglich des Sudetenlandes und der restlichen Tschechoslowakei.

Geschichte In Clips
Zu einem Film zur NS-Außenpolitik führt Mediencode 30024-42

Der „Anschluss" Österreichs

Der erste Schritt der deutschen Expansionspolitik* zielte auf Österreich ab. Nicht nur für den gebürtigen Österreicher Adolf Hitler war die Vereinigung seines Heimatlandes mit dem Deutschen Reich ein lang ersehnter Traum. Österreichische Nationalsozialisten entfachten, von deutscher Seite angestiftet, seit 1937 Unruhen in ihrem Land. Im Februar 1938 traf sich Hitler mit dem österreichischen Bundeskanzler Kurt von Schuschnigg in Deutschland. In dem Gespräch erhob er Anspruch auf Österreich. Am 12. März 1938 begann der Einmarsch der deutschen Wehrmacht in Österreich. Ein Großteil der österreichischen Bevölkerung nahm die deutschen Truppen jubelnd in Empfang. Schon am folgenden Tag verkündete Hitler in Wien den „Anschluss" Österreichs an das sogenannte Großdeutsche Reich.

Sudetenkrise und Münchner Abkommen

Nachdem die Westmächte immer noch untätig geblieben waren, richteten sich die Expansionsbestrebungen gegen die Tschechoslowakei. Dort lebten in den Randgebieten, im sogenannten Sudetenland, etwa drei Millionen Deutsche. Die Sudetendeutsche Partei unter ihrem deutschnationalen Führer Konrad Henlein forderte die Selbstverwaltung für die Sudetendeutschen. Dazu wurde sie von der deutschen Regierung angespornt. Als die Prager Regierung nicht nachgab, drohte Hitler mit einem militärischen Eingreifen. Der englische Premierminister Arthur Neville Chamberlain versuchte, in diesem Konflikt durch seine Appeasement-Politik* zu vermitteln. Ein Krieg konnte in letzter Minute vermieden werden, als sich die Regierungschefs von Deutschland, Italien, England und Frankreich am 29./30. September 1938 in München einigten. Das ausgehandelte **Münchner Abkommen** sah vor, dass die sudetendeutschen Gebiete dem Deutschen Reich angegliedert werden sollten. Dafür garantierten England und Frankreich den Fortbestand des tschechoslowakischen Reststaats.

Einmarsch in Prag

Doch schon wenige Monate später zwang Hitler den tschechischen Staatspräsidenten Emil Hácha unter Drohung militärischer Gewalt dazu, sein Land in ein „Schutzverhältnis" zum Deutschen Reich zu begeben. Am 15. März 1939 besetzten deutsche Truppen die „Rest-Tschechei"*, wie sie von Nazis abfällig bezeichnet wurde. Das Gebiet wurde als „Protektorat* Böhmen und Mähren" Großdeutschland einverleibt. In gleicher Weise erzwang Hitler auch von Litauen die Abtretung des Memelgebiets. Hitlers aggressives Vorgehen führte den Engländern das Scheitern ihrer Appeasement-Politik vor Augen. Chamberlain verkündete daraufhin am 31. März 1939 eine Garantie für die polnische Unabhängigkeit und sagte den Polen wenige Tage später Beistand im Falle eines deutschen Angriffs zu.

Q1 Das Hoßbach-Protokoll

Oberst Friedrich Hoßbach fertigt eine Niederschrift über eine Besprechung am 5. November 1937 in Berlin an. Hitler legt dabei den wichtigsten Vertretern der Wehrmacht und dem Außenminister Freiherr von Neurath seine außenpolitischen Grundzüge dar:

An sich glaube der Führer, dass mit hoher Wahrscheinlichkeit England, voraussichtlich aber auch Frankreich die Tschechei bereits im Stillen abgeschrieben und sich damit abgefunden hätten, dass diese Frage eines Tages durch Deutschland bereinigt würde. Die Schwierigkeiten des Empire* und die Aussicht in einen lang währenden europäischen Krieg erneut verwickelt zu werden, seien bestimmend für eine Nichtbeteiligung Englands in einem Kriege gegen Deutschland. Die englische Haltung werde gewiss nicht ohne Einfluss auf die Frankreichs sein. Ein Vorgehen Englands ohne die englische Unterstützung [...] sei wenig wahrscheinlich. [...]

Wenn auch die Besiedelung insbesondere der Tschechei keine dünne sei, so könne die Einverleibung der Tschechei und Österreichs den Gewinn von Nahrungsmitteln für 5–6 Millionen Menschen bedeuten [...]. Die Angliederung der beiden Staaten an Deutschland bedeute militärpolitisch eine wesentliche Entlastung infolge kürzerer, besserer Grenzziehung, Freiwerdens von Streitkräften für andere Zwecke und der Möglichkeit der Neuaufstellung von Truppen in Höhe von etwa 12 Divisionen* [...].

Zitiert nach: Friedrich Kiessling, Quellen zur deutschen Außenpolitik 1933–1939, Darmstadt 2000, S. 168f.

Chamberlains vollständige Rede findest du unter Mediencode 30024-43

*Empire Großbritannien mit seinen Kolonien

*Division militärischer Großverband

Q2 Chamberlains Appeasement-Politik

In einer Rundfunkrede am 27. September 1938 sagt Chamberlain zu seinem Volk u. a. Folgendes:

How horrible, fantastic, incredible it is that we should be digging trenches[1] and trying on gas-masks here because of a quarrel[2] in a far-away country between people of whom we know nothing. [...] However much we may sympathise with a small nation confronted by a big and powerful neighbour, we cannot in all circumstances undertake[3] to involve the whole British Empire in war simply on her account[4].

[1] digging trenches = Gräben ausheben; [2] quarrel = Auseinandersetzung; [3] undertake = sich darauf einlassen (unternehmen); [4] on her account = ihretwegen
Neville Chamberlain, In Search of Peace: Speeches, 1937–1938, London 1939, S. 274

Q3 Klapp-Postkarte zum „Münchner Abkommen"

Druck von 1938 mit Abbildungen von Arthur Neville Chamberlain, Edouard Daladier, Benito Mussolini und Adolf Hitler

1 Nenne die Gründe, weshalb Hitler nicht mit einem Eingreifen der Westmächte aufseiten der Tschechoslowakei rechnete (*Q 1*).

2 Arbeite den Nutzen heraus, den Hitler für das Deutsche Reich durch den „Anschluss" Österreichs und Tschechiens sieht. Erläutere weitere „Vorteile" (*Q 1*, *M 1*).

3 Bewerte Chamberlains Begründung, weshalb er sich weigerte, die Tschechoslowakei militärisch zu unterstützen (*Q 2*).

4 Diskutiert in Anbetracht der Rede Chamberlains (*Q 2*), ob eurer Ansicht nach die Bundeswehr durch ihre aktuellen Auslandseinsätze zur Sicherheit Deutschlands beiträgt.

5 Erkläre, inwiefern es sich bei der Postkarte (*Q 3*) um Propaganda handelt.

Weshalb gab es große Zustimmung für Hitler?

Q1 Jubelnde Menge
Foto vom Reichsparteitag 1934 in Nürnberg

Das Problem mangelnder Quellen

In der Geschichtsforschung wird darüber diskutiert, inwieweit die Nationalsozialisten Zustimmung auch unter denjenigen Deutschen gefunden haben, die keine Mitglieder der NSDAP waren. Mangels vorhandener Quellen ist es schwierig, den Rückhalt in der Bevölkerung genau zu bestimmen. Eine moderne Meinungsforschung mit Umfragen und Wahlanalysen gab es in der NS-Zeit noch nicht. Außerdem herrschte keine Meinungsfreiheit, weshalb Aussagen aus dieser Zeit mit Vorsicht zu betrachten sind. Rückblickende Aussagen nach 1945 werfen das Problem auf, dass sie den Zweck haben könnten, das eigene Verhalten zu rechtfertigen.

Ein Bündel an Ursachen

Die Ursachen für die Zustimmung vieler Deutscher zum Nationalsozialismus liegen schon in der Weimarer Republik. Die erste Demokratie in Deutschland hatte mit erheblichen Problemen zu kämpfen: der „Schmachfrieden" von Versailles, Inflation und hohe Arbeitslosigkeit. Von einem charismatischen, tatkräftigen „Führer" erhoffte man sich schnelle Lösungen.

Hitler versprach, die Ordnung und Sicherheit im Land herzustellen. Dass teilweise auch unschuldige Personen entrechtet und misshandelt wurden, nahmen dabei viele Deutsche billigend in Kauf. Die Angst, selbst zum Opfer des NS-Terrors zu werden, machte auch diejenigen gefügig, die dem Hitler-Regime kritisch gegenüberstanden.

Ein Großteil der Deutschen wünschte sich ein starkes Deutschland. Hitler wagte in dieser Hinsicht riskantere Schritte als die Politiker der Weimarer Republik, wie zum Beispiel die Einführung der allgemeinen Wehrpflicht oder die Rheinlandbesetzung (siehe S. 106). Dies erhöhte seine Popularität im Volk.

Schließlich beeinflusste die NS-Propaganda sehr gekonnt die Sichtweise auf die NS-Wirtschaftspolitik. Die wirtschaftliche Erholung Deutschlands, insbesondere aber die sinkende Arbeitslosigkeit in Deutschland wurden als besondere Verdienste Hitlers herausgestellt. Die Nationalsozialisten verschwiegen, dass sie von einem weltweiten Wirtschaftsaufschwung profitierten und viele arbeitspolitische Maßnahmen schon während der Weimarer Republik in Gang gebracht worden waren. Der wirtschaftliche Aufschwung beruhte vor allem auf enorm hohen Investitionen in die Rüstung. Dadurch häufte die Regierung riesige Schulden an, die nur durch einen Krieg getilgt werden konnten.

Q2 Schreiben an Hitler

Cäcilie Herlitz aus Berlin widmet „unserem Führer, dem hochverehrten Herrn Reichskanzler Adolf Hitler", zum 1. Mai 1934 das folgende Gedicht:

Ach, heut ist der 1. Mai.
Sonne schaut hernieder,
Menschen strömen froh herbei,
Arbeit gibt es wieder.

Arbeit, ach, wie klingt das Wort,
Doch so traut, so schön.
Unter unseres Führers Hort*
Wird Deutschland feste stehn.

Ja, es freut sich Groß und Klein,
Deutschland kommt zu Ehren,
Denn SA ist stets bereit,
Feinde abzuwehren.

Gott hat es auch so gewollt,
Denn er ist allmächtig,
Unsrem Führer ist er hold*,
Hitler führt uns prächtig.

Ach nun ist es wieder Mai,
Und SA singt Lieder.
Menschen strömen froh herbei,
Arbeit gibt es wieder.

Zitiert nach: Henrik Eberle (Hrsg.), Briefe an Hitler. Ein Volk schreibt seinem Führer, Bergisch Gladbach 2007, S. 162f.

*hold: zugeneigt

*Hort: Schutz

Q3 „,JA' dem Führer!"

Banner an einem Schulhaus in Fürth, Sommer 1934

Q4 Kritische Stimme

Der deutsche Schriftsteller Thomas Mann, einer der prominentesten Gegner des NS-Staats, ist 1933 ins Exil in die Schweiz geflohen. Am 17. Juli 1944 hält er in seinem Tagebuch fest:

Man soll nicht vergessen und sich nicht ausreden lassen, dass der Nationalsozialismus eine enthusiastische, funkensprühende Revolution, eine deutsche Volksbewegung mit einer ungeheuren seelischen Investierung* von Glauben und Begeisterung war.

Thomas Mann, Tagebücher 1944 – 1.4.1946, hrsg. von Inge Jens, Frankfurt am Main 1986, S. 78

*Investierung: Einsatz, Aufwendung

1 Fertige eine Tabelle an, in der du in der linken Spalte die Gründe für die Zustimmung zu Hitlers Politik zusammenträgst und in der rechten Spalte Kritik daran übst (*VT*). → S. 200

2 Das Bildpressereferat im Propagandaministerium entschied darüber, welche Bilder von Hitler zur Veröffentlichung freigegeben wurden. Urteile, ob *Q 1* die Freigabe erhalten konnte.

3 Frau Herlitz möchte mit ihrem Gedicht ihre Freude über die Leistungen Hitlers ausdrücken. Nimm zu den von ihr angeführten Punkten kritisch Stellung (*Q 2*).

4 Recherchiere die Hintergründe, weshalb das Banner an einem Fürther Schulhaus angebracht wurde (*Q 3*). → S. 200

5 Erkläre den Widerspruch zwischen Thomas Manns Biografie und seinem Tagebucheintrag (*Q 4*).

Das weiß ich – …

Der Nationalsozialismus spann seine Fäden … – wie eine Spinne ihr Netz.

Machtübernahme und Machtausbau:
- 30. Januar 1933: Hitler wird Reichskanzler
- Notverordnung „Zum Schutz von Volk und Staat"
- „Ermächtigungsgesetz"
- „Gleichschaltung"

Verführung und Manipulation:
- Idee einer „Volksgemeinschaft" mit geringen sozialen Unterschieden
- Propaganda
- Einrichtung des „Winterhilfswerks"
- Förderung von Familien
- Freizeit- und Urlaubsgestaltung durch „Kraft durch Freude"

Ausgrenzung und Terror gegen Minderheiten:
- Antisemitismus
- „Nürnberger Gesetze"
- 9. November 1938: Novemberpogrome
- Entrechtung von Sinti und Roma
- Ausgrenzung und Ermordung von psychisch Kranken und geistig Behinderten
- Einrichtung von Konzentrationslagern (z. B. Dachau)

Der Weg in den Krieg
- Revision des „Versailler Vertrags"
- Einführung der allgemeinen Wehrpflicht
- Besetzung des entmilitarisierten Rheinlands
- „Anschluss" Österreichs
- Sudetenkrise
- Münchner Abkommen
- Einmarsch in Prag

1 Diskutiert, inwiefern das obige Bild der Spinne auf den Nationalsozialismus übertragen werden kann.

2 Erkläre mithilfe der obigen Stichworte, weshalb die Nationalsozialisten große Zustimmung in der Bevölkerung erzielen konnten.

3 Manche Deutsche beurteilen die Anfangsjahre der NS-Zeit auch heute immer noch positiv. Widerlege diese Auffassung mithilfe deines erlernten Wissens.

… das kann ich!

Manipulation und „Hatespeech" in sozialen Medien

Q1 „Kunst der Propaganda"

Adolf Hitler über Zweck und Mittel der Propaganda in seinem Buch „Mein Kampf":

Gerade darin liegt die Kunst der Propaganda, dass sie den Weg zur Aufmerksamkeit und weiter zum Herzen der breiten Masse findet. […] Die Aufnahmefähigkeit der Masse ist eine nur sehr beschränkte. […] Aus diesen Tatsachen heraus hat sich jede Propaganda auf nur sehr wenige Punkte zu beschränken und diese schlagwortartig so lange zu verwerten, bis auch der Letzte unter solch einem Worte das Gewollte sich bestimmt vorzustellen vermag. […] Alle Genialität der Aufmachung der Propaganda aber wird zu keinem Erfolg führen, wenn nicht ein fundamentaler Grundsatz berücksichtigt wird: Sie hat sich auf wenig zu beschränken und dieses ewig zu wiederholen.

Zitiert nach: Adolf Hitler, „Mein Kampf". Hist. kritische Ausgabe, hrsg. von Christian Hartmann et. al., München/Berlin, S. 499–509

M1 Muster und Beispiele von „Hatespeech"

Muster	Beispiele
Bewusste Verbreitung uninformierter oder falscher Aussagen	„Die Flüchtlinge haben alle teure Handys." „Die Flüchtlinge müssen im Supermarkt nicht bezahlen."
Tarnung als Humor oder Ironie	„Ich will auch ein neues Smartphone. Werd' ich im nächsten Leben halt Asylant."
Bedienen von Stereotypen und Vorurteilen durch bestimmte Begriffe und Sprachmuster	„Asylantenflut" „Das Boot ist voll." „Ausländer raus!" „Drohende Islamisierung"
Verallgemeinerungen	„Alle Griechen sind faul."
Wir-/Die-Rhetorik	„Die bedrohen unsere Frauen."
Verschwörungstheorien	„Der Staat will unsere Kinder zu Homosexuellen erziehen." „Die Politik unterstützt die Islamisierung Deutschlands."
Plakative Bildsprache	Rassistische Darstellung z. B. von schwarzen Menschen mit Baströckchen. Bilder, die Stereotype reproduzieren, indem sie z. B. muslimische Männer mit Sodomie in Verbindung bringen.
Gleichsetzung	Juden = Israel

Auszüge aus: https://ajs.nrw/wp-content/uploads/2016/06/160617_HateSpeech_WEB2.pdf © AJS, lfm, klicksafe.de

Wie tritt „Hatespeech" auf?

Hater/-innen und Trolle* im Netz benutzen stets ähnliche Aussagestrukturen wie Propagandisten in der Geschichte. Verstärkt wird der Effekt in Zeiten sozialer Netzwerke oft durch sogenannte „Filterblasen": Dabei neigen wir dazu, unsere eigenen Kontakte und ihre Meinungen und Beiträge für den gesellschaftlichen Querschnitt zu halten. Gegenteilige Meinungen werden oft gar nicht mehr wahrgenommen. Hinzu kommt: Von aktuellen Nachrichten und Entwicklungen erfahren wir immer öfter zuerst aus den „Social Media". Oft wird der Wahrheitsgehalt gar nicht mehr infrage gestellt, wenn genügend Posts gleichen Inhalts eingehen.

*Trolle
Fabelwesen aus der Mythologie; heute werden damit Menschen bezeichnet, die im Internet bewusst andere User provozieren und Gespräche sowie Einstellungen einer Community lenken wollen.

1 Vergleicht Hitlers Aussagen zu Propaganda mit der aktuellen Informationsbeschaffung durch „Social Media". Wo gibt es Ähnlichkeiten, wo liegen die Unterschiede?

2 Wie kann man sich vor einseitiger Information schützen? Entwickelt einen kurzen Leitfaden mit fünf bis acht Punkten, die ihr für beachtenswert haltet.

3 „Social Media" wird mitunter auch bewusst kritisch mit „Unsoziale Netzwerke" übersetzt. Diskutiert darüber und nehmt dazu Stellung.

4 Nationalsozialismus, Zweiter Weltkrieg und Holocaust

Q1 „Cain, or Hitler in Hell"
Ölgemälde von George Grosz, 1944
Kain ist im Alten Testament der erste menschliche Mörder. Er erschlug aus Neid und Missgunst seinen Bruder Abel, weshalb er von Gott verstoßen wurde.

Der Nationalsozialismus stieß in Deutschland nicht auf ungeteilte Zustimmung. Schon von Anfang an gab es Menschen, die gegenüber der NS-Ideologie kritisch eingestellt waren.
Seit dem Hitler-Putsch von 1923 galt Dr. Fritz Gerlich als entschiedener Gegner des Nationalsozialismus. In der Zeitung „Der gerade Weg" wetterte er kompromisslos gegen die nationalsozialistische Führungsriege. Er warnte vor den Gefahren, die von Adolf Hitler und seinen Anhängern ausgingen, und versuchte, deren Machtübernahme zu verhindern. Seine Voraussagen klingen für uns heute als Prophezeiungen, die sich erfüllen sollten. Nur wenige Wochen nach der Machtübernahme Hitlers wurde „Der gerade Weg" verboten, Gerlich verhaftet und ins KZ Dachau gebracht. Dort töteten ihn NS-Schergen in der Nacht vom 30. Juni auf den 1. Juli 1934.
Im Oktober 1942, als vieles eingetreten war, was Fritz Gerlich prophezeit hatte, begann George Grosz mit der Arbeit an seinem großflächigen Gemälde „Cain, or Hitler in Hell". Der Maler, Grafiker und Karikaturist Georg Groß war Soldat

Q2 „Der Nationalsozialismus ist eine Pest"

In einem Artikel für die Zeitung „Der Gerade Weg" vom 31. Juli 1932 schreibt der deutsche Journalist Fritz Gerlich:

Der Nationalsozialismus ist eine Pest

Dem Kriege des Mittelalters folgte die Pest als eine Geißel der Menschheit. Aber diesem Kriege, den wir alle gelebt und gefühlt haben und dessen Spuren und Folgen

Revolution, Inflation, Wirtschaftskrise und Arbeitslosigkeit

heißen, folgte eine geistige Pest: der Nationalsozialismus. Die Übel, unter welchen die Völker leiden, können allein geheilt werden durch

Verständigung, Versöhnung, Abrüstung und Frieden.

Nationalsozialismus aber bedeutet:

Feindschaft mit den benachbarten Nationen, Gewaltherrschaft im Innern, Bürgerkrieg, Völkerkrieg.

Nationalsozialismus heißt

Lüge, Hass, Brudermord und grenzenlose Not.

Zitiert nach: Wolfgang Benz, Im Widerstand. Größe und Scheitern der Opposition gegen Hitler, München 2018, S. 46

im Ersten Weltkrieg. Als strikter Kriegsgegner wollte er danach keinen deutschen Namen mehr tragen und wählte aufgrund seiner Amerika-Begeisterung einen amerikanischen Namen. Im Januar 1933 wanderte er in die USA aus. Er unterrichtete Kunststudenten in New York und arbeitete selbst weiter als Künstler. Die Nationalsozialisten verunglimpften seine Werke als „entartete Kunst" und bürgerten ihn aus.

Was weißt du schon?

- Analysiere das Bild *Q 1*. ➜ S. 200
- Nennt die Gefahren, die laut Fritz Gerlich vom Nationalsozialismus ausgehen (*Q 2*). Diskutiert, ob sie sich bewahrheitet haben.
- Vergleiche die Inhalte des Zeitungsartikels mit den Kernaussagen des Bildes (*Q 1*, *Q 2*).

Orientierung

Zerstörung, Leid und Morden im Zweiten Weltkrieg

Am 1. September 1939 fiel die deutsche Wehrmacht in Polen ein. Damit begann ein Rasse- und Vernichtungskrieg, in dem das nationalsozialistische Deutschland den Wahn von Weltherrschaft zu verwirklichen suchte. Wie seit 1933 im Innern wurde seit 1939 die NS-Ideologie mit militärischer Gewalt in den besetzten Ländern durchgesetzt.
1943/44 wurde die Wehrmacht im Osten durch die Sowjetunion und im Westen durch die Invasion der USA zurückgedrängt. Der vom Deutschen Reich entfachte Weltkrieg brachte die Zerstörung weiter Teile Europas, den totalen Zusammenbruch Deutschlands und 60 Millionen Tote.

Q1 Massenhinrichtung
Foto von 1941
Ein Soldat einer Einsatzgruppe ermordet einen Juden am Rand eines Massengrabs bei Winniza in der Ukraine.

Am Ende des Kapitels könnt ihr

- die neue Dimension der nationalsozialistischen Politik im Zweiten Weltkrieg beurteilen, indem ihr einen Zusammenhang mit der NS-Ideologie herstellt;
- den menschenverachtenden Charakter des Nationalsozialismus anhand der Verbrechen gegenüber Juden und anderen Minderheiten erkennen;
- euch mithilfe einer Exkursion zu einer Gedenkstätte das Ausmaß der NS-Verbrechen bewusst machen;
- die Möglichkeiten und Grenzen des Widerstandes an anschaulichen Beispielen bestimmen und den Mut und die Opferbereitschaft der Widerstandskämpfer würdigen;
- beurteilen, inwiefern die Deutschen aufgrund der NS-Vergangenheit noch heute eine besondere historische Verantwortung haben.

23. August 1939	1. September 1939	10. Mai 1940	22. Juni 1941	7. Dezember 1941	20. Januar 1942
Hitler-Stalin-Pakt	Einmarsch der deutschen Wehrmacht in Polen	Beginn des Westfeldzugs	Angriff auf die Sowjetunion	Japanischer Luftangriff auf das US-amerikanische Pearl Harbor	Wannsee-Konferenz

M 1 Europa zum Zeitpunkt der größten Ausdehnung des Deutschen Reiches sowie Orte des Terrors und der Vernichtung 1941–1945

- Der Krieg brachte für viele Menschen großes Leid mit sich. Erläutere diesen Umstand mithilfe des Verfassertextes und der Bildquelle *Q 1*.
- Beschreibe die Grenze des „Großdeutschen Reiches“ zum Zeitpunkt seiner größten Ausdehnung (*M 1*).
- Erkläre die Lage der Vernichtungslager (*M 1*).

31. Januar **1943**
Kapitulation der 6. Armee bei Stalingrad

22. Februar **1943**
Gerichtsprozess gegen Mitglieder der „Weißen Rose“

6. Juni **1944**
Landung der Alliierten in der Normandie

20. Juli **1944**
Gescheitertes Attentat auf Hitler, Umsturzversuch in Berlin

27. Januar **1945**
Befreiung des Konzentrationslagers Auschwitz durch sowjetische Truppen

8./9. Mai **1945**
Bedingungslose Kapitulation des Deutschen Reiches

6./9. August **1945**
Abwurf von Atombomben auf Hiroshima und Nagasaki

Das Deutsche Reich entfesselt den Krieg in Europa

Q1 Einreißen einer Grenze
Foto vom 1. September 1939

Die Szene zeigt, wie eine Danziger Polizeieinheit einen Schlagbaum zerstört. Sie wurde für dieses Propagandabild nachgestellt.

*Blitzkrieg
militärische Strategie, die eine schnelle Überwältigung eines isolierten Gegners mit motorisierten Infanterieverbänden, Luftwaffe und Seestreitkräften anstrebt

*Generalgouvernement
Gebiet, das im Zweiten Weltkrieg vom Deutschen Reich erobert worden ist und von einer dafür eingerichteten Behörde verwaltet wird

*Rote Armee
Die Armee der Sowjetunion nannte sich Rote Armee. Rot war die Symbolfarbe für den dort herrschenden Kommunismus.

Der Hitler-Stalin-Pakt

Am 23. August 1939 unterzeichnete der deutsche Außenminister Joachim von Ribbentrop in Moskau einen Nichtangriffspakt mit der Sowjetunion. Dies war überraschend, denn sowohl Hitler als auch der sowjetische Staatschef Josef W. Stalin hatten bis zu diesem Zeitpunkt stets ihre gegenseitige Abneigung betont. Doch der „Pakt mit dem Teufel", wie ihn Hitler nannte, brachte für beide Seiten Vorteile. In einem geheimen Zusatzprotokoll gestand die deutsche Seite der Sowjetunion umfangreiche Gebietsgewinne in Osteuropa zu. Im Gegenzug konnte Deutschland bei einem Angriff auf Polen mit der Neutralität der Sowjetunion rechnen.

Der Überfall auf Polen

Der Polenfeldzug begann mit einem Täuschungsmanöver. SS-Soldaten, die als Polen verkleidet waren, inszenierten einen Überfall auf den deutschen Rundfunksender Gleiwitz. Das sollte den Einfall der deutschen Wehrmacht in Polen rechtfertigen, der am 1. September 1939 erfolgte. Großbritannien und Frankreich kamen daraufhin ihrer Bündnispflicht gegenüber Polen nach und erklärten Deutschland den Krieg.

Die deutsche Wehrmacht erzielte in diesem „Blitzkrieg"* einen schnellen Erfolg. Den deutschen Verbänden, die mit Panzern und Kampfbombern ausgestattet waren, war die polnische Armee unterlegen. Schon nach wenigen Wochen musste Polen kapitulieren. Seine westlichen Teile wurden dem Deutschen Reich angegliedert, das restliche Gebiet fortan als „Generalgouvernement"* von deutschen Behörden verwaltet. In Ostpolen fiel die Rote Armee* ein und besetzte die im Hitler-Stalin-Pakt vereinbarten Gebiete.

Weitere „Blitzkriege"

Nach dem erfolgreichen Polenfeldzug nahm die deutsche Armee im Frühjahr 1940 auch Dänemark und Norwegen ein.
Am 10. Mai 1940 begann der Westfeldzug. Über Belgien und die Niederlande gelangte die deutsche Armee rasch nach Frankreich. In einer Art „Sichelschnitt" drangen deutsche Verbände in einem überraschenden Vorstoß über die Ardennen bis zur Küste des Ärmelkanals vor und kesselten so die britisch-französischen Verbände ein. Am 14. Juni wurde Paris kampflos eingenommen. Im anschließenden Waffenstillstand wurde Frankreich zweigeteilt. Den nördlichen Teil besetzten die Deutschen. Die Regierung im Südteil mit der Hauptstadt Vichy musste fortan mit Hitler zusammenarbeiten.
Deutschland versuchte lange Zeit, Großbritannien als Bündnispartner zu gewinnen – ohne Erfolg. Auch Bombenangriffe auf englische Städte – wie 1940/41 auf Coventry und London – konnten den Widerstand der Briten nicht brechen.

Wusstest du?

Das deutsche Wort „Blitzkrieg" ging in viele, nicht nur europäische Sprachen ein. Manche Sprachen übersetzen es wörtlich, so das Französische (guerre éclair) und das Italienische (guerra lampo), andere, z. B. Englisch und Russisch, übernehmen sogar das deutsche Wort.

Q2 Geheimes Zusatzprotokoll zum Hitler-Stalin-Pakt

Zum deutsch-sowjetischen Nichtangriffspakt vom 23. August 1939 gibt es folgende Ergänzung:

1) Für den Fall einer territorial-politischen Umgestaltung in den zu den baltischen Staaten (Finnland, Estland, Lettland, Litauen) gehörenden Gebieten bildet die nördliche Grenze Litauens zugleich die Grenze der Interessensphäre* Deutschlands und der UdSSR*. […]
2) Für den Fall einer territorial-politischen Umgestaltung der zum polnischen Staate gehörenden Gebiete werden die Interessensphären Deutschlands und der UdSSR ungefähr durch die Linie der Flüsse Narew, Weichsel und San abgegrenzt. […]
3) Hinsichtlich des Südostens Europas wird von sowjetischer Seite das Interesse an Bessarabien* betont.

Walther Hofer, Der Nationalsozialismus. Dokumente 1933–1945, Frankfurt 502011, S. 230 f.

Q3 Aufforderung zum Handeln

Englische Karikatur, veröffentlicht am 2. September 1939 im „South Wales Echo & Express"

Q4 Kapitulation

Der französische General Charles Huntziger musste in Compiègne am 22. Juni 1940 im Beisein Hitlers in einem historisch bedeutsamen Eisenbahnwaggon den Waffenstillstand unterzeichnen.

Zu Informationen über den Eisenbahnwaggon von Compiègne führt dich Mediencode 30024-44

*Interessensphäre
Gebiet, das ein Land für sich gewinnen will

*UdSSR
Union der Sozialistischen Sowjetrepubliken (= Sowjetunion)

*Bessarabien
Gebiet, das zur damaligen Zeit zu Rumänien gehörte

1 Erkläre, welche Wirkung das Propagandabild haben sollte (*Q 1*).

2 Begründe, weshalb der Hitler-Stalin-Pakt von Historikern auch als „Angriffspakt" bezeichnet wird (*Q 2, VT*).

3 Interpretiere die Karikatur *Q 3*. Gehe dabei auch auf die Forderung ein, die der Karikaturist an die englische Politik stellt.

4 Diskutiert, ob die Forderung der Karikatur auch in die Tat umgesetzt wurde (*Q 3, VT*).

5 Erkläre – auch mithilfe des Mediencodes –, warum Hitler den Waffenstillstand ausgerechnet im Eisenbahnwaggon in Compiégne unterzeichnen wollte (*Q 4*).

Das „Unternehmen Barbarossa" – ein Rasse- und Vernichtungskrieg

Q1 „Die Verwandlung der Fritze"

1943 veröffentlichte die sowjetische Nachrichtenagentur „TASS" die Karikatur der Künstlergruppe Kukryniksy. Fritz ist der russische Spitzname für „Deutscher".

*Barbarossa
Der mittelalterliche Kaiser Friedrich I. Barbarossa galt als Symbolfigur für ein starkes deutsches Reich. Er starb 1190 auf einem Kreuzzug.

Deutsche Soldaten haben Angehörigen aus Stalingrad sogenannte Feldpostbriefe geschrieben. Eine Auswahl von ihnen findest du mithilfe von Mediencode 30024-45

Das Scheitern des „Blitzkriegs"

Obwohl er im Westen auch gegen Großbritannien Krieg führte, entschied sich Hitler dazu, sein großes außenpolitisches Ziel in Angriff zu nehmen. Am 22. Juni 1941 griff das Deutsche Reich die Sowjetunion an. Dieser „Lebensraumkrieg" war als „Blitzkrieg" geplant. Die Wehrmacht sollte mit ihrem gesamten militärischen Potenzial einfallen und die Rote Armee in grenznahen Schlachten einkesseln und vernichten. In wenigen Wochen sollten die sowjetrussischen Rüstungszentren, Rohstoffvorkommen und landwirtschaftlichen Produktionsflächen unter deutscher Kontrolle sein.

Aber trotz erheblicher deutscher Gebietsgewinne zu Beginn des Kriegs konnten die Sowjets ihre Verluste immer wieder ausgleichen, weil sie über riesige Reserven verfügten.

Die Deutschen hatten in der Weite Russlands große Probleme, die Truppen an der Front zu versorgen. Die Eisenbahn stand infolge unterschiedlicher Spurbreiten und Zerstörungen der Russen nur eingeschränkt zur Verfügung. Die motorisierten Verbände blieben wegen Treibstoffmangels und schlammiger Straßen schon bald stecken.

Der Rasse- und Vernichtungskrieg

Der Krieg wurde unter dem Namen „Barbarossa"* geführt, da er ein Kreuzzug gegen den Kommunismus sein sollte. Deutsche Mordkommandos töteten hunderttausende Juden und kommunistische Führungskräfte. Das geltende Kriegsrecht fand keine Beachtung. Gefangene sowjetrussische Soldaten und die einheimische Bevölkerung wurden rücksichtslos behandelt und dem Tod überlassen. Die eroberten Gebiete wurden gnadenlos ausgebeutet.

Die Katastrophe von Stalingrad

Nachdem die Offensive auf Moskau im Winter 1941 gescheitert war, blieb auch in den Folgejahren die ausgemergelte deutsche Armee ohne kriegsentscheidende Erfolge. Im Norden widersetzte sich das eingekesselte Leningrad seinen Belagerern. Im Süden fügte die Rote Armee der Wehrmacht beim Kampf um Stalingrad große Verluste zu. Die russische Armee startete von dort aus sogar eine Gegenoffensive, wobei 250 000 Wehrmachtsoldaten eingekesselt wurden. Die Überlebenden mussten am 31. Januar 1943 kapitulieren (gegen den ausdrücklichen Befehl Hitlers) und in sowjetische Kriegsgefangenschaft gehen. Als auch die letzte Offensive im Juli 1943 misslang, trat die deutsche Armee endgültig den Rückzug an.

Schreckliche Bilanz

Der Russlandfeldzug forderte über 30 Millionen Tote, die weitaus meisten aus der Sowjetunion: 8,4 Millionen sowjetische Soldaten im Kampfeinsatz, 3 Millionen in Kriegsgefangenschaft und 15,2 Millionen Zivilisten (gegenüber 3,8 Millionen deutschen Soldaten, davon 1,1 Millionen in Gefangenschaft). Insgesamt hatte die Sowjetunion im „Großen Vaterländischen Krieg", wie der Zweite Weltkrieg in Russland genannt wird, die meisten Kriegsopfer zu beklagen.

Q2 Der Kommissarbefehl

Der Chef des Oberkommandos der Wehrmacht unterzeichnet am 6. Juni 1941 folgende Weisung:

Im Kampf gegen den Bolschewismus ist mit einem Verhalten des Feindes nach den Grundsätzen der Menschlichkeit oder des Völkerrechts nicht zu rechnen. Insbesondere ist von den politischen Kommissaren aller Art als den eigentlichen Trägern des Widerstandes eine hasserfüllte, grausame und unmenschliche Behandlung unserer Gefangenen zu erwarten. Die Truppe hat sich bewusst zu sein:

1) In diesem Kampfe ist Schonung und völkerrechtliche Rücksichtnahme diesen Elementen gegenüber falsch. [...]
2) Die Urheber barbarisch-asiatischer Kampfmethoden sind die politischen Kommissare. Gegen diese muss daher sofort und ohne Weiteres mit aller Schärfe vorgegangen werden. [...]

Diese Kommissare werden nicht als Soldaten anerkannt; der für Kriegsgefangene völkerrechtlich geltende Schutz findet auf sie keine Anwendung. Sie sind nach durchgeführter Absonderung zu erledigen.

Zitiert nach: Wolfgang Michalka (Hrsg.), Deutsche Geschichte 1933–1945, Frankfurt am Main 1993, S. 204

M1 Europa zum Zeitpunkt der größten Ausdehnung des Deutschen Reiches

Q3 Der Hungerplan

Alfred Rosenberg, der Reichsminister für die besetzten Ostgebiete, spricht am 20. Juni 1941 vor Vertretern der Wehrmacht, der staatlichen Behörden und der Partei:

Die deutsche Volksernährung steht in diesen Jahren zweifellos an der Spitze der deutschen Forderungen im Osten, und hier werden die Südgebiete und Nordkaukasien einen Ausgleich für die deutsche Volksernährung zu schaffen haben. Wir sehen durchaus nicht die Verpflichtung ein, aus diesen Überschussgebieten das russische Volk mit zu ernähren. Wir wissen, dass das eine harte Notwendigkeit ist, die außerhalb jeden Gefühls steht.

Der Prozess gegen die Hauptkriegsverbrecher vor dem Internationalen Militärgerichtshof, Bd. 26, Nürnberg 1947, S. 622

1 Benenne die Staaten, die von deutschen Feldzügen betroffen waren (*M 1*).

2 Erläutere, welche Absicht und welches Ergebnis des Russlandfeldzuges in der Karikatur *Q 1* angeführt werden. Ergänze weitere Aspekte mithilfe des Verfassertextes.

3 Versetze dich in die Lage eines deutschen Wehrmachtsoldaten. Schildere, welchen inneren Konflikt der Kommissarbefehl (*Q 2*) in dir auslöst.

4 Erkläre, inwiefern der Kommissarbefehl (*Q 2*) und der Hungerplan (*Q 3*) dem Gedanken der nationalsozialistischen Ideologie entsprachen. → S. 200

5 Suche nach Gründen für die hohen Opferzahlen des „Unternehmens Barbarossa".

6 Informiere dich über Kriege der jüngeren Geschichte, in denen es unter Missachtung des Völkerrechts zu Massakern an der Zivilbevölkerung kam.

Der Kriegseintritt der USA

Q1 „Rächt Pearl Harbor"
Amerikanisches Propagandaplakat, 1942

Die japanische Attacke

Eine Mehrheit der US-amerikanischen Bürger verurteilte das nationalsozialistische Regime in Deutschland und den von ihm begonnenen Krieg. Aber die USA wollten zunächst nicht eingreifen, auch wenn Präsident Franklin D. Roosevelt das befürwortete. Der Kriegseintritt wurde letztendlich durch das Japanische Kaiserreich, das eine der Achsenmächte* war, provoziert. Japan machte sich die Schwäche Frankreichs zunutze und eroberte dessen Kolonien in Südostasien. Als der amerikanische Präsident auf Japans Rückzug aus diesen Gebieten bestand, griffen japanische Kampfflieger am 7. Dezember 1941 ohne Kriegserklärung Pearl Harbor, den amerikanischen Marinestützpunkt auf Hawaii, an. Sie zerstörten elf Kriegsschiffe und töteten über 2400 amerikanische Soldaten. Einen Tag später erklärten Amerika und Großbritannien Japan den Krieg.

*Achsenmächte
Bezeichnung für das Deutsche Reich und seine Bündnispartner, insbesondere Italien und Japan, im Zweiten Weltkrieg

*Alliierte
Begriff für die im Zweiten Weltkrieg gegen die Achsenmächte verbündeten Staaten (vor allem Großbritannien, Frankreich, Sowjetunion, USA)

Eine Karte zum Krieg im Pazifik findest du mithilfe von Mediencode 30024-46

Deutsche Kriegserklärung

Hitler hoffte, dass der neue Konflikt die USA und England vom Krieg in Europa ablenke. Weshalb er am 11. Dezember 1941 den Vereinigten Staaten den Krieg erklärte, bleibt bis heute rätselhaft. Die Deutschen wollten wohl einer Kriegserklärung der USA zuvorkommen und gleichzeitig den Zusammenhalt der Achsenmächte verstärken. Außerdem hoffte Hitler auf Japans Unterstützung im Krieg gegen die Sowjetunion. Doch die Japaner hielten sich strikt an einen mit den Sowjets vereinbarten Neutralitätspakt. Auch sonst erwies sich das Bündnis mit Japan als wenig nützlich: Die vorübergehende Luft- und Seehoheit im Pazifik büßten die Japaner zugunsten der Amerikaner und Briten schon bald wieder ein.

Übermacht der Anti-Hitler-Koalition

Der Eintritt der USA in den Weltkrieg stellte eine kriegsentscheidende Wende dar. Zwar hatten die Vereinigten Staaten die anderen Alliierten* schon vor dem Angriff auf Pearl Harbor mit militärischem Material unterstützt. Doch nun lief die amerikanische Kriegsmaschinerie auf Hochtouren. Im Jahre 1943 produzierten die Amerikaner dreimal so viel Kriegsmaterial wie die Achsenmächte zusammen. Die Anti-Hitler-Koalition besaß darüber hinaus die Seeherrschaft im Atlantik und Pazifik und verfügte über gewaltige Reserven an Personal, Rohstoffen und Nahrungsmitteln.

Q2 Erinnerungen des japanischen Außenministers

In der Sitzung des japanischen Kronrates vom 1. Dezember 1941 führt Ministerpräsident Tōjō Hideki Folgendes aus:

Die Vereinigten Staaten [...] haben jetzt auch begonnen, von uns einseitige Zugeständnisse zu verlangen, indem sie neue Forderungen wie die bedingungslose militärische Gesamträumung Chinas, die Zurücknahme der Anerkennung der Nanking-Regierung* und die Aufhebung des japanisch-deutsch-italienischen Dreimächtepaktes aufstellten. [...] Auf der anderen Seite haben die Vereinigten Staaten, Großbritannien, die Niederlande und China kürzlich ihren wirtschaftlichen und militärischen Druck auf uns verstärkt. [...] Nachdem die Dinge diesen Punkt erreicht haben, bleibt uns kein anderer Ausweg, als zum Krieg gegen die Vereinigten Staaten, Großbritannien und die Niederlande zu schreiten, um die gegenwärtige Krise zu überwinden und unsere Existenz zu wahren.

Zitiert nach: Wolfgang Lautemann und Manfred Schlenke (Hrsg), Geschichte in Quellen, Bd. V: Weltkriege und Revolutionen 1914–1945, München 1961, S. 492

Q3 Amerikanisches Flugblatt

Es wurde zwischen Dezember 1943 und März 1944 millionenfach über vielen deutschen Städten abgeworfen.

1 Fasse die Gründe zusammen, die den japanischen Ministerpräsidenten Tōjō zum Angriff auf Amerika bewogen haben (*Q 2*).

2 Erkläre, welchen Zweck das amerikanische Propagandaplakat erfüllen sollte (*Q 1*).

3 Versetzt euch in die Lage eines Deutschen im Zweiten Weltkrieg. Diskutiert, welche Reaktionen das Flugblatt bei euch ausgelöst hätte (*Q 3*).

4 Vergleiche die Gründe für den Kriegseintritt der USA 1917 und 1941 (*VT*, *Q 1*, *Q 3*, S. 41).
→ S. 200

***Nanking-Regierung** von der japanischen Besatzungsmacht eingesetzte und abhängige chinesische Regierung in der Stadt Nanjing

Der Terror gegenüber „Volksfeinden“ wächst

Q1 Gewichtstabelle von Emmy Rowohlt (links)

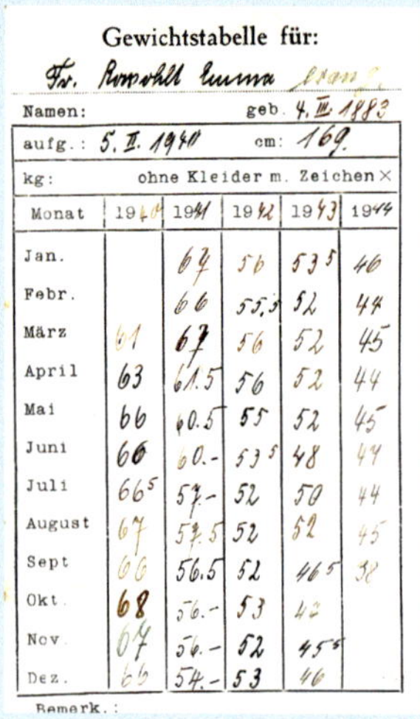

Gewichtstabelle für:

Fr. Rowohlt Emma

Namen: geb. 4. III. 1883

aufg.: 5. II. 1940 cm: 169.

kg: ohne Kleider m. Zeichen ×

Monat	1940	1941	1942	1943	1944
Jan.		67	56	53^{5}	46
Febr.		66	55.5	52	44
März	61	67	56	52	45
April	63	61.5	56	52	44
Mai	66	60.5	55	52	45
Juni	66	60.-	53^{5}	48	44
Juli	66^{5}	57.-	52	50	44
August	67	57.5	52	52	45
Sept	66	56.5	52	46^{5}	38
Okt.	68	56.-	53	42	
Nov.	67	56.-	52	45^{5}	
Dez.	66	54.-	53	46	

Bemerk.:

Die Schauspielerin Emmy Rowohlt (1883–1944) wurde Opfer der Heil- und Pflegeanstalt Eglfing-Haar (bei München), wo auch die Gewichtstabelle geführt wurde. In einem Brief an ihre Schwester vom 29. Dezember 1943 schrieb sie: „Ahntest du meinen großen Brothunger, du hättest sicher noch 2 dicke Scheiben Schwarzbrot dazugelegt.“

Zunehmende Schikanen gegen Juden

In der Pogromnacht vom 9./10. November 1938 (siehe S. 104, „Geschichte hört nicht auf“) hatte sich gezeigt, dass die antijüdischen Maßnahmen keinen nennenswerten Widerstand in der deutschen Bevölkerung hervorriefen. Deshalb verschärften die Nationalsozialisten die Drangsalierungen: Juden durften keine Kinos oder Theater mehr besuchen, Fahrzeuge besitzen und öffentliche Verkehrsmittel benutzen. Sie mussten in der Öffentlichkeit einen gelben Stern mit der Aufschrift „Jude“ tragen. Auch der Schulbesuch war jüdischen Jugendlichen nicht mehr gestattet. Gewerbetreibende und Geschäftsbesitzer mussten ihre Betriebe zu sehr niedrigen Preisen an „Arier“ veräußern oder wurden gar enteignet. Zu Beginn des Zweiten Weltkriegs galt die deutsche Wirtschaft als weitgehend „judenfrei“. Ab 1941 durften Juden nicht mehr auswandern oder fliehen, ihr Vermögen fiel an den Staat.

Vorgehen gegen Sinti und Roma

Auch Sinti und Roma wurden vom öffentlichen Leben ausgeschlossen, ihren Kindern wurde der öffentliche Schulbesuch verboten. Seit Oktober 1939 durften Sinti und Roma nicht mehr ihre Wohnorte verlassen. Dies sollte Deportationen* in Ghettos*, **Konzentrations- und Vernichtungslager** erleichtern, die mit Kriegsbeginn immer häufiger wurden. Es wurden sogenannte „Zigeunerlager“ eingerichtet.

Strafen gegen Homosexuelle

Homosexualität war mit der NS-Gesinnung nicht vereinbar. Man beschuldigte insbesondere homosexuelle Männer, ein „entartetes Verhalten“ an den Tag zu legen, die öffentliche Moral zu zerrütten und die Geburtenrate in Deutschland zu gefährden. Deshalb wurde eine eigene „Reichszentrale zur Bekämpfung der Homosexualität“ gegründet. Gleichgeschlechtlich Liebende mussten mit Haftstrafen und Deportationen in Konzentrationslager rechnen.

Ermordung als „lebensunwert“ eingestufter Menschen

Die Nationalsozialisten behaupteten, „erbkranke Personen“ würden die rassische Entwicklung des deutschen Volkes gefährden und eine finanzielle Belastung für die Gesellschaft darstellen. Deshalb ließen sie zwischen Januar 1940 und August 1941 insgesamt ungefähr 70 000 angeblich „lebensunwerte“ Menschen umbringen. Das brutale Morden nannten sie beschönigend „Euthanasie“ (griechisch: „schöner Tod“). In einer ersten Phase wurden die Menschen in ausgewählten Mordanstalten mithilfe von Abgasen getötet. Doch weil sich der Massenmord vor der Bevölkerung nicht verheimlichen ließ und mutige Geistliche ihn öffentlich anprangerten, ging man dazu über, in angeblichen „Heilanstalten“ die Morde zu verschleiern.

*Deportation
Zwangsumsiedlung, Verschleppung von Menschen

*Ghetto
abgesonderter Stadtteil, in dem verfolgte Minderheiten leben mussten. Viele Bewohner starben unter den unmenschlichen Bedingungen, viele wurden ermordet.

Konzentrations- und Vernichtungslager
Konzentrationslager sind Massenlager, in denen politische Gegner, Kriegsgefangene und verfolgte Minderheiten gefangen gehalten, misshandelt und ermordet wurden. Ab 1941 entstanden in den von den Deutschen besetzten Ostgebieten Vernichtungslager. In diesen Tötungsanstalten wurden Millionen von Menschen systematisch ermordet.

M1 Auszug aus der Liste antijüdischer Gesetze

Datum	Gesetz
25. April 1933	Juden werden aus Sport- und Turnvereinen ausgeschlossen.
12. November 1938	Der Besuch von Kinos, Theatern, Opern und Konzerten wird Juden verboten.
15. November 1938	Jüdische Kinder dürfen keine öffentlichen Schulen mehr besuchen.
19. Juli 1940	Juden sind als Fernsprechteilnehmer ausgeschlossen.
2. August 1941	Juden dürfen allgemeine Leihbüchereien nicht benutzen.
1. September 1941	Alle Juden, die älter als 6 Jahre sind, müssen den gelben Stern mit der Aufschrift „Jude" tragen.
18. September 1941	Juden benötigen zum Verlassen des Wohnortes einen polizeilichen Erlaubnisschein.
14. Februar 1942	Juden dürfen in Bäckereien keinen Kuchen mehr kaufen.
17. Februar 1942	Juden dürfen keine Zeitungen und Zeitschriften erwerben.
24. April 1942	Juden dürfen keine öffentlichen Verkehrsmittel mehr benutzen.
15. Mai 1942	Juden dürfen keine Haustiere mehr halten.
12. Juni 1942	Juden müssen ihre elektrischen und optischen Geräte, Fahrräder, Schreibmaschinen und Schallplatten abliefern.
10. Juli 1942	An Juden darf keine Frischmilch mehr verkauft werden.

Anne Frank Zentrum (Hrsg.), Anne Frank im Unterricht. Ein Ideenbuch für die pädagogische Praxis, Berlin 2006, S. 85–87

Q2 Geschäftspostkarte aus München von 1939

Q3 Zwangsverpflichtet
Foto aus dem Jahre 1942

Das Bild zeigt Sinti und Roma, die Pflasterarbeiten in Giesing leisten müssen. Ganz rechts ist der Leiter der „Dienststelle für Zigeunerfragen", August Wutz, zu sehen.

1 Erläutere, auf welche Weise die Patientin Emmy Rowohlt zu Tode kam (*Q 1*).

2 Notiere auf einem Blatt in Stichpunkten deinen gestrigen Tagesablauf. Streiche diejenigen Aspekte durch, die durch die antijüdische Gesetzgebung für Juden verboten wären (*M 1*).

3 Erkläre mithilfe von *Q 2* den Begriff „Zwangsarisierung".

4 Suche Gründe dafür, dass Sinti und Roma zu Zwangsarbeiten verpflichtet wurden (*Q 3*, *VT*).

Massenmorde

Q1 Pierre Mania: „Im Waggon"
Zeichnung aus dem Jahre 1943

*Selektion
Aussonderung, Aussortierung

*Krematorium
Verbrennungsofen (auf Friedhöfen für die Feuerbestattung). In Konzentrations- und Vernichtungslagern wurden in Krematorien die zuvor ermordeten Menschen verbrannt.

Holocaust
(griech. „Brandopfer", wörtlich „vollständig verbrannt") engl. Ausdruck für Massenmorde an einem Volk

Kurze Autobiografien von Überlebenden des NS-Terrors kannst du nachlesen mithilfe von Mediencode 30024-47

Erschießungen

Nach dem Einfall der Deutschen in Polen und die Sowjetunion begannen Wehrmachtsoldaten, Polizeieinheiten und Sonderkommandos der SS mit massenhaften Erschießungen vor allem von Juden. Bis zum Kriegsende töteten sie in diesen Ländern, in denen sehr viele Juden lebten, durch Exekutionen mit Schusswaffen etwa 2,2 Millionen Menschen.

Die Wannsee-Konferenz

Am 20. Januar 1942 kamen am Berliner Wannsee führende Vertreter der NS-Regierung und der SS-Behörden zusammen und berieten, wie der bereits begonnene Massenmord an Juden noch effizienter erfolgen könne. Unter der Leitung von SS-Obergruppenführer Reinhard Heydrich erstellte man einen Plan, auf welche Weise Juden aus den eroberten Gebieten erfasst und in Vernichtungslager im Osten deportiert werden sollten.

Ghettos

Die Reichsbahn transportierte in Güter- und Viehwaggons Juden in großer Anzahl in sogenannte Ghettos in den besetzten Gebieten Polens und der Sowjetunion. Hier wurden sie in abgeriegelten Stadtteilen gesammelt, bevor sie in die Vernichtungslager weitertransportiert wurden. Die bekanntesten Ghettos befanden sich in Warschau, Theresienstadt und Lodz. Viele Menschen starben schon dort an Unterernährung und Krankheiten.

Vernichtungslager

Der Zweck der Vernichtungslager bestand ausschließlich darin, möglichst viele Juden in kürzester Zeit umzubringen. In Belzec, Sobibor und Treblinka wurden die Menschen mithilfe von Motorabgasen ermordet. In Auschwitz-Birkenau und in Majdanek verwendete man auch das Blausäuregas Zyklon B.

Das südpolnische Auschwitz nahm eine Sonderrolle ein, denn es diente den Nationalsozialisten zugleich als Arbeits- und Vernichtungslager. Wer hierhin verschleppt wurde, musste zunächst eine Selektion* über sich ergehen lassen. Arbeitsfähige Personen mussten Zwangsarbeit leisten. Unter menschenunwürdigen Bedingungen waren sie dabei ständigen Misshandlungen ausgesetzt.

Alle als „arbeitsuntauglich" Eingestuften brachten die SS-Mannschaften innerhalb kürzester Zeit um. Die Leichen der Ermordeten wurden meist in Krematorien* verbrannt.

Ein unfassbares Verbrechen

Insgesamt wurden von den Nationalsozialisten ungefähr sechs Millionen Juden ermordet. Dieses schreckliche Verbrechen bezeichnet man auch als **Holocaust** oder **Shoa**.

Ein ähnliches Schicksal wie den Juden widerfuhr den Sinti und Roma. Etwa 100 000 von ihnen wurden von Deutschen umgebracht, weil sie als „minderwertige Rasse" galten.

Q2 Grausamer Alltag

Der Sinto Heinz S. erinnert sich 1995 an seine Zeit in den Vernichtungslagern:

In Birkenau! Da wurden die Waggons aufgemacht, und die Posten standen schon bereit. Männer links, Frauen rechts. Waggon für Waggon wurde aufgemacht. Dann hieß es: „Die erste Hundertschaft rein!" Im Block haben sie uns die Nummern eintätowiert.

Das Erste, was mir aufgefallen ist, war der Gestank. Ein Gestank! Sie haben uns die Haare abrasiert, Männern wie Frauen. Dann wurden wir eingeteilt, zum Arbeiten.

[...] Wir mussten die Loren[1] zum Krematorium schieben. Asche und Knochen aus den Krematorien mussten wir in die Loren schaufeln und in den Wald bringen. Der Inhalt wurde da verstreut. Jetzt wusste ich, was Auschwitz war. [...]

Oben, im dritten Stock vielleicht, hat der Lagerkommandant gestanden und hat aufgepasst, ob jemand nicht mehr konnte. Wer mal abgesetzt hat, Kopfschuss. [...]

Ich war mit meinem Bruder zusammen. Der war ein Jahr älter als ich und hat in einem Magazin gearbeitet. [...] Da hat er sich ein kleines Messer eingesteckt, und er wurde verraten. Ich habe es nicht gewusst. Beim Appell [...] musste er vorkommen. [...] Wir alle mussten zusehen, ich musste zusehen. Er wurde auf dem Hipp-Bock angeschnallt, links und rechts. Die Beine wurden festgemacht. Auf der einen Seite ein Kapo[2], und auf der anderen Seite ein Kapo. Der Ochsenziemer[3], unten so dick wie ein Finger, wurde in Wasser eingetaucht. Die ersten fünf oder sechs Schläge, die sie da gegeben haben, da habe ich gedacht, es reißt mir alles raus. Da hat er nach mir geschrien und nachher: „Mama, Mama". Warum? Weswegen? Fünfundzwanzig Schläge hat er gekriegt. Nachher haben sie ihn in den Krankenblock gebracht. Wer länger als acht Tage blieb, wurde vergast.

[1] Lore: Transportwagen auf Schienen (vgl. S. 128, Q 1); [2] Kapo: Häftling, der als Aufseher eingesetzt ist;
[3] Ochsenziemer: schwere Schlagwaffe, die aus einem getrockneten Bullenpenis hergestellt wird.

Zitiert aus: Udo Engbring-Romang, Marburg. Auschwitz. Zur Verfolgung der Sinti in Marburg und Umgebung, Marburg 1998, S. 121 ff.

Q3 Das Tor im Stammlager Auschwitz

Foto aus dem Jahre 1990

Q4 Über die SS-„Moral"

Der Reichsführer-SS Heinrich Himmler, einer der Hauptverantwortlichen des Holocaust, spricht am 4. Oktober 1943 vor SS-Offizieren:

Ein Grundsatz muss für den SS-Mann absolut gelten: ehrlich, anständig, treu und kameradschaftlich haben wir zu Angehörigen unseres eigenen Blutes zu sein und zu sonst niemandem. [...] Von euch werden die meisten wissen, was es heißt, wenn 100 Leichen beisammen liegen, wenn 500 daliegen oder wenn 1000 daliegen. Dies durchgehalten zu haben und dabei [...] anständig geblieben zu sein, das hat uns hart gemacht. Dies ist ein niemals geschriebenes und niemals zu schreibendes Ruhmesblatt unserer Geschichte.

Wolfgang Michalka (Hrsg), Deutsche Geschichte 1933–1945, Frankfurt 1993, S. 277 f.

1 Beschreibe die Gesichter der Deportierten in *Q 1* und deute, was sie ausdrücken.

2 Suche Gründe dafür, weshalb Juden den Begriff „Shoa" der Bezeichnung „Holocaust" vorziehen (Begriffserklärungen).

3 Begründe, weshalb die Vernichtungslager gerade in Polen oder in den besetzten sowjetischen Gebieten errichtet wurden (*VT*).

4 Beschreibe mithilfe von *Q 2* den Alltag im KZ Auschwitz.

5 Erkläre, weshalb die Parole „Arbeit macht frei" für die KZ-Häftlinge zynisch klingen musste (*Q 3*).

6 Erläutere, inwiefern die Aussagen Himmlers die nationalsozialistische Ideologie widerspiegeln (*Q 4*). → S. 200

7 Die Opfer des Holocaust verdienen ohne jeden Zweifel unseren Respekt. Diskutiert, ob es dabei erforderlich ist, das Leugnen dieses Massenverbrechens unter Strafe zu stellen.

Shoa
(wörtlich „Katastrophe", „Untergang") hebräische Bezeichnung für alles Leid, das die Juden während der nationalsozialistischen Diktatur erdulden mussten

Zur Ausreise von Kindern erhältst du Informationen mithilfe von Mediencode 30024-48

Methode

Exkursion in die KZ-Gedenkstätte Dachau

Q1 Zwangsarbeit im KZ Dachau
Foto aus dem Jahre 1938

Häftlinge schieben eine Lore.

In Bayern gibt es eine Vielzahl an Gedenkstätten für die Opfer des Nationalsozialismus. Ein ganz besonderer Gedenkort ist das ehemalige Konzentrationslager (KZ) Dachau, das ungefähr 20 km nordwestlich von München liegt. Die Nationalsozialisten errichteten es schon zwei Monate nach ihrer Machtübernahme. Das erste Konzentrationslager in Deutschland diente allen späteren Lagern als Vorbild. Der Aufbau eines Gefangenenlagers, aber auch dessen Organisation wurde in Dachau erprobt. Nachdem dort in den Anfangsjahren überwiegend politisch Verfolgte gefangen gehalten worden waren, erweiterte sich der Kreis der Häftlinge im Laufe der Zeit auf Juden, Sinti und Roma und andere „Volksfeinde". Mit dem Beginn des Zweiten Weltkriegs kamen schließlich Kriegsgefangene hinzu. Insgesamt wurden hier mehr als 200 000 Häftlinge aus 34 Ländern inhaftiert, etwa 41 500 Menschen überlebten die Haft nicht. Erst kurz vor Kriegsende, am 29. April 1945, befreite die US-Armee das Lager.

Nach Kriegsende diente das Lagergelände zunächst als amerikanisches Gefängnis. Außerdem fanden dort Kriegsverbrecherprozesse statt, bevor es als Auffanglager für Flüchtlinge aus den Ostgebieten genutzt wurde. Seit 1965 ist die vom Freistaat Bayern finanzierte Gedenkstätte zu besichtigen.

M1 Übersichtsplan der KZ-Gedenkstätte Dachau

1 **Verbindungsstraße zum ehemaligen SS-Gelände**
2 **Jourhaus mit Lagertor:** ehemaliges Dienstgebäude der SS
3 **Ehemaliges Wirtschaftsgebäude: Hauptausstellung**
4 **Internationales Mahnmal** (1968)
5 **Ehemaliger Appellplatz**
6 **Ehemaliges Lagergefängnis** („Bunker"): **Ausstellung**
7 **Baracke** (rekonstruiert): **Ausstellung**
8 **Sicherungsanlagen mit Wachtürmen und Außenmauern** (teils rekonstruiert)
9 **Ehemalige Lagerstraße**
10 **Ehemaliger Krematoriumsbereich**

Religiöse Gedenkorte
11 Russisch-orthodoxe Auferstehungskapelle (1995)
12 Evangelische Versöhnungskirche (1967)
13 Katholische Todesangst-Christi-Kapelle (1960)
14 Jüdische Gedenkstätte (1967)
15 Karmel Heilig Blut (1964)

(i) **Besucherzentrum**
Information, Audioguides, Literaturhandlung, Bistro, WC

••• **Weg des Erinnerns**
Fußweg vom/zum Bahnhof

(H) Bushaltestelle

(P) Besucherparkplatz

Barrierefreier Zugang

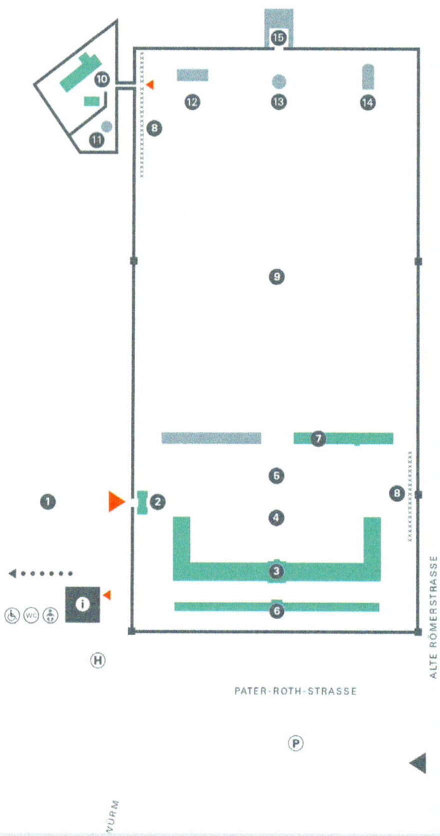

Q2 „Furchtbare Maschine"

Der Österreicher Paul Martin Neurath, der während seines Studiums für die Sozialistische Jugend aktiv ist, wird in den Jahren 1938/39 in den Konzentrationslagern Dachau und Buchenwald inhaftiert. Er hält seine Erinnerungen in einem Buch fest, in dem er schreibt:

Die Sterberate im Lager ist extrem hoch, aber die Zahl der Männer, die direkt an Misshandlungen sterben oder erschossen werden, ist erheblich kleiner, als die Menschen draußen annehmen dürfen. Das Lager bringt seine Opfer gewöhnlich auf weniger spektakuläre Weise um. Es gleicht weniger einem wüsten Mörder, der Amok läuft, als einer furchtbaren Maschine, die ihre Opfer langsam, aber gnadenlos zermalmt.

Die größte Zahl der Todesfälle ist auf die allgemeinen Bedingungen zurückzuführen: Gewöhnlich kann man nicht einmal genau sagen, woran jemand gestorben ist. [...] Die Männer sind überarbeitet, zu dünn gekleidet und unterernährt. Sie arbeiten bei jedem Wetter, bei Regen und Schnee und glühender Sonne. Wunden und Krankheiten werden nicht behandelt, bis sie ein Stadium erreicht haben, in dem man sie nicht mehr ignorieren kann [...]. Wegen der geschwächten körperlichen Widerstandskräfte entwickeln sich Verletzungen und kleine Infektionen sofort zu großen, eiternden Wunden. Die Männer müssen weiter im Schmutz arbeiten, bis der betreffende Körperteil schließlich nicht mehr funktionsfähig ist. Eine Blutvergiftung tritt ein, und das infizierte Zellgewebe beginnt zu verfaulen.

Paul Martin Neurath, Die Gesellschaft des Terrors. Innenansichten der Konzentrationslager Dachau und Buchenwald, hrsg. von Christian Fleck und Nico Stehr, Frankfurt am Main 2004, S. 78 f.

Planen

- Stimmt mit eurem Lehrer einen geeigneten Termin ab und meldet euch bei der Gedenkstätte an. Vereinbart frühzeitig eine Führung.
- Klärt ab, ob ihr für eure Klassenfahrt einen Zuschuss erhalten könnt (z. B. bei der Bayerischen Landeszentrale für politische Bildungsarbeit).
- Informiert euch über die Gedenkstätte (Internet, Bücherei, angefordertes Informationsmaterial). Zu manchen Gedenkorten sind mittlerweile spezielle Apps oder virtuelle Rundgänge verfügbar.
- Wählt gruppenweise Themen aus, die euch besonders interessieren und die ihr während des Besuchs besonders berücksichtigt. Mögliche Schwerpunkte könnten sein:
  - das Lagergelände
  - die Geschichte der Gedenkstätte von den Anfängen bis zur Befreiung
  - Lagerleben und Haftbedingungen
  - Zwangsarbeit
  - Biografien einzelner Häftlinge
  - Schicksale von Häftlingsgruppen
  - Täter
  - Strafverfolgung der Täter

Durchführen

- Erweist den Opfern des Konzentrationslagers Respekt, indem ihr euch ruhig und angemessen verhaltet.
- Konzentriert euch auf die Führung bzw. euren Rundgang und lasst euch nicht von den Besuchermassen ablenken.
- Haltet Eindrücke und Empfindungen in Wort und Bild fest, damit ihr auch später darauf zurückgreifen könnt.
- Dokumentiert nur Details, die für euch persönlich oder für euer ausgewähltes Thema relevant sind.
- Nehmt euch Zeit für eure Eindrücke.

Auswerten

- Tauscht euch darüber aus, was euch bei eurem Besuch besonders bewegt hat. Fotos können euch dabei helfen.
- Diskutiert, inwiefern sich die Eindrücke vor Ort von euren Recherchen während der Vorbereitung unterschieden haben.
- Falls noch Fragen aufgekommen sind, versucht, sie zu klären.
- Formuliert Botschaften, die ihr aus dem Besuch mitnehmt.

Widerstand gegen das „Dritte Reich“

Q1 Abweichendes Verhalten
Foto aus dem Jahre 1936

Zu sehen sind Arbeiter und Angestellte einer Werft in Hamburg.

*Ersatzheer
ein Teil des deutschen Heeres, das auch während des Krieges in der Heimat stationiert war

*Wolfsschanze
Tarnname für ein militärisches Lagezentrum bei Rastenburg im damaligen Ostpreußen (heute Polen)

*Operation Walküre
Ursprünglich ein Konzept der deutschen Wehrmacht zur Niederschlagung eines Aufstandes in der Bevölkerung. Die Widerstandskämpfer um Oberst Stauffenberg änderten es zu einem Umsturzplan ab. Nach einem Attentat auf Hitler sollte das Ersatzheer wichtige Stellen im Reich kontrollieren.

Nähere Informationen zum Bild Q1 erhaltet ihr mithilfe des Mediencodes 30024-49

Auflehnung im Kleinen

Von Beginn an verfolgten die Nationalsozialisten ihre Gegner mit unnachgiebiger Härte und Grausamkeit. Deshalb gehörte viel Mut dazu, kein Mitläufer zu sein, indem man beispielsweise regierungskritische Witze verbreitete, den Hitlergruß verweigerte, seine Kinder nicht bei der Hitlerjugend anmeldete oder politisch oder rassisch Verfolgten half.

Das Attentat durch Georg Elser

Manche gingen weiter und leisteten aktiv Widerstand. Der arbeitslose Tischler Georg Elser plante seit Herbst 1938, die nationalsozialistische Führungsspitze umzubringen. Am 8. November 1939 verübte er im Münchner Bürgerbräukeller einen Bombenanschlag. Führende NS-Kreise hatten sich an diesem Abend dort versammelt, um des gescheiterten Hitler-Putsches von 1923 (siehe S. 66) zu gedenken. In nächtelanger Arbeit hatte Elser zuvor die Säule über Hitlers Rednerpult für den Sprengsatz ausgehöhlt. Weil aber Hitler den Bürgerbräukeller früher als erwartet verließ, scheiterte das Attentat. Elser wurde auf der Flucht in die Schweiz verhaftet und kurz vor Kriegsende im KZ Dachau umgebracht.

Kirchlicher Widerstand

Die katholische Kirche hatte sich im Konkordat zu politischer Zurückhaltung verpflichtet (siehe S. 106). Das hielt aber einige Priester und Gläubige nicht davon ab, Missstände anzuprangern und verfolgten Menschen zu helfen. Die evangelische Kirche war gespalten. Weite Teile arbeiteten unter der Bezeichnung „Deutsche Christen“ mit dem Regime zusammen und wollten alle Landeskirchen „gleichschalten“. Dem widersetzte sich die „Bekennende Kirche“ um Pfarrer Martin Niemöller.

Politische Opposition

Mitglieder und Anhänger politischer Parteien, die von den Nationalsozialisten verboten worden waren, allen voran Sozialdemokraten und Kommunisten, bekämpften das Regime im Untergrund oder vom Ausland aus. Dazu gehörte beispielsweise, dass Flugblätter verteilt oder Verfolgte unterstützt wurden. Mitglieder der Widerstandsbewegung „Rote Kapelle“ gaben Informationen an ausländische Regierungen weiter, um das Regime zu schwächen.

Der Umsturzversuch am 20. Juli 1944

Eine militärische Oppositionsgruppe unter Generaloberst Ludwig Beck plante einen Umsturz. Dieser Gruppe schloss sich auch Oberst Claus Schenk Graf von Stauffenberg an. Stauffenberg verachtete die Massenmorde im Osten und Hitlers Fehler bei der Kriegsführung, die entsetzliche Folgen für die Soldaten mit sich brachten. Als Stabschef beim Befehlshaber des Ersatzheeres* hatte er direkten Zugang zum „Führer“. Anlässlich einer Lagebesprechung in der „Wolfsschanze“* zündete Stauffenberg bei seinem Attentat am 20. Juli 1944 eine Bombe, die Hitler jedoch nicht tötete. Deshalb scheiterte der Umsturzplan „Operation Walküre“* in Berlin und anderen großen Städten. Stauffenberg und seine Mitstreiter wurden verhaftet und noch in derselben Nacht hingerichtet.

Q2 Vor der „Wolfsschanze“
Fotografie vom 15. Juli 1944

Oberst Claus Schenk Graf von Stauffenberg (links) trifft vor dem Führerhauptquartier auf Hitler (2. von rechts).

Q3 Weshalb Elser sein Attentat ausführte

Georg Elser wird nach seiner Festnahme von der Gestapo verhört. Er gibt dabei am 21. November 1939 zu Protokoll:

Nach meiner Ansicht haben sich die Verhältnisse in der Arbeiterschaft nach der nationalen Revolution in verschiedener Hinsicht verschlechtert. [...]

Der Arbeiter kann z. B. seinen Arbeitsplatz nicht mehr wechseln wie er will, er ist heute durch die HJ nicht mehr Herr seiner Kinder und auch in religiöser Hinsicht kann er sich nicht mehr so frei betätigen. Ich denke hier insbesondere an die Tätigkeit der Deutschen Christen. [...] Ich war bereits voriges Jahr um diese Zeit der Überzeugung, dass es bei dem Münchner Abkommen nicht bleibt, dass Deutschland anderen Ländern gegenüber noch weitere Forderungen stellen und sich andere Länder einverleiben wird und dass deshalb ein Krieg unvermeidlich ist. [...] Die von mir angestellten Betrachtungen zeitigten das Ergebnis, dass die Verhältnisse in Deutschland nur durch eine Beseitigung der augenblicklichen Führung geändert werden könnten. Unter der Führung verstand ich die „Obersten", ich meine damit Hitler, Göring und Goebbels. Durch meine Überlegungen kam ich zu der Überzeugung, dass durch die Beseitigung dieser 3 Männer andere Männer an die Regierung kommen, die an das Ausland keine untragbaren Forderungen stellen, „die kein fremdes Land einbeziehen wollen" und die für eine Besserung der sozialen Verhältnisse der Arbeiterschaft Sorge tragen werden. [...]

Der Gedanke der Beseitigung der Führung ließ mich damals nicht mehr zur Ruhe kommen und bereits im Herbst 1938 – es war dies vor dem November 1938 – hatte ich aufgrund der immer angestellten Betrachtungen den Entschluss gefasst, die Beseitigung der Führung selbst vorzunehmen.

www.georg-elser-arbeitskreis.de/texts/geverhoer3.htm [18.03.2020]

Q4 Kritik an Stauffenbergs Staatsstreich

Der Beamte Friedrich Kellner hält am 27. Juli 1944 in seinem Tagebuch fest:

Sollte [...] der Anschlag nur von Offizieren veranlasst und ausgeführt worden sein, dann ist das ein ganz stümperhaftes Unternehmen gewesen. Eine Revolution kann nur auf breitester Grundlage erfolgversprechend sein. Eine Revolution, nur von Offizieren (ohne Volk) geführt, ist eine Totgeburt.

Übrigens begrüße ich die Rettung des Führers, weil er aus taktischen Gründen bis zum bitteren Ende dabei sein muss. Es darf für künftige Zeiten keine Ausrede möglich sein. Er muss da bleiben, bis es gar keinen Ausweg mehr gibt, bis selbst die „Vorsehung" nicht mehr helfend ihm zur Seite steht.

Friedrich Kellner, „Vernebelt, verdunkelt sind alle Hirne". Tagebücher 1939–1945, Bd. 2, Göttingen 2011 S. 762f.

Q5 Georg Elser

Foto aus dem Jahre 1939

Es entstand während der Verhöre von Georg Elser und wurde daraufhin in Zeitungen veröffentlicht mit der Bemerkung „Der gemeinste Verbrecher des Jahrhunderts".

1 Erörtere, ob das Verhalten des Mannes auf dem Foto *Q 1* als Widerstand angesehen werden kann.

2 Erläutere, welchen Eindruck die Zeitungsleser von Georg Elser aufgrund des Fotos haben sollten (*Q 5*).

3 Nenne die Motive, die Elser zu seinem Attentat veranlassten (*Q 3*).

4 Erläutere, weshalb Friedrich Kellner den Umsturzversuch des Militärs ablehnt (*Q 4*).

5 Diskutiert Kellners These, dass Hitler nicht durch ein Attentat ums Leben kommen solle (*Q 4*).

6 Erstelle eine Mindmap zum Thema „Möglichkeiten und Grenzen des Widerstandes im Dritten Reich" (*VT*, *Q 3*, *Q 4*; siehe auch *M 4* auf Seite 141). Nimm auch die Widerstandsgruppen, die auf der nachfolgenden Doppelseite dargestellt sind, darin auf. → S. 200

7 Suche nach Gebäuden, Plätzen und Straßen in deiner Stadt und Region, die nach NS-Widerstandskämpfern benannt sind.

Geschichte In Clips
Einen Film zum Attentat Georg Elsers auf Hitler findest du mithilfe von Mediencode 30024-50

Die „Weiße Rose" – auch heute noch ein Vorbild

Q1 Mitglieder der „Weißen Rose"
Foto aus dem Jahr 1942

Abgebildet sind die Geschwister Hans und Sophie Scholl sowie Christoph Probst (von links nach rechts).

Protest von Jugendlichen

Ungehorsam und Rebellion von jungen Menschen gegen den Nationalsozialismus gab es in unterschiedlichen Formen und Ausprägungen. Anhänger der „Swing-Jugend", vornehmlich in Berlin und Hamburg beheimatet, trugen lässige amerikanische Kleidung und langes Haar, um damit gegen die staatliche Bevormundung und „Gleichschaltung" zu protestieren. Sie trafen sich in Cafés und Clubs, um die bei den Nationalsozialisten verpönte Swing-Musik zu hören. Auch die „Edelweißpiraten", die besonders in den westfälischen Industriestädten am Rhein verbreitet waren, hoben sich durch ihren lockeren Kleidungsstil ab. Sie widersetzten sich dem Zwang und dem militärischen Drill der Hitlerjugend. Ihr Erkennungszeichen war eine Anstecknadel, die eine Edelweißblüte zeigt.
Eine Münchner Studentengruppe um Hans und Sophie Scholl mit dem Decknamen „Weiße Rose"* leistete aktiven Widerstand. Die Geschwister Scholl wurden christlich und humanistisch* erzogen und lebten Ideale wie Freiheit, Gerechtigkeit und Selbstständigkeit. Nach anfänglicher Begeisterung wandten sie sich vom Nationalsozialismus ab, da sie über die unmenschliche Behandlung von Juden und Regimegegnern empört waren.

Flugblätter und Parolen

Im Juni und Juli 1942 verbreiteten Hans Scholl und ein Freund die ersten vier Flugblätter der „Weißen Rose" anonym im Münchner Raum. Darin riefen sie offen zum Widerstand gegen die Unrechtsherrschaft der Nationalsozialisten auf. Angesichts von hunderttausenden Todesopfern dürfe man nicht in Untätigkeit verharren, sondern müsse sich aktiv gegen die Unrechtsherrschaft auflehnen. Von Juli bis Oktober 1942 waren Hans Scholl und weitere Mitglieder der Gruppe als Soldaten im Osten eingesetzt. Dort erlebten sie die Massenmorde an Juden und das alltägliche Leid an der Front. Dies motivierte die „Weiße Rose", noch entschiedener vorzugehen. In zwei weiteren Flugblättern vom Januar und Februar 1943, die in einer Auflage von mehreren tausend Stück gedruckt wurden, machte sie Hitler für die unzähligen Toten der Schlacht um Stalingrad verantwortlich und betonte, dass Deutschland der sicheren Niederlage entgegengehe.
Zusätzlich zu den Flugblättern, die von verschiedenen Städten aus verschickt wurden, schrieben die Mitglieder der Widerstandsgruppe mithilfe von Teer- und Ölfarbe Parolen wie „Nieder mit Hitler" und „Freiheit" an die Mauern von verschiedenen Münchner Gebäuden.

Verhaftungen und Todesurteile

Als Hans und Sophie Scholl am 18. Februar 1943 Flugblätter an der Münchner Universität verteilten, wurden sie beobachtet und festgehalten. Anschließend brachte man sie in die Gestapo-Zentrale, wo man sie mehrere Tage verhörte. Obwohl der Gestapo-Beamte Sophie Scholl die Möglichkeit gab, sich herauszuwinden und die Verantwortung der Tat auf andere Gruppenmitglieder abzuwälzen, blieb sie standhaft und belastete niemanden. Die führenden Mitglieder der „Weißen Rose" wurden in Schauprozessen zum Tode verurteilt und mit dem Fallbeil hingerichtet.

***Weiße Rose**
Die Herkunft des Gruppennamens ist nicht eindeutig geklärt. Eventuell hatte sich die Gruppe nach dem gleichnamigen Roman von B. Traven benannt, in dem es um die ungerechte Behandlung von Indianern in Mexiko geht.

***humanistisch**
nach menschlichen Werten strebend (z. B. nach Würde, Mitgefühl und Toleranz)

Q2 Ein Ausblick in die Zukunft

Im fünften Flugblatt der „Weißen Rose" heißt es:

Nur in großzügiger Zusammenarbeit der europäischen Völker kann der Boden geschaffen werden, auf welchem ein neuer Aufbau möglich sein wird. Jede zentralistische Gewalt, wie sie der preußische Staat in Deutschland und Europa auszuüben versucht hat, muss im Keime erstickt werden. Das kommende Deutschland kann nur föderalistisch* sein. Nur eine gesunde föderalistische Staatenordnung vermag heute noch das geschwächte Europa mit neuem Leben zu erfüllen. [...] Freiheit der Rede, Freiheit des Bekenntnisses, Schutz des einzelnen Bürgers vor der Willkür verbrecherischer Gewaltstaaten, das sind die Grundlagen des neuen Europas.

„Flugblätter der Widerstandsbewegung in Deutschland. Aufruf an alle Deutsche!", zitiert nach: Ulrich Chaussy und Gerd R. Ueberschär, „Es lebe die Freiheit!". Die Geschichte der Weißen Rose und ihrer Mitglieder in Dokumenten und Berichten, Frankfurt am Main 2013, S. 39f.

Q3 Im Verhör der Geheimen Staatspolizei

Sophie Scholl gibt am 18. Februar 1943 bei einer Vernehmung zu Protokoll:

Nachdem mir eröffnet wurde, dass mein Bruder Hans Scholl sich entschlossen hat, der Wahrheit die Ehre zu geben und von den Beweggründen unserer Handlungsweise ausgehend die reine Wahrheit zu sagen, will auch ich nicht länger an mich halten, all das, was ich von dieser Sache weiß, zu Protokoll zu geben. Nochmals eingehend zur Wahrheit ermahnt, habe ich folgendes Geständnis abzulegen: Es war unsere Überzeugung, dass der Krieg für Deutschland verloren ist und dass jedes Menschenleben, das für diesen verlorenen Krieg geopfert wird, umsonst ist. Besonders die Opfer von Stalingrad bewogen uns, etwas gegen dieses unserer Ansicht nach sinnlose Blutvergießen zu unternehmen. [...] Ich war mir ohne Weiteres im Klaren darüber, dass unser Vorgehen darauf abgestellt war, die heutige Staatsform zu beseitigen und dieses Ziel durch geeignete Propaganda in breiten Schichten der Bevölkerung zu erreichen. [...] Wenn die Frage an mich gerichtet wird, ob ich auch jetzt noch der Meinung sei, richtig gehandelt zu haben, so muss ich hierauf mit „Ja" antworten, und zwar aus den eingangs angegebenen Gründen. Ich bestreite ganz entschieden, von dritter Seite gemeinsam mit meinem Bruder zu unserem Vorgehen veranlasst, aufgefordert oder finanziell unterstützt worden zu sein.

Vernehmungsprotokoll von Sophie Scholl, abgedruckt in: Ulrich Chaussy und Gerd R. Ueberschär, „Es lebe die Freiheit!", a. a. O., S. 230–236

Q4 „Schule ohne Rassismus – Schule mit Courage"

Foto von 2016

In dieser europäischen Jugendbewegung, die es seit 1995 auch in Deutschland gibt, verpflichten sich Schüler und Lehrer einer Schule dazu, Zivilcourage zu zeigen und gegen Rassismus vorzugehen. Im Mai 2019 waren in Deutschland über 3000 Schulen daran beteiligt.

1 Diskutiert, ob die Wertvorstellungen, die im Flugblatt der „Weißen Rose" (*Q2*) deutlich werden, auch heute noch aktuell sind.

2 Im Verfassertext und im Gestapo-Protokoll (*Q3*) ist zu lesen, für welche Überzeugungen Sophie Scholl eintrat. Nenne diese.

3 Bis heute werden vor allem prominente Widerstandsaktionen gegen das NS-Regime gewürdigt, kaum aber die Menschen, die sich im Kleinen widersetzten. Erkläre, woran das liegt.

4 Nimm Stellung zu der These: „Widerstand gegen das NS-Regime war nicht möglich; jeder musste mitmachen."

5 Informiert euch mithilfe des Mediencodes genauer über die Initiative „Schule ohne Rassismus – Schule mit Courage" (*Q4*). Untersucht, inwiefern deren Werte mit denen der „Weißen Rose" übereinstimmen.

6 Tragt durch Brainstorming weitere Gedanken und Ideen zusammen, wofür ihr euch zukünftig politisch und gesellschaftlich engagieren wollt. Erläutert, inwiefern euch das Handeln der „Weißen Rose" dabei Vorbild sein kann (*VT*, *Q2*, *Q3*).

***föderalistisch** bundesstaatlich mit Einzelstaaten, die weitgehend eigenständig sind

Zu Informationen über die europäische Jugendbewegung „Schule ohne Rassismus – Schule mit Courage" führt dich Mediencode 30024-51

Das Deutsche Reich im „totalen Krieg“

Q1 Ausrufung des „totalen Krieges“ durch Propagandaminister Goebbels
Foto, aufgenommen im Berliner Sportpalast am 18. Februar 1943

Die Zuhörer waren sorgfältig ausgewählt. Unter ihnen waren Kriegsinvaliden, aber auch beliebte Schauspieler und Sportler. Auf Fotos und in Wochenschauen im Kino wurde verbreitet, wie sie alle den „totalen Krieg“ bejubelten.

*Volkssturm
regionale militärische Verbände, in denen Männer im Alter von 16 bis 60 Jahren dienten, die nicht zur Wehrmacht eingezogen waren. Das „letzte Aufgebot“ brachte nur sehr eingeschränkten militärischen Nutzen.

*moral bombing
gezielte Angriffe auf die Zivilbevölkerung mit dem Ziel, die Moral der Bevölkerung zu brechen und das Vertrauen in die eigene Regierung zu beseitigen

Zu weiteren Informationen zur Sportpalastrede von Joseph Goebbels führt dich Mediencode 30024-52

Weiterführendes Material zum Thema „Zwangsarbeit“ erhältst du mithilfe von Mediencode 30024-53

Goebbels Rede im Sportpalast

Ab dem Jahr 1943 war die deutsche Wehrmacht in der Defensive. Sie hatte den Kampf um Stalingrad verloren. Hunderttausende waren bei dieser Schlacht gestorben oder gerieten anschließend in Kriegsgefangenschaft. Auch an den anderen Kriegsschauplätzen wie zum Beispiel in Nordafrika wurde die Überlegenheit der alliierten Verbände immer deutlicher. In dieser Situation ließ Reichspropagandaminister Joseph Goebbels im Berliner Sportpalast tausende fanatische Parteimitglieder versammeln. Er nahm ihnen – stellvertretend für die ganze Nation – das Versprechen ab, an den deutschen „Endsieg“ und Hitlers Führungsqualitäten zu glauben. Goebbels forderte von den Deutschen unermüdliche Arbeits- und Kampfbereitschaft.

Mobilisierung aller Kräfte

Im „totalen Krieg“ mussten Frauen die Aufgaben der gefallenen oder an der Front stationierten Männer übernehmen. Sie arbeiteten meist in der Rüstungsindustrie oder in der Landwirtschaft. Im „Volkssturm“* zogen die Nationalsozialisten auch Minderjährige und ältere Männer zum Militär ein. Häufig wurden sie in den Stellungen der Flieger-Abwehr-Kanonen (Flak) als Helfer eingesetzt.

Ausbeutung und Zerstörung

Als Besatzer beuteten die Deutschen die eroberten Gebiete aus. Sie transportierten Nahrungsmittel, Rohstoffe und Maschinen ins Reich. Aber auch Menschen aus den unterworfenen Ländern verschleppte man nach Deutschland. Im Jahre 1944 mussten 7,1 Millionen Männer und Frauen Zwangsarbeit in Deutschland leisten und dabei teilweise unter unmenschlichen Bedingungen leben.
Als sich die deutschen Truppen im Osten immer weiter zurückziehen mussten, zerstörten sie Nahrungsreserven, Industrieanlagen sowie ganze Dörfer und Städte. Die Taktik der „verbrannten Erde“ zielte darauf ab, der vorrückenden Roten Armee ein völlig verwüstetes Land zu hinterlassen.

Der Bombenkrieg

Deutsche Fliegerverbände hatten schon früh ausländische Städte bombardiert, so vor allem in Großbritannien und den Niederlanden. Ab März 1942 flogen nun auch amerikanische und britische Bombereinheiten Luftangriffe. Durch die Zerstörung von Industrieanlagen und wichtigen Verkehrsverbindungen sollte Deutschland geschwächt werden. Das Ziel, die Zivilbevölkerung zu demoralisieren („moral bombing“*), erreichten die Alliierten allerdings nicht. Trotz geschätzter 600 000 Toter und großer Zerstörungen wurde der Durchhaltewillen vielmehr gestärkt.

Q2 Amerikanische Antwort auf die „Sportpalastrede“

Am 18. Februar 1943, wenige Wochen nach der Katastrophe von Stalingrad, richtete Dr. Goebbels an eine Massenversammlung im Berliner Sportpalast die Frage:

„Wollt ihr den totalen Krieg?“

Ein begeistertes „Ja“ war die Antwort der Nazi-Versammlung. Heute weiss Deutschland, was „totaler Krieg“ bedeutet, besser als es Dr. Goebbels und seine Ja-Schreier im Sportpalast voraussahen. Der totale Krieg, den die Nazis wollten, wird mit immer stärkerer Wucht und Wirkung fortgeführt werden, bis Deutschland bedingungslos kapituliert.

DAS DEUTSCHE VOLK MUSS SELBST WÄHLEN:

ENTWEDER Fortsetzung des totalen Nazi-Kriegs bis zur völligen Vernichtung der deutschen Arbeitskraft und Industrie – **ODER:**

„Die natürliche und friedvolle Entwicklung des deutschen Volkes.“

In seiner Rundfunkbotschaft vom 24. Dezember 1943 erklärte Präsident Roosevelt:

„DIE Vereinten Nationen haben nicht die Absicht, das deutsche Volk zu versklaven. Wir wünschen, die natürliche und friedvolle Entwicklung des deutschen Volkes zu einem geachteten und wertvollen Mitglied der europäischen Völkerfamilie nicht zu hemmen. Aber wir legen allen Nachdruck auf das Wort „geachtet“; denn wir sind entschlossen, das deutsche Volk ein für alle Mal vom Nationalsozialismus, preussischen Militarismus und von der phantastischen Idee zu befreien. dass das deutsche Volk eine Herrenrasse sei.“

„Grossbritannien, Russland, China, die Vereinigten Staaten und ihre Verbündeten vereinigen mehr als drei Viertel der Gesamtbevölkerung der Erde. Solange diese vier Weltmächte mit ihrer grossen militärischen Macht in ihrem Entschluss zusammenstehen, den Frieden der Welt zu bewahren, wird es keinem angriffslustigen Land mehr möglich sein, einen neuen Weltkrieg zu entfesseln. Diese vier Weltmächte müssen jedoch mit allen freiheitsliebenden Völkern Europas, Asiens, Afrikas und des amerikanischen Kontinents zusammenstehen und zusammenwirken. Die Rechte jeder einzelnen Nation, gleichgültig ob gross oder klein, müssen geachtet und so sorgsam geschützt werden, wie die Rechte jedes Einzelnen innerhalb der Vereinigten Staaten von Amerika.“

Franklin D Roosevelt

U.S.G.34

Flugblatt, das in einer Auflage von etwa 20 Millionen Stück über Deutschland abgeworfen wurde, ein Teil davon am 15. März 1944 über Schweinfurt.

Q3 Deutsche Jugend im totalen Kriegseinsatz

Eine deutsche Zeitung berichtet am 12. Februar 1943:

Nachdem der Einsatz aller deutschen Männer und Frauen an kriegswichtiger Stelle vor wenigen Tagen durch Gesetz festgelegt wurde, wird nunmehr auch die Jugend nicht zurückstehen. [...]

Der Einsatz wird vor allem in den luftbedrohten Gebieten erfolgen, wobei die Luftwaffenhelfer am Heimatort und dessen unmittelbarer Nähe verbleiben und somit in laufender Verbindung mit ihrem Elternhause bleiben. [...]

Mit Rücksicht darauf, dass die höheren Schulen ein besonderes Kontingent an Nachwuchs für die gerade im Krieg wichtigen Berufe [...] stellen, wird besonderer Wert darauf gelegt, dass der Unterricht in möglichst großem Umfange weitererteilt werden kann. Die Schüler werden daher klassenweise zusammen eingesetzt und der Unterricht wird durch die bisherigen Lehrer weitergeführt. [...]

Mit dem Kriegseinsatz der deutschen Jugend ist ein weiterer Schritt zur totalen Mobilisierung aller Kräfte des deutschen Volkes getan.

Zitiert nach: Alfred Kurt, Offenbacher Luftwaffenhelfer im Kriegseinsatz bei der Flakgruppe Frankfurt 1943–1945, Offenbach 1994, S. 16

1 Analysiere die Fotografie *Q 1*. ➔ S. 201

2 Fasse die Aussageabsichten des Flugblattes (*Q 2*) knapp zusammen und begründe, weshalb die Botschaft geschickt formuliert war.

3 Jugendliche in deinem Alter wurden ab 1943 zum Kriegseinsatz befohlen (*Q 3*). Bewerte diese Maßnahme. Überlege dabei auch, wie dies wohl von der Bevölkerung im In- und Ausland aufgenommen wurde.

4 Sammle Informationen über Kriege aus der jüngeren Vergangenheit, in denen Kinder und Jugendliche als Soldaten eingesetzt wurden. Recherchiere, welche psychischen Folgen die Kinder erleiden, die an Kriegshandlungen beteiligt waren.

5 Beurteile, welche Folgen der „totale Krieg“ für die Menschen im Deutschen Reich hatte.

Kriegsende in Europa und Asien

Q1 **Soldaten der Roten Armee hissen die Sowjetflagge auf dem Reichstagsgebäude**
Fotomontage des russischen Armeefotografen Jewgenij Chaldej vom 2. Mai 1945

Das Bild zeigt nicht den historischen Moment am Abend des 30. April 1945. Der russische Armeefotograf hat für das Bild zwei Fotos übereinandergelegt. Das Hissen der Flagge wurde nachgestellt. Außerdem wurde ein Foto mit dunklen Rauchschwaden verwendet.

*Invasionsplan
Plan zum Einmarsch militärischer Einheiten in ein feindliches Land

*D-Day
englischer Code-Name für den Stichtag der Invasion der Alliierten. Wofür „D" steht, ist nicht sicher (evtl. „decision day": Tag der Entscheidung).

bedingungslose Kapitulation
vollständiges Ergeben, ohne Bedingungen dafür stellen zu können

Die Landung der Alliierten in der Normandie

Um die Rote Armee zu entlasten, hatte Stalin die Westalliierten dazu gedrängt, eine zweite Front zu eröffnen. Die Regierungschefs der „Großen Drei" (USA, Großbritannien, Sowjetunion) trafen eine Vereinbarung über den Invasionsplan* „Overlord". Am 6. Juni 1944, dem sogenannten D-Day*, begann die Landung westalliierter Verbände in der Normandie (Nordfrankreich). In den folgenden Monaten rückten die westlichen Truppen immer weiter Richtung Deutsches Reich vor. Im März 1945 setzten die Briten und Amerikaner, die auch von französischen Verbänden unterstützt wurden, über den Rhein.

Vormarsch der Roten Armee

Im Juni 1944 hatte die Rote Armee die deutsche Ostfront durchbrochen und in der Folge ihre verloren gegangenen Gebiete zurückerobert. Am 27. Januar 1945 befreiten sowjetische Truppen das Konzentrationslager Auschwitz. Aus Angst vor Gewalttaten russischer Soldaten flohen viele Ostpreußen, Schlesier und Pommern vor der heranrückenden Roten Armee nach Westen.

Die Kapitulation

Hitler hatte inzwischen sein Hauptquartier in die Reichskanzlei nach Berlin verlegt. Allerdings war er nicht bereit zu kapitulieren. Wer seinen sinnlosen Durchhalteparolen nicht folgte, wurde streng bestraft. Am 30. April beging Hitler Selbstmord. In seinem Testament hatte er Großadmiral Karl Dönitz zu seinem Nachfolger bestimmt. Dieser musste nun die **bedingungslose Kapitulation** des Deutschen Reiches annehmen, die die Alliierten gefordert hatten. Am 8. Mai 1945 trat sie in Kraft. Am nächsten Tag unterschrieben auch die einzelnen Teilstreitkräfte – rückwirkend zum 8. Mai – eine Kapitulationserklärung. Da das Inkrafttreten der Kapitulation wegen der Zeitverschiebung in Russland auf den 9. Mai 1945 fiel, wird dort bis heute der „Tag des Sieges" an diesem Tag begangen. Damit war der Krieg in Europa beendet. Japan kapitulierte erst am 2. September, nachdem die Amerikaner Atombomben auf Hiroshima und Nagasaki abgeworfen hatten.

Bilanz des Krieges

Wie viele Menschen der Weltkrieg das Leben kostete, ist nur schwer zu bestimmen. Man kann davon ausgehen, dass insgesamt etwa 60 Millionen Menschen umgekommen sind, allein mindestens 24 Millionen in der Sowjetunion. Ungefähr die Hälfte der Opfer gehörte der Zivilbevölkerung an. Viele Häuser und Wohnungen waren durch die Kampfhandlungen komplett zerstört. Allein in Deutschland waren 20 Millionen Menschen obdachlos. Die Wirtschaft der vom Krieg betroffenen Länder lag vollkommen am Boden.

Q2 **Einmarsch der Amerikaner in München**
Fotografien vom 30. April 1945

Q3 **Hitlers geänderte Einstellung zu „seinem Volk"**

In seinen Erinnerungen schreibt Heinz Guderian, zeitweiliger Chef des Generalstabs des Heeres, über Hitlers Denkweise am Kriegsende:

Wenn der Krieg verlorengeht, wird auch das Volk verloren sein. Dieses Schicksal ist unabwendbar. Es ist nicht notwendig, auf die Grundlagen, die das Volk zu einem primitiven Weiterleben braucht, Rücksicht zu nehmen. Im Gegenteil ist es besser, selbst diese Dinge zu zerstören, denn das Volk hätte sich als das schwächere erwiesen und dem stärkeren Ostvolk gehöre dann ausschließlich die Zukunft. Was nach dem Kampf übrigbleibt, sind ohnehin nur die Minderwertigen, denn die Guten sind gefallen.

Zitiert nach: Walther Hofer (Hrsg), Der Nationalsozialismus. Dokumente 1933–1945, Frankfurt [50]2011, S. 260

Q4 **Blick auf die zerstörte Innenstadt von Würzburg**
Foto aus dem Jahre 1945

Würzburg lag durch alliierte Bombenangriffe am 16. März 1945 in Schutt und Asche. 80 Prozent der Bausubstanz der Altstadt wurden zerstört. 5000 Menschen kamen durch die Angriffe ums Leben.

1 Nenne Gründe, warum der Fotograf von *Q 1* das Hissen der Flagge nachgestellt und nachträglich die Rauchschwaden eingefügt hat.

2 Erkläre, weshalb die Münchner Bevölkerung die amerikanischen Truppen teilweise freudig empfing (*Q 2*).

3 Erläutere, weshalb die Einnahme Münchens für die Alliierten eine besondere Genugtuung war (*Q 2*). ➜ S. 201

4 Zeige auf, dass Hitlers geänderte Denkweise immer noch seiner Rassentheorie entsprach (*Q 3*).

5 Nenne Argumente gegen Hitlers Standpunkt (*Q 3*).

6 Nach dem Krieg gab es Pläne, das Zentrum Würzburgs in seinem Ruinenzustand zu erhalten als eine Art „Freiluftmuseum für Kriegsverwüstungen". Diskutiert Vor- und Nachteile dieser Überlegung (*Q 4*).

7 Forsche nach Berichten über die letzten Kriegstage in deiner Heimatgemeinde.

8 Informiere dich mithilfe des Mediencodes über die Zahl der Kriegsopfer in den beteiligten Ländern. Unterscheide zwischen Soldaten und zivilen Opfern.

Informationen zu den Opferzahlen im Zweiten Weltkrieg erhältst du mithilfe von Mediencode 30024-54

Geschichte hört nicht auf

Verantwortung damals und heute

Q1 „Er hat's mir doch befohlen!"

Karikatur aus „Neues Österreich" vom 20. Juli 1946, die auf die Nürnberger Prozesse anspielt, in der die Hauptkriegsverbrecher angeklagt wurden.

M1 Holocaust-Denkmal in Berlin
Foto von 2005

Verdrängung statt Aufarbeitung

In den ersten Jahrzehnten nach dem Untergang des „Dritten Reiches" fiel es vielen Deutschen schwer, sich mit diesem Teil ihrer Vergangenheit auseinanderzusetzen. Für Scham und Trauer über die Massenverbrechen fehlte es vielfach an Einsicht. Viele Menschen täuschten vor, sie hätten nichts von den Verbrechen in den Konzentrationslagern gewusst. Oftmals sah man sich selbst als Opfer der nationalsozialistischen Weltanschauung und Propaganda.
Auch unter den wirklichen Opfern des Holocaust bestand kaum Bereitschaft und Fähigkeit, sich mit dem millionenfachen Morden zu beschäftigen. Überlebende, die häufig traumatisiert waren, weigerten sich zunächst, über ihre schrecklichen Erlebnisse zu sprechen.

Verantwortung des Nicht-Vergessens

Nachfolgende Generationen sahen es als ihre Aufgabe, sich intensiv mit dem dunkelsten Kapitel in der deutschen Geschichte zu beschäftigen, auch wenn sie keine Schuld an den damaligen Verbrechen hatten. Dadurch sollte verhindert werden, dass es je wieder eine Politik gibt, die Menschen verfolgt und tötet – Menschen in anderen Ländern und aus dem eigenen Land. Der Holocaust-Überlebende Max Mannheimer formulierte es so: „Ihr seid nicht schuld an dem, was war, aber verantwortlich dafür, dass es nicht mehr geschieht." Diese Forderung ist heute sehr aktuell, vor allem da die Gefahr besteht, dass die NS-Zeit immer mehr in Vergessenheit gerät.

Gedenktage und Gedenkstätten

Am 27. Januar 1945 befreite die Rote Armee das Konzentrationslager Auschwitz. Der 27. Januar ist deshalb ein internationaler, in Deutschland gesetzlich verankerter Gedenktag, an dem die Erinnerung an die Schrecken der nationalsozialistischen Herrschaft wachgehalten wird.
Es gibt unzählige Denkmäler in verschiedenen Formen, die an den Nationalsozialismus erinnern. Das berühmteste, jedoch auch umstrittenste Mahnmal ist das „Denkmal für die ermordeten Juden Europas" in Berlin. In der Nähe des Brandenburger Tores wurden auf einer 19000 m^2 großen Fläche 2711 Betonstelen aufgestellt. Das unterirdische Museum, ein „Ort der Information", enthält unter anderem eine Liste mit den Namen aller bekannten Holocaustopfer.
Auch Gedenkstätten in Konzentrationslagern wie Dachau (siehe S. 128) und Flossenbürg dienen Besuchern dazu, sich zu informieren und die Erinnerung an die grausame Vergangenheit an diesen Orten wach zu halten.

M2 8. Mai – „Tag der Befreiung“

Zum 40. Jahrestag des Kriegsendes, am 8. Mai 1985, hält der deutsche Bundespräsident Richard von Weizsäcker eine vielbeachtete Rede. Darin heißt es:

Der 8. Mai war ein Tag der Befreiung. Er hat uns alle befreit von dem menschenverachtenden System der nationalsozialistischen Gewaltherrschaft.

Niemand wird um dieser Befreiung willen vergessen, welche schweren Leiden für viele Menschen mit dem 8. Mai erst begannen und danach folgten. Aber wir dürfen nicht im Ende des Krieges die Ursache für Flucht, Vertreibung und Unfreiheit sehen. Sie liegt vielmehr in seinem Anfang und im Beginn jener Gewaltherrschaft, die zum Krieg führte.

Wir dürfen den 8. Mai 1945 nicht vom 30. Januar 1933 trennen. […]

Es geht nicht darum, Vergangenheit zu bewältigen. Das kann man gar nicht. Sie lässt sich ja nicht nachträglich ändern oder ungeschehen machen. Wer aber vor der Vergangenheit die Augen verschließt, wird blind für die Gegenwart. Wer sich der Unmenschlichkeit nicht erinnern will, der wird wieder anfällig für neue Ansteckungsgefahren. […]

Die Bitte an die jungen Menschen lautet:
Lassen Sie sich nicht hineintreiben in Feindschaft und Hass
gegen andere Menschen,
gegen Russen oder Amerikaner,
gegen Juden oder Türken,
gegen Alternative oder Konservative,
gegen Schwarz oder Weiß.
Lernen Sie, miteinander zu leben, nicht gegeneinander.

www.bundespraesident.de/SharedDocs/Reden/DE/Richard-von-Weizsaecker/Reden/1985/05/19850508_Rede.html [18.03.2020]

M3 KZ Flossenbürg (Oberpfalz)
Foto aus dem Jahre 2008

Im Hintergrund das Krematorium (Verbrennungsofen für Leichen) und rechts der Wachturm.

M4 „Transit“
Foto aus dem Jahre 2007

„Transit“ ist ein Zwangsarbeiter-Mahnmal am Plärrer in Nürnberg.

1 Erkläre, auf welche Art und Weise viele Menschen in den Nachkriegsjahren ihr Verhalten während des „Dritten Reiches“ entschuldigten (*VT*, *Q 1*).

2 Informiere dich über das Holocaust-Mahnmal in Berlin und bewerte, ob dieser Gedenkort gelungen ist (*M 1*).

3 Erläutere, wie Richard von Weizsäcker den 8. Mai interpretiert (*M 2*).

4 Über Weizsäckers Rede (*M 2*) wurde damals, 1985, in den Medien heftig diskutiert. Analysiert, was daran Diskussionen hervorrufen konnte, und diskutiert selbst.

5 Erstellt eine Liste aller Denkmäler in eurer Region, die an die NS-Zeit erinnern.

6 Heute gibt es wieder Gruppen (Parteien), die die NS-Ideologie verharmlosen oder sogar offen vertreten. Informiere dich über ihre Positionen und nimm Stellung dazu.

Die Initiative „Zukunft braucht Erinnerung“ ist ein virtueller Informations- und Gedenkort, u. a. zum NS-Völkermord. Auf die Homepage gelangst du mithilfe von Mediencode 30024-55

Methode

Über historisches Erinnern kritisch nachdenken

Das Projekt „Stolpersteine“

Stolpersteine sind ein Projekt des Künstlers Gunter Demnig. In vielen Städten werden vor den letzten frei gewählten Wohnsitzen von NS-Opfern quadratische Betonsteine mit einer Kantenlänge von 10 cm verlegt. Auf der Oberseite befindet sich eine glänzende Messingplatte, auf der der Name des Betroffenen, sein Geburtsjahr, meist auch das Deportationsjahr und der Todesort festgehalten sind.
Bis Oktober 2018 wurden in Deutschland und in weiteren 23 Ländern über 70 000 Stolpersteine verlegt. Somit stellen die Steine eines der größten Mahnmale der Welt dar. Allerdings sind die Stolpersteine nicht unumstritten. Proteste kommen gelegentlich von Hauseigentümern und Anwohnern, manchmal auch von jüdischen Mitbürgerinnen und Mitbürgern selbst. In einigen deutschen Städten, auch in München, werden deshalb Diskussionen geführt, ob solche Gedenksteine verlegt werden sollen. Stolpersteine sind eine Darstellung von Geschichte, hier der Verfolgungsgeschichte der Juden im Dritten Reich. Wie das Beispiel zeigt, können Geschichtsdarstellungen kritisch bewertet werden. Bilde dir ein eigenes Urteil, indem du die Fragen auf der folgenden Seite beantwortest.

M1 Dr. Josef Schuster

Fotografie aus dem Jahre 2014

Schuster wurde am 20. März 1954 in Haifa (Israel) geboren. Seine Eltern, die ursprünglich aus Deutschland stammten und während des „Dritten Reiches“ nach Palästina auswanderten, kehrten im Jahre 1956 nach Deutschland zurück. Schuster ist seit November 2014 der Präsident des Zentralrates der Juden in Deutschland.

M2 Stolpersteine für Ludwig und Willi Loewenthal

Sie wurden im Jahre 2010 in Bad Kissingen verlegt. Schüler der dortigen Realschule hatten sich zuvor intensiv mit den Biografien der beiden jüdischen Mitbürger beschäftigt. Sie trugen die Lebensläufe während der feierlichen Verlegung vor und kümmern sich im Anschluss um die Pflege der Stolpersteine. Finanziert werden die kleinen Mahnmale über Patenschaften.

M3 Stolpersteine als Teil der Gedenkkultur

Dr. Josef Schuster aus Würzburg äußert sich am 18. Juli 2006 anlässlich einer Stolperstein-Verlegung:

Ein Stolperstein hemmt den Gang, der Spaziergänger stolpert, er hält inne, und manchmal hat er sich den Fuß gestoßen. In jedem Fall wird er aufmerksam auf das, was seinen Lauf hemmte. An den Stolpersteinen, von denen hier die Rede ist, wird man sich nicht den Fuß stoßen: Sie verleiten zum gedanklichen Stolpern, zum Innehalten, zur Aufmerksamkeit.

Inzwischen liegen tausende solcher „Stolpersteine“ in Deutschland auf Bürgersteigen, vor Wohnhäusern, manchmal auch vor öffentlichen Gebäuden oder gar einer Hochgarage, wo sich früher ein Wohnhaus befand. Ein Wohnhaus, in dem Menschen wohnten, die die Nazis manchmal heimlich verschleppt haben in die Todeslager im Osten. […] Auf diesen Steinen, in den Bürgersteig fest verankert, steht dann etwa „Hier lebte …“, und dann folgen die Namen der meist jüdischen Bewohner. […]

Nach meiner Überzeugung machen die Stolpersteine Geschichte greifbar. Sie sind nicht besserwisserisch, nicht belehrend, sie informieren mit dürren Angaben, und es bleibt der Fantasie des Betrachters überlassen, sich hinter diesen Angaben Menschen vorzustellen und sich mit ihnen zu beschäftigen. […] So erhalten diejenigen, die keine Spur hinterlassen konnten, keine Kinder, keine Enkel, wieder einen Namen und einen Ort, an dem sie lebten.

Zitiert nach: Stefan Lutz-Simon (Hrsg.), Würzburger Stolpersteine, Würzburg 2008, S. 30–32

M4 Ablehnung dieser Form des Gedenkens

Die in München lebende Charlotte Knobloch gibt im Jahre 2014 folgende Stellungnahme zum Projekt „Stolpersteine" ab:

Bei den Stolpersteinen ist nicht auszuschließen, dass die Steine bespuckt oder gar mit Exkrement beschmiert werden, oder dass Hunde ihre Notdurft dort verrichten. Die Stolpersteine bringen es – als Gedenkform auf dem Boden – mit sich, dass Passanten achtlos auf sie und über sie hinweg gehen. Sprichwörtlich werden die Steine mit Füßen getreten und mit ihnen das Andenken an die im Holocaust ermordeten Menschen – unschuldige Opfer hemmungsloser Unmenschlichkeit, die Verfolgung und Entwürdigung erleben mussten, ehe man sie grausam ermordete. Es ist inakzeptabel und unbedingt zu vermeiden, dass diese Opfer in der Gegenwart und Zukunft ein weiteres Mal entwürdigt werden. Würdiges Gedenken kann nicht auf dem Boden, sondern muss auf Augenhöhe stattfinden. [...] Die Leidenschaft, mit der einige Befürworter der Aktion Stolpersteine für die Verwirklichung ihres Anliegens kämpfen, ist anerkennenswert. Aber das Projekt bedient sich einer Form des Gedenkens, die ich aus den dargelegten Gründen und insbesondere vor dem Hintergrund meiner persönlichen Erinnerungen an getretene und geschundene Menschen schlicht nicht befürworten kann. Ich spreche mich demgegenüber für neue, innovative aktive Formen des Gedenkens aus. Beispielhaft stehen Jugendbegegnungen oder Jugendprojekte.

http://schlamassel.blogsport.de/2014/10/14/gegen-stolpersteine-solidaritaet-mit-der-israelitischen-kultusgemeinde [20.03.2020]

M5 Charlotte Knobloch

Foto aus dem Jahre 2015

Knobloch wurde am 29. Oktober 1932 in München geboren. Sie erlebte die Schrecken des „Dritten Reiches" am eigenen Leibe mit. Eine Hausangestellte ihres Vaters gab sie als eigene uneheliche Tochter aus und bewahrte sie so vor einer Deportation in ein Konzentrationslager.

Beschreiben

Betrachte die Darstellung in Ruhe.
- Nenne deine ersten Eindrücke und Gefühle beim Betrachten und Lesen. ①
- Welche Farbe(n) wird/werden verwendet?
- Beschreibe die äußere Form. ②

① *Beim Betrachten des Stolpersteins habe ich den Eindruck ....*

② *Ein Stolperstein hat eine ... Form und besitzt eine Kantenlänge von ....*

Untersuchen

Untersuche die Darstellung nun genauer.
- Was weißt du über den Verfasser/Schöpfer?
- Wie ist die Darstellung aufgebaut?
- Welche Informationen werden über die geschichtlichen Ereignisse gegeben? ①
- Welche sprachlichen Besonderheiten fallen auf? ②
- Welchen Zweck besitzt die Darstellung? ③
- Informiere dich, ob auch in deiner Stadt Stolpersteine verlegt sind.

① *Ein Stolperstein enthält die Informationen, ...*

② *Sprachlich fällt mir auf, dass ....*

③ *Stolpersteine haben das Ziel, ...*

Deuten

Interpretiere die Darstellung.
- Welche positiven Seiten besitzt diese Form der Darstellung? ①
- Welche Kritik kann geübt werden? ②
  Nutze dafür auch dein historisches Hintergrundwissen (siehe hier insbesondere die Seiten 124–127 mit dem Methodenzeichen).
- Vergleiche die Darstellung (hier die Stolpersteine) mit anderen Darstellungen über diese Zeit.
- Nimm selbst Stellung dazu. Welcher Bewertung (in diesem Fall von Herrn Schuster bzw. Frau Knobloch) stimmst du zu?
- Würdest du in Betracht ziehen, dich für dieses Projekt in deiner Stadt zu engagieren? Begründe.

① *Wie Herr Josef Schuster ausführt, sind Stolpersteine deshalb sehr gewinnbringend, weil ....*

② *Frau Knobloch kritisiert, dass Stolpersteine ....*

Das weiß ich – …

Totaler Krieg

Der Zweite Weltkrieg war der größte und folgenreichste Krieg in der Geschichte der Menschheit. Man kann zweifelsfrei von einem „totalen Krieg" sprechen.

1. September 1939: deutscher Überfall auf Polen

Einsatz von Massenvernichtungswaffen gegen Zivilisten (z. B. Bombardierung Würzburgs, Atombombenabwurf auf Hiroshima und Nagasaki)

„Blitzkriege"

Mobilisierung aller Kräfte

Propaganda

Rasse- und Vernichtungskrieg (z. B. Kommissarbefehl)

Krieg der unterschiedlichen Ideologien (Weltanschauungen)

Zerstörungen (z. B. Taktik der „verbrannten Erde")

Deportationen in Ghettos

Massenmorde in Konzentrations- und Vernichtungslagern

Holocaust/Shoa

Ausbeutung der eroberten Gebiete (z. B. durch Zwangsarbeit)

8./9. Mai 1945: bedingungslose Kapitulation des Deutschen Reiches

1 Erkläre, weshalb die nationalsozialistische Eroberungspolitik im Einklang mit Hitlers Weltanschauung stand (siehe S. 88/89).

2 Vergleiche den Ersten und Zweiten Weltkrieg miteinander. Welche Gemeinsamkeiten und welche Unterschiede sind zu erkennen? Die oben angeführten Begriffe können dir dabei helfen.

… das kann ich!

Holocaust-Leugnern entgegentreten

M 1 Über Holocaust-Leugner

In einem Lexikon ist folgender Artikel zu finden:

Seit Kriegsende folgen Holocaust-Leugner dem gleichen Muster, das bis heute weltweit Bestand hat. Es wird bestritten, dass es Gaskammern und den Holocaust gegeben hat. Als wahre Verbrecher des Krieges werden die Alliierten und Juden genannt, die Deutschen hingegen als Opfer verstanden.

Die Geschichtsfälscher bezwecken damit, den Ruf der Nationalsozialisten, insbesondere Adolf Hitlers, wiederherzustellen und den Staat Israel, der nach dem Krieg entstand, in ein schlechtes Licht zu rücken. Um dies zu erreichen, täuschen die Holocaust-Leugner eine wissenschaftliche Vorgehensweise vor. Sie interpretieren Dokumente aus ihrer Sicht, verfälschen Statistiken und stellen Quellen selbst her. Weiterhin werden bekannten Institutionen wie dem Roten Kreuz oder der UNO fälschlicherweise Aussagen unterstellt, die trotz Widerruf vor allem in der rechtsextremen Szene verbreitet sind. Als Belege für ihre Argumentation dienen ihnen angeblich wissenschaftliche Belege, die selbst von Holocaust-Leugnern stammen.

Maria Munzert; zitiert nach: Torben Fischer und Matthias N. Lorenz (Hrsg.), Lexikon der „Vergangenheitsbewältigung" in Deutschland, Bielefeld [3]2015, S. 93

M 2 Strafrechtliche Folgen

Holocaust-Leugnung ist in 18 europäischen Staaten unter Strafe gestellt, so auch in Deutschland. In § 130 des Strafgesetzbuches heißt es:

(3) Mit Freiheitsstrafe bis zu fünf Jahren oder mit Geldstrafe wird bestraft, wer eine unter der Herrschaft des Nationalsozialismus begangene Handlung […] in einer Weise, die geeignet ist, den öffentlichen Frieden zu stören, öffentlich oder in einer Versammlung billigt, leugnet oder verharmlost.

(4) Mit Freiheitsstrafe bis zu drei Jahren oder mit Geldstrafe wird bestraft, wer öffentlich oder in einer Versammlung den öffentlichen Frieden in einer die Würde der Opfer verletzenden Weise dadurch stört, dass er die nationalsozialistische Gewalt- und Willkürherrschaft billigt, verherrlicht oder rechtfertigt.

Zitiert nach: https://dejure.org/gesetze/StGB/130.html [15.06.2020]

Argumentationshilfen für Diskussionen erhältst du mithilfe von Mediencode 30024-56

1 Erläutere, wie Holocaust-Leugner ihre falschen Behauptungen „belegen" (*M 1*).

2 Bewerte die Tatsache, dass das Leugnen der Shoa in Deutschland unter Strafe gestellt ist (*M 2*).

3 Skizziere Probleme für die Strafverfolger, die gegen Holocaust-Leugner im Internet vorgehen wollen.

4 Diskutiert Möglichkeiten, den Argumenten von Menschen entgegenzutreten, die die Shoa infrage stellen.

5 Informiere dich über den Mediencode, wie du dich in Diskussionen mit Rechtspopulisten verhalten solltest.

5 Längsschnitt: Jugend und Jugendkulturen

M 1–7 **Jugendliche betreiben je nach Interesse unterschiedliche Hobbys, identifizieren sich mit verschiedenen Gruppierungen und tragen entsprechende Kleidung bzw. hören auch bestimmte Musik. Aber oft haben sie denselben Geschmack wie Ältere.**

In der Schule und in anderen Bereichen eures Lebens gibt es Vorgaben und Grundsätze, die ihr beachten sollt und die für das Zusammenleben mit anderen wichtig sind. Trotzdem seid ihr alle unterschiedlich, habt einen eigenen Charakter und individuelle Einstellungen.

Einige der Fotos auf diesen Seiten zeigen Beispiele für Jugendkulturen heute und aus den letzten Jahren. Dabei gestalten junge Menschen ihr Aussehen unterschiedlich und haben bestimmte Vorlieben. Dadurch heben sie sich einerseits von anderen ab – vor allem auch von Erwachsenen –, haben andererseits aber auch ein Zusammengehörigkeitsgefühl mit Gleichgesinnten.

In jeder Zeit bzw. jeder Epoche bestimmten Politiker und andere Erwachsene das Leben der jungen Menschen, u.a. durch Bildungs- und Erziehungsgrundsätze. Jugendliche soll(t)en dadurch Idealen entsprechen.

Bis ins 18. Jh. war „Jugend" nicht einmal als eigenständige Lebensphase akzeptiert. Entsprechend wenig Freiräume hatten die allermeisten

Heranwachsenden. Das änderte sich erst allmählich, sodass „Jugendkulturen"* entstehen konnten. Aber auch dann standen die Jugendlichen zwischen gesellschaftlichen Normen (weitgehend anerkannte Regeln- und Moralvorstellungen) und eigenen Vorstellungen.

Welche Vorstellungen und Einstellungen junge Menschen in früheren Zeiten hatten und wie weit sie nach eigenen Vorstellungen leben konnten, erfahrt ihr auf den folgenden Seiten.

*Jugendkultur
Mit diesem Begriff bezeichnet man konkrete Lebensvorstellungen und Lebensstile Heranwachsender. Es bilden sich feste Gruppen innerhalb der Gesellschaft, die diese Werte vertreten. Von einer „jugendlichen Gegenkultur" spricht man dann, wenn sich die Jugendkultur gegen etwas Bestimmtes richtet, z. B. Umweltverschmutzung („Ökos").

Was weißt du schon?

- Beschreibe die Bilder, die du auf dieser Seite siehst.
- Überlege, ob du bestimmten „Typen" eine Bezeichnung geben kannst. Kennst du weitere „Lifestyles"?
- Einigen Gruppen von Jugendkulturen bist du bestimmt schon einmal begegnet. Berichte, welche Erfahrungen du dabei gemacht hast.
- Diskutiert, warum sich Jugendliche einer bestimmten Gruppe anschließen und wodurch sie das dann zum Ausdruck bringen.

Orientierung

Schule und Erziehung

Mittelalter
In der europäischen Geschichte die Zeitspanne zwischen Antike und Neuzeit (ca. 500–1500)

Kloster
(lat. claustrum: verschlossener Raum) abgeschlossener Bereich, in dem Mönche bzw. Nonnen leben und arbeiten. Ein Kloster wird nach bestimmten Regeln von einem Abt bzw. einer Äbtissin geleitet.

„Die Jugend achtet das Alter nicht mehr, zeigt bewusst ein ungepflegtes Aussehen, sinnt auf Umsturz, zeigt keine Lernbereitschaft und ist ablehnend gegen übernommene Werte."

Gustav Keller, Das Klagelied vom schlechten Schüler. Eine aufschlussreiche Geschichte der Schulprobleme, Kröning 1989, S. 24

Das Zitat oben stammt nicht aus unserer Zeit, sondern ist ca. 5000 Jahre alt. Es wurde auf einer Tontafel mit der ersten Schrift (Keilschrift) überliefert. Die Aussage macht deutlich, dass Erwachsene sich schon immer über „die Jugend" beschwert haben.

Im Laufe der Jahrhunderte hat sich nicht nur der „Lernstoff" geändert. In Deutschland sollen heute alle Kinder in der Schule das lernen, was sie für ihren späteren Beruf und für eine gute Allgemeinbildung brauchen. In der Vergangenheit war das lange nicht so.

Im **Mittelalter** gab es zunächst vor allem **Kloster**- und Domschulen. Dort sollten in erster Linie die künftigen Geistlichen – Pfarrer, Mönche und Nonnen – ausgebildet werden. Aber auch adlige und besonders begabte Kinder wurden unterrichtet. Sie lernten vor allem Latein, Grammatik und die biblischen Bücher. Ansonsten gab es besonders in Adelsfamilien Privatunterricht. Ab dem späten Mittelalter entwickelten sich die Städte zu den wichtigsten Bildungszentren. Nun sorgte auch ein immer größerer Teil der Bürger dafür, dass ihre Söhne eine gute Ausbildung bekamen. Latein wurde immer weniger wichtig, dafür Rechnen, Lesen und Schreiben auf Deutsch und alles, was für den künftigen Beruf wichtig war.

Lange Zeit hatte ein sehr großer Teil der Kinder keine Schulbildung. Benachteiligt waren vor allem Bauern- und Arbeiterfamilien. Sie konnten es sich finanziell nicht leisten. Außerdem mussten die Kinder schon früh den Eltern bei der Arbeit helfen. Erst Ende des 19. Jhs. gab es in Deutschland eine Unterrichtspflicht, die Schulpflicht sogar erst ab 1919.

Am Ende des Kapitels könnt ihr

- erklären, wie der Staat und die Gesellschaft unterschiedlicher Epochen auf die Erziehung der Jugendlichen Einfluss nahmen;
- beispielhaft Jugendkulturen im Zusammenhang aus ihrer Entstehungszeit und aus heutiger Sicht beschreiben;
- erkennen, welche Analysekriterien für die Jugendbewegung anwendbar sind und
- verstehen, wie sich die Herausbildung von Jugendkulturen in ihren Ausprägungen veränderte und diese Entwicklungen mithilfe eures Portfolios anschaulich aufzeigen.

Ca. 500–1500
Mittelalter

1871
Gründung des Deutschen Kaiserreiches

1890–1918
Wilhelm II. Deutscher Kaiser („Wilhelminisches Zeitalter")

Portfolio

Bei Längsschnitten im Geschichtsunterricht geht es darum, einen Sachverhalt in verschiedenen Epochen zu untersuchen. Dabei kann man sehr gut Gemeinsamkeiten und Unterschiede erkennen. Daraus leiten wir dann eine geschichtliche Entwicklung ab: Was war schon immer so? Was blieb gleich? Was hat sich verändert? Welche Gründe gab es für die unterschiedliche Entwicklung? Wie beurteile ich das aus heutiger Sicht?

Jugendkulturen bilden einen interessanten und inhaltlich vielseitigen Aspekt von Geschichte ab und bieten viele Vergleichsmöglichkeiten. Diese Entwicklungen könnt ihr gut mithilfe eines Portfolios darstellen.

Von der Projektschulaufgabe im Fach Deutsch kennst du den Begriff bzw. die „Portfolio"-Methode wahrscheinlich schon. Unter einem Portfolio versteht man eine Sammlung von individuellen Arbeiten zu einem bestimmten Thema, in diesem Fall Jugendkulturen. Das können Dokumente, selbst gestaltete Übersichtsblätter, selbst verfasste Geschichtserzählungen, eine ausführliche Quellenanalyse, die Begründung eines Standpunktes, Präsentationen und sogar audio-visuelle Dokumentationen (also Hördateien oder Videos) sein. Dabei umfasst das Portfolio keine fertigen Arbeitsblätter, sondern nur originale Arbeiten von euch. Denkt dabei daran, dass eure Bemühungen und Fortschritte mehrere Gebiete betreffen sollten.

Gut ist auch, wenn du das eigene Vorankommen kritisch reflektierst und bewertest. Geeignete Fragen hierzu sind: Wie habe ich an der Aufgabe gearbeitet? Was ist mir besonders gut gelungen? Was habe ich dazugelernt?

Mögliche Inhalte eures Portfolios:

- Jugend in der Antike (im Mittelalter etc.) – eine (erfundene, aber historisch mögliche) Geschichte
- Was haben Jugendkulturen mit den politischen Vorstellungen der jeweiligen Zeit zu tun? – ein Beispiel aus der Geschichte und von heute im Vergleich
- Was ist heute in der Schule besser/anders als in früheren Zeiten?
- Burschenschaften im 19. Jh. und heute

- Bildet Arbeitsgruppen. Von ihnen soll jede gemeinsam ein Portfolio zusammenstellen.
- Besorgt das nötige Arbeitsmaterial:
  - eine DIN A4-Sammelmappe
  - genügend leere Blätter
  - Klarsichthüllen für Bilder, Kopien, Zeitungsausschnitte und Datenträger
- Gestaltet ein schönes Deckblatt mit folgenden Angaben: Fach, Name, Klasse.
- Legt ein Inhaltsverzeichnis für die Themenblätter und die Lernberichte an.
- Gestaltet die einzelnen Themenblätter bzw. Dateien. Achtet dabei auf Übersichtlichkeit und Leserlichkeit.
- Nummeriert die einzelnen Seiten bzw. Folien und übertragt die Seitenzahlen in euer Inhaltsverzeichnis.

1933–1945
Nationalsozialistische Diktatur

1949–1989
Unterschiedliche politische Systeme in der BRD und der DDR

1989
Beitritt der DDR zur BRD

Wilhelminisches Zeitalter

Q1 Unterricht in einer Volksschule
Illustration von 1912

Vor allem auf dem Land wurden Kinder verschiedener Jahrgänge oft in einer Klasse unterrichtet.
Das Kind in der ersten Bank rechts trägt einen Matrosenanzug. Dieses Kleidungsstück war im Deutschen Kaiserreich sehr beliebt, denn die Armee genoss hohes Ansehen. Im Volk besonders beliebt war der Aufbau einer großen Flotte.

(Fehlende) Aufstiegsmöglichkeiten

Wer im Deutschen Kaiserreich zu welcher gesellschaftlichen Schicht gehörte, hing von der Abstammung, den Einflussmöglichkeiten und dem Vermögen ab. An der Spitze stand der Adel. Er besetzte nach wie vor die meisten Offiziersstellen, wichtige Staatsämter und besaß oft große landwirtschaftliche Güter. Sein Lebensstil und seine Einstellung galten vor allem für Angehörige des (Groß-)Bürgertums als vorbildlich. Während die Arbeiter insgesamt ein starkes Zusammengehörigkeitsgefühl hatten, wollten auch gerade besser bezahlte Arbeiter (Facharbeiter) ihren Kindern eine bessere berufliche Laufbahn ermöglichen. Aber nur relativ wenige konnten es sich finanziell leisten, ihre Kinder auf höhere Schulen zu schicken (u.a. wegen des Schulgeldes, das damals gezahlt werden musste). Außerdem waren viele Familien darauf angewiesen, dass die Kinder arbeiteten und zum Familienunterhalt beitrugen.

Die Erziehung

Bestimmte Erziehungsgrundsätze sollten für alle Kinder gelten: „Zucht und Ordnung" bzw. Gehorsam, Vaterlandstreue und Gottesfurcht. Darüber hinaus sollten Sprösslinge aus höheren Schichten „standesgemäßes Verhalten" lernen. Dazu gehörte auch, dass sie sich nicht mit Kindern „niederen Standes" abgaben, schon gar nicht mit „Straßenkindern" (aus Arbeiterfamilien) in Kontakt kamen.
„Wer sein Kind liebt, der züchtigt es!" Diesem Leitsatz folgten die meisten Eltern in der Wilhelminischen Zeit (1890–1918). In Familien der

M1 Schullaufbahnen für Jungen um 1900

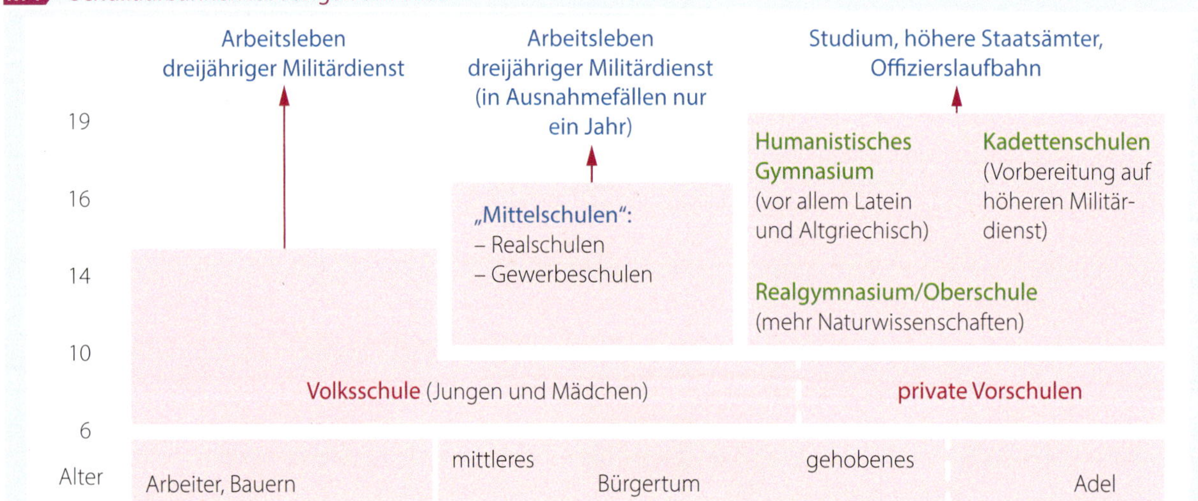

Das Schaubild stellt die Verhältnisse vereinfacht dar. Außerdem gab es zwischen den einzelnen Staaten des Kaiserreiches Unterschiede.

Q2 Über die „Feministen"

In einem Aufsatz des deutschen Wissenschaftlers Paul Julius Möbius aus dem Jahr 1900 heißt es:

Nimmt man an, die Feministen hätten ihr Ziel erreicht, und die Weiber hätten sich aller männlichen Berufszweige und Rechte bemächtigt, so würde im günstigsten Falle das Ergebnis unnütz sein. [...] Jetzt drängen die meisten Mädchen zur Ehe, weil sie ihrem Instinkte folgen und weil sie versorgt sein wollen. Werden sie zum Nachdenken angestachelt und können sie ohne Mann ihr Auskommen finden, so wird ihre naive Selbstsucht zur raffinierten Selbstsucht, und gerade die Klügsten werden ehescheu. Auch kann das mannähnliche Weib den Mann viel weniger verlocken als das natürliche. Dass die Ehen kinderarm würden, das versteht sich von selbst, denn das neue Weib kann nicht viel Kinder gebären und will es auch nicht. [...] Wenn in einem Volke nur bestimmte Stände die Mannweib-Bildung durchführen, so setzen sie sich auf den Aussterbe-Etat. Immer handelt es sich um gesellschaftlichen Selbstmord, wenn man will, um Landes- oder Standes-Verrat.

Paul Julius Möbius, Über den physiologischen Schwachsinn des Weibes, Halle [5]1903, S. 42 f. (gekürzt)

Oberschicht übernahmen oft Ammen und Kinderfrauen die Erziehung. In Arbeiter- und Bauernfamilien hatten dagegen Eltern oft nur wenig Zeit für ihre Kinder, weil beide lange Arbeitstage hatten.

Benachteiligung von Frauen

Der Vater war Familienoberhaupt und durfte über alle Familienmitglieder bestimmen. Bürgerliche und adlige Frauen sollten möglichst keinen Beruf ausüben oder ihn nach der Heirat aufgeben. Im Bürgertum noch am ehesten akzeptabel war der Beruf der Lehrerin.

Erst allmählich wurde die Benachteiligung von Mädchen reduziert. Das war vor allem auch dem Einsatz von Frauenrechtlerinnen zu verdanken. Nachdem zunächst nur der Besuch von „höheren Töchterschulen" möglich war, durften 1896 die ersten sechs jungen Frauen Abitur machen. Preußen war das erste Land, das 1908 Frauen zum Studium zuließ.

Nicht alle strebten nach der „Drill-Schule": die Reformpädagogen

Im Übergang zum 20. Jh. wollten einige Pädagogen neue Formen und Ziele von Erziehung durchsetzen. Sie wehrten sich damit gegen das autoritäre Denken in den herkömmlichen Schulen.

Berühmte Reformpädagogen waren der Schweizer Johann Heinrich Pestalozzi, die Italienerin Maria Montessori oder Georg Kerschensteiner. Schüler wurden dabei als eigenständige Persönlichkeiten respektiert. Sie sollten ihre Kreativität, eigenständiges Denken und Handeln entfalten können und besser gefördert werden.

1 Nenne die Unterschiede der Szene auf dem Bild (*Q 1*) zu heutigen Schulklassen.

2 Analysiert das Schaubild (*M 1*):
- a) Wofür sollten die Kinder aus den verschiedenen Gesellschaftsschichten ausgebildet werden?
- b) Wodurch wird deutlich, dass die Industrialisierung das Schulsystem verändert hat? Was hat sich jedoch nicht verändert?
- c) In welchen Gesellschaftsschichten hatten Jugendliche (zwischen 13 und 19) die größten Freiräume?

3 Die Quelle *Q 2* richtet sich gegen die Schulbildung für Mädchen. Suche aus dem Text zwei Thesen heraus und widerlege sie.

4 Matrosenanzüge wurden im Kaiserreich von vielen Kindern getragen (*Q 1*). Beurteilt, ob sie ein Zeichen von Obrigkeitshörigkeit und Militarismus oder in erster Linie ein (damals) modisches Kleidungsstück waren.

5 Die Reformpädagogen wurden damals zum Teil stark angefeindet. Formuliert in Gruppenarbeit mögliche Vorwürfe von Anhängern des herrschenden Schulsystems (*VT, M 1*).

Neues Lebensgefühl?

Q1 Aus einem Fotoalbum des Nürnberger Wandervogels

Foto aus dem Jahre 1913, das die „Wandervögel“ auf einem Ausflug nach Rothenburg zeigt.

Die Jugend organisiert sich

Seit den 1880er-Jahren bildeten sich eigene Verbände für den Nachwuchs – in Vereinen und Institutionen sowie in den Kirchen. Jugendorganisationen, die an Parteien gebunden waren, waren verboten. Dennoch gab es solche, die politisch ausgerichtet waren und das Verbot umgingen: Die Arbeiterjugend als größte Gruppe unter den Jugendlichen war zunächst in den Arbeiterturnvereinen aktiv. Aus ihr entstand die proletarische Jugendbewegung, die für bessere Arbeits- und Lebensbedingungen kämpfte.

Andere Jugendverbände befürworteten das autoritäre und militaristische Denken, das in der Gesellschaft weit verbreitet war. Im „Jugenddeutschlandbund“, der vom Kaiser 1911 in Auftrag gegeben und vom Militär geführt wurde, sollten die Jugendlichen trainieren und sich auf einen möglichen Krieg vorbereiten.

„Wandervogel“ und Jugendbewegung

Um 1900 entstand die Wandervogelbewegung, die schnell großen Zulauf gewann. In ihr sammelten sich vorwiegend Schüler höherer Schulen, später auch Mädchen, Studenten und teils ärmere junge Leute. Gemeinsam zogen sie aus den (industrialisierten) Städten in festen Gruppen hinaus in die freie Natur, veranstalteten Zeltlager und gemeinsame Abende. Das Trinken von Alkohol war dabei unüblich. Auch wenn sie meistens mit den konservativen Werten ihrer Eltern einverstanden waren, wollten die „Wandervögel“ unpolitisch und frei von Vorschriften sein. Die Leiter der Gruppen waren keine Lehrer oder Eltern, sondern ältere Jugendliche.

Im Gegensatz beispielsweise zu Pfadfindern hatten sie keine strengen Uniformen. Aber es entwickelte sich eine gemeinsame typische „Kluft“ (Kniebundhosen mit Wollstrümpfen, „Wandervogelhut“ mit Schnüren in den drei Farben Grün – Gold – Rot, Halstuch). Außerdem gab es Fahnen und Abzeichen.

Politisierung und Radikalisierung

Während des Ersten Weltkriegs und danach war ein Großteil der Jugendlichen oft mit Gewalt konfrontiert und von großer Not betroffen. Viele hatten ihre Väter verloren, litten unter den schlechten Lebensbedingungen (u.a. Hunger, Arbeitslosigkeit) und hatten schlechte Zukunftsaussichten. Immer mehr Jugendliche vertraten politisch radikale Ansichten. Das wirkte sich auch auf die Jugendbewegung aus. Viele Organisationen lösten sich auf oder wurden sehr politisch und ideologisch. Die Verbände, die zuvor unpolitisch und unkonfessionell waren, schlossen sich zur „Deutschen Freischar“ zusammen, darunter auch der „Wandervogel“. Sie war sehr militaristisch, **nationalistisch** und antidemokratisch. Dazu kamen immer stärker Rassismus und Antisemitismus.

Q2 Was ist „jugendgemäß“?

In dem Manifest zum „Freideutschen Jugendtag“, zu dem sich Vertreter von Jugendverbänden 1913 trafen, steht u. a.:

Die Jugend, bisher aus dem öffentlichen Leben der Nation ausgeschaltet und angewiesen auf eine passive Rolle des Lernens, auf eine spielerisch-nichtige Geselligkeit und nur ein Anhängsel der älteren Generation, beginnt sich auf sich selber zu besinnen. [...] Sie strebt nach einer Lebensführung, die jugendlichem Wesen entspricht [...].

Werner Kindt (Hrsg.), Dokumentation der Jugendbewegung, Bd. 1: Grundschriften der Jugendbewegung, Düsseldorf 1963, S. 93

⚠ Nationalismus
Einstellung, die die eigene Nation oder den eigenen Staat hochschätzt. Damit verbunden ist der Anspruch auf nationale Selbstständigkeit. Heute wird mit dem Begriff Nationalismus ein Nationalgefühl bezeichnet, das gleichzeitig Menschen anderer Völker abwertet.

Q3 Lied der Wandervogelbewegung (1911)

Wir wollen zu Land ausfahren
wohl über die Fluren weit,
aufwärts zu den klaren
Gipfeln der Einsamkeit.
Woll'n lauschen, woher der Sturmwind braust,
lauschen was hinter den Bergen haust
und wie die Welt so weit, und wie die Welt so weit.
Fremde Wasser dort springen,
sie soll'n uns're Weiser sein,
froh wir wandern und singen
Lieder ins Land hinein.
Und glüht unser Feuer an gastlicher Statt,
so sind wir geborgen und schmausen uns satt
und die Flamme leuchtet darein
[...].

Zitiert nach: Frank Weber, Deutsche Volkslieder, Norderstedt ²2012, S. 299

Q4 Teil einer Macht

Ein Führer aus der Bündischen Jugend beschreibt 1932 seine Vorstellungen von Leitbild und Lebensform:

Kriegsspiel! Wir balgen uns nicht untereinander und zerfetzen unsere Kluften. Kriegsspiel! Nur mit den Gegnern. Der erste Anblick des Feindes* jagt mir das Blut gegen die Schläfen und ich stürze mich drauf, mit Gebrüll, während ich das Chaos noch vor den Augen habe und die Feindesstärke nicht kenne. Und nun brechen die Buben durchs Gehölz, balgen sich, und ich rase zähneknirschend auf den ersten los [...]. Und wahnsinnige Wut lebt in mir auf, weil ich erkenne: Wir tragen die blaue Kluft, deshalb hauen sie so auf mich, auf uns, und ich rase los und schlage mit einem Prügel um mich [...]. Strömendes Blut, weil wir die blaue Kluft tragen. Sieg! Wie Springflut ist's in mir, wenn ich den Gleichschritt der Jungenschaft fühle, wenn ich weiß, mit mir marschieren Hunderte, Tausende. Soldaten des gleichen Zieles: Deutsche Jungenschaft. Es ist herrlich, Teil einer Macht zu sein. Noch herrlicher ist es, Führer auch nur eines kleinen Teils einer Macht zu sein.

Zitiert nach: Harry Pross (Hrsg.), Die Zerstörung der deutschen Politik. Dokumente 1871–1933, Frankfurt am Main 1959, S. 174 f.

* Hier sind Gruppen anderer Jugendorganisationen gemeint.

Q5 Wandervögel 1932

Begleitet von Wandergitarren („Klampfen") sangen die „Wandervögel" meist beim Wandern. So entstand eine eigene Jugendkultur.

1 Erkläre, warum die Jugendbewegung in der Kaiserzeit so viele Anhänger bekam (*Q 1*, *VT*) → S. 201

2 Wägt ab: War die Jugendkultur der „Wandervögel" modern?

3 Welche Gemeinsamkeiten und Unterschiede findet ihr bei den Strömungen der Jugendbewegung?

4 In *Q 3* wird ein anderes Bild der Bewegung gezeichnet als in *Q 4*. Untersuche die beiden Texte, indem du auf die Wortwahl achtest. Was fällt dir auf?

5 Diskutiert, ob Zielsetzungen der damaligen Jugendbewegung für euch heute noch erstrebenswert sein können.

6 Vergleicht die beiden Fotos und beurteilt, ob bzw. inwiefern sie die Entwicklung der „Wandervogelbewegung" zeigt (*Q 1*, *Q 5*, *VT*). → S. 201

Jugend im „Dritten Reich"

Q1 Klassenzimmer
Propagandafoto von 1941

In jedem Klassenzimmer musste ein Porträt Hitlers hängen.

⚠ Nationalsozialismus
Der Begriff bezeichnet einerseits die Ideologie der Nationalsozialistischen Deutschen Arbeiterpartei (NSDAP), andererseits die Zeit zwischen 1933 und 1945, in der diese Partei unter Adolf Hitler Deutschland diktatorisch regierte. Kennzeichen sind Antisemitismus, der Kampf gegen Demokratie, Liberalismus, und Kommunismus sowie das Führerprinzip. Die nationalsozialistische Politik war u.a. verantwortlich für den Zweiten Weltkrieg und den Holocaust.

Zugriff auf den Nachwuchs

Die Grundsätze „Wer die Jugend besitzt, hat die Zukunft" und „Sie [die Jugendlichen] werden nicht mehr frei sein, ihr ganzes Leben" verdeutlichen, dass der NS-Staat Heranwachsenden von Kindesbeinen an auf die nationalsozialistische Ideologie einschwören wollte, auch an den Wochenenden und in den Ferien. Andere Einflüsse – von Eltern oder anderen Organisationen mit abweichenden Weltanschauungen und Einstellungen – sollten konsequent ausgeschaltet werden.

Die Hitlerjugend

Die Hitlerjugend (HJ) war die Staatsjugendorganisation, die den Nachwuchs im Sinne des **Nationalsozialismus** erziehen sollte. 1936 war die Mitgliedschaft für jeden zwischen 10 und 18 Jahren Pflicht. Andere Jugendverbände waren bereits ab 1933 aufgelöst worden (die katholischen erst 1938). Die Hitlerjugend gliederte sich in „Jungvolk" und „Jungmädel" (10- bis 14-Jährige) sowie den „Bund Deutscher Mädel" und die eigentliche HJ für die 15–18-Jährigen. Alle trugen Uniform mit Abzeichen.
Zeltlager und Fahrten waren für die Heranwachsenden meist eine willkommene Abwechslung zum Alltag. Die jungen Männer sollten aber in erster Linie zu kampffähigen Soldaten herangezogen werden. Deshalb standen auch Gelände- und Gepäckmärsche auf der Tagesordnung. Die (jugendlichen) Mädchen wurden auf ihre Rolle als Mutter und Hausfrau vorbereitet. Deshalb mussten sie hauswirtschaftliche Tätigkeiten wie Handarbeit lernen. Sport sollte dafür sorgen, dass sie später kräftige, gesunde Kinder bekamen. Wer an Veranstaltungen der Hitlerjugend nicht teilnahm, machte sich verdächtig.

Schule im Nationalsozialismus

Die Lehrpläne für die Schulen wurden der nationalsozialistischen Ideologie angepasst. Bereits 1933 wurden jüdische, regimekritische und demokratisch eingestellte Lehrer entlassen.
Besonders hohen Stellenwert hatten die Fächer Deutsch, Biologie, Erdkunde und Geschichte. Beispielsweise wurden ausgiebig „vaterländische Erfolge" und „heldenhafte Taten" thematisiert. Im neuen Fach „Rassenkunde" wurden die angeblichen Wertunterschiede der „Rassen" vermeintlich wissenschaftlich begründet.
Auch das Fach Sport stand häufig auf dem Stundenplan und sollte für die körperliche Fitness sorgen. Die Begrüßung mit dem Hitlergruß am Morgen, Fahnenappelle und Feiern zu Ehren Hitlers waren in den Schulen selbstverständlich.

Q2 Angeblicher Retter

Das folgende Diktat schreiben 1934 Drittklässler in einer Münchner Grundschule:
Wie Jesus die Menschen von der Sünde und der Hölle befreite, so rettete Hitler das deutsche Volk vor dem Verderben. Jesus und Hitler wurden verfolgt, aber während Jesus gekreuzigt wurde, wurde Hitler zum Kanzler erhoben. Während die Jünger Jesu ihren Meister verleugneten und ihn im Stich ließen, fielen 16 Kameraden für ihren Führer. Die Apostel vollendeten das Werk ihres Herrn. Wir hoffen, dass Hitler sein Werk selbst zu Ende führen darf. Jesus baute für den Himmel, Hitler für die deutsche Erde.

Hans-Jochen Gamm, Der braune Kult, Hamburg 1962, S. 39

Opposition und Widerstand

Es gab aber auch Jugendliche, die sich nicht für den Nationalsozialismus und die Hitlerjugend begeisterten. Sie kämpften teils offen, teils geheim gegen das Regime. So waren beispielsweise für die Swing-Jugend die Musik, lässige Mode und Haarschnitt oder amerikanische Redensarten Ausdrucksmittel ihres Widerstandes. Die „Swings" traf man vor allem in teuren Nachtklubs in den Städten. Die Staatsführung warf ihnen „Entartung" sowie wehrfeindliche Einstellung vor und wollte ihre Anführer inhaftieren. Es gab aber auch andere, u.a. christlich geprägte Widerstandsgruppen, wie z.B. die „Weiße Rose" (vgl. S. 132), und die verbotenen Gruppen der bündischen Jugend, der jüdischen Jugendorganisation, der Arbeiterjugend oder die „Edelweißpiraten" (siehe S. 132).

Q3 „Nur Herumhüpfen und Lallen"

Aus einem internen HJ-Bericht über die Swing-Jugend aus dem Jahr 1940:

Kein Paar tanzte normal, es wurde in übelster Weise geswingt. Teils tanzten zwei Jünglinge mit einem Mädel, teils bildeten mehrere Paare einen Kreis, wobei man sich einhakte und in dieser Weise dann herumhüpfte, mit den Händen schlug, sogar mit den Hinterköpfen aneinander rollte und dann in gebückter Stellung, den Oberkörper schlaff nach unten hängend, die langen Haare wild im Gesicht, mit den Beinen herumschlenkerte. Als die Kapelle einmal eine Rumba spielte, gerieten die Tanzenden in wilde Ekstase, alles sprang wild umher und lallte den englischen Refrain mit.

Matthew Hughes und Chris Mann, Hitlers Deutschland. Das Leben unter der NS-Diktatur, Klagenfurt 2002, S. 64

Q4 Spottlied der Swing-Jugend

Kurze Haare, große Ohren
So war die HJ geboren
Lange Haare, Tangoschritt –
Da kommt die HJ nicht mit
Oho, oho!
Und man hört's an jeder Eck'
Die HJ muss wieder weg!
Oho, oho

https://www.volksliederarchiv.de/kurze-haare-grosse-ohren-spottlied-auf-die-hitlerjugend [12.03.2020]

Q5 Der „Führer" braucht Soldaten

Bereits während der Weimarer Republik wurden Kinder und Jugendliche militärisch ausgebildet (vor allem in den sogenannten Wehrvereinen). „Wehrertüchtigung" war fester Bestandteil im Programm der Hitlerjugend.

1 Bei *Q 1* handelt es sich um ein Propagandafoto. Begründe, warum.

2 Erläutere, wie die Jugendlichen im Sinne der nationalsozialistischen Ideologie erzogen wurden (*Q 1*, *Q 2*, *Q 5*).

3 Erkläre, warum den Nationalsozialisten der „Zugriff auf die Jugend" wichtig war und wie sie die jungen Menschen für sich gewinnen wollten (*VT*). ➜ S. 201

4 Vergleiche die Einstellung der HJ- und BDM-Mitglieder mit der der Swing-Jugend (*Q 3*, *Q 4*).

5 Nicht alle Jugendlichen ließen sich „gleichschalten". Nenne die Risiken, die sie eingingen.

6 In der Schule wurde auf kritisches Nachdenken kein Wert gelegt. Begründe, warum.

7 Vergleicht euren Alltag mit dem eines Jugendlichen 1936.

Zu einem Artikel über Kindheit während des Zweiten Weltkriegs führt dich Mediencode 30024-57

Schule und Erziehung in Ost- und Westdeutschland

Q1 „Bääh!"
Karikatur von Heinz Behling aus der DDR, 1989

*Besatzungszonen
Die Siegermächte USA, England, Frankreich und die Sowjetunion hatten das besiegte Deutschland in Besatzungszonen aufgeteilt. Aus der sowjetischen Zone ging 1949 die DDR hervor, nachdem sich kurz vorher aus den drei westlichen Zonen die BRD gegründet hatte.

Sozialismus
Wirtschafts- und Gesellschaftsordnung, die den Kapitalismus abschaffen will. Dabei sollen die Produktionsmittel (Fabriken etc.) im Besitz der Gesellschaft bzw. des Staates sein.
In den sozialistischen (kommunistischen) Staaten in Osteuropa herrschte eine kommunistische Staatspartei diktatorisch und kontrollierte Staat und Wirtschaft.

Neuanfang an den Schulen?

Nach dem Zweiten Weltkrieg wurde Deutschland in vier Besatzungszonen* aufgeteilt. 71 Prozent der Lehrer waren zu diesem Zeitpunkt Angehörige der NSDAP. In der Sowjetischen Besatzungszone wurden fast alle NS-Lehrer entlassen. 40 000 „Neulehrer" wurden in Schnellkursen von vier bis acht Monaten ausgebildet und holten später teils das Studium nach. Anders im Westen: Dort beließ man die alten Lehrer größtenteils im Dienst. Nur die nationalsozialistischen Schulbücher wurden aus dem Unterricht entfernt.

Die Vorschulzeit

In der BRD war es üblich, dass die Mütter ihre Kinder bis zur Einschulung (und meist auch darüber hinaus) selbst betreuten. In der DDR sollten auch die Frauen berufstätig sein. Die meisten Kinder gingen deshalb bereits im Alter von sechs Monaten in eine Kinderkrippe. Ab dem vierten Jahr wurden sie im Kindergarten auf die Schule vorbereitet. Dabei wurden sie auch im Sinne des **Sozialismus** politisch erzogen. Ziel war es, die Kinder an die Staatspartei SED und an den Staat zu binden.

Schule und Freizeit in Ost und West

Im Osten war die Mehrheit der Schülerinnen und Schüler bei den Staatsjugendorganisationen: von der 1. bis zur 7. Klasse „Junge Pioniere" und danach „Freie Deutsche Jugend" (FDJ). Beide Verbände waren auch an den Schulen tätig und übernahmen gezielt die Freizeit- und Ferienbetreuungen. Zum Schulalltag in der DDR gehörten Arbeitseinsätze in der Landwirtschaft oder der Industrie. Der „Wehrkundeunterricht" sollte für den Kampf gegen die kapitalistischen, angeblich „faschistischen" Staaten im Westen (wie die USA oder die Bundesrepublik) ausbilden.
In der BRD gab es keine staatlichen Massenorganisationen. Die Freizeitgestaltung konnten deshalb die Jugendlichen selbst übernehmen (soweit die Erziehungsberechtigten einverstanden waren). Viele gingen in Vereine; vor allem Sportvereine waren sehr beliebt. Der Erziehungsstil der Eltern in der BRD war in der Regel zunächst sehr autoritär. Man erwartete von den Kindern unbedingten Gehorsam und versuchte notfalls mit Schlägen, die strengen Moralvorstellungen durchzusetzen. Ab den 1970er-Jahren wurde diese Art der Erziehung zunehmend abgelehnt.

Weiterführende Schulen und Studium

Studieren durfte grundsätzlich jeder, der das Abitur hatte. In der DDR kam aber noch ein entscheidendes Kriterium dazu: Nur Jugendliche, die Mitglied der FDJ waren, außerdem dem Staat und der Regierung gegenüber nicht kritisch eingestellt waren, wurden an einer weiterführenden Schule oder einer Universität zugelassen.
Man bemühte sich, auch jungen Erwachsenen den Zugang zu den Universitäten zu ermöglichen, die aus einfachen Verhältnissen stammten und sich ein teures Studium nicht leisten konnten. Die DDR bemühte sich darum schon früher, die BRD besonders ab den 1970er-Jahren.

Q2 Doppelseite aus einem DDR-Lesebuch (1. Klasse)

Q4 Unterschiede zwischen Ost und West?

Ein Schüler aus dem Westen erzählt 1982 nach einem Besuch in der DDR:

In diesen Unterhaltungen zeigte sich bald, dass die Jugendlichen dort genauso sind wie wir, dass sie nur murrend ihre „freiwilligen“ Einsätze ableisten und sich gern davor drücken; dass sie in Gegenwart des FDJ-Leiters die richtigen Sätze abspulen und zu Hause oder unter Freunden über ganz anderes reden, die Politik weglassen oder auch mal abweichende Meinungen haben.

Zitiert nach: Juliane Köhler, Wie in einem alten Film. Eindrücke einer Klassenfahrt in die DDR; in: Die Zeit Nr. 3 vom 15. Januar 1982, S. 4

Q3 Musterakte

Über eine Schülerin schreibt ein Direktor 1978 in der DDR Folgendes:

Antrag zur Delegierung von [redacted] in die V-Klasse der EOS

[redacted] ist Schülerin des Kreiskinderheimes und entwickelte sich im Laufe der Jahre zu einem zielstrebigen jungen Menschen. Sie vertrat als Freundschaftsratsvorsitzende die Interessen unserer Pionierorganisation sowohl auf den Zusammenkünften des Freundschaftsrates als auch in der Öffentlichkeit. Sie war in der Lage, bescheiden aber sicher zusammenhängend Darlegungen zu verschiedenen Problemen vorzutragen, die von einer politischen Reife zeugten.

Sie wurde mit einer Reise mit dem Freundschaftszug in die SU [Sowjetunion] und der Teilnahme am Fest des „Roten Oktober“ ausgezeichnet. In ihrer Lernarbeit zeigt sich [redacted] pflichtbewusst und zuverlässig. Sie wird von ihren Kameraden und den Lehrern geschätzt.

[...]

Aus den oben genannten Gründen halte ich [redacted] für besonders geeignet, in die V-Klasse der EOS aufgenommen zu werden.

https://www.bstu.bund.de/DE/Wissen/Bildung/Materialien/Quellen/quellen-fuer-die-schule-1_Jugendliche-IM.html;jsessionid=8F179F76FAEB750B02CA9106FC29AF8A.2_cid344?nn=4517492

Geschichte In Clips
Einen Film über Jugend in der DDR findest du mithilfe von Mediencode 30024-58

1. Erläutere, wie sich das Leben der Heranwachsenden in Ost und West unterschied.
2. Lest *Q3* genau und sucht die Stellen heraus, an denen sich der Direktor lobend über die Schülerin äußert. Warum befanden sich derartige Inhalte in einer schulischen Empfehlung? Beurteilt dies aus heutiger Sicht.
3. Erklärt mithilfe des Verfassertextes und *Q3* und *Q4*, worauf die gespaltene Zunge in der Karikatur (*Q1*) anspielt.
4. Weise nach, dass auch die Seiten aus dem Lesebuch der politischen Erziehung dienten (*Q2*). ➜ S. 201
5. Vergleicht Schule und Erziehung in Ost- und Westdeutschland sowie in der Zeit des Nationalsozialismus. Wo findet ihr Gemeinsamkeiten, wo Unterschiede?

Jugend in der Bundesrepublik

Q1 „Die Halbstarken"
Plakat zum Film von 1956, der zum Kinohit wurde

Q2 Eintritt – nicht für jeden
Foto von 1960 vor einem Restaurant in Nürnberg

Die Nachkriegsgesellschaft

Die Menschen in der Nachkriegszeit waren – je nach Alter – von der NS-Diktatur, von den Erlebnissen in zwei Weltkriegen und vom Kampf ums Überleben geprägt. Auch viele Jugendliche wuchsen in großer Armut auf, hatten ihre Väter verloren oder mussten ihre Heimat verlassen.
Familie und Schule wollten den Heranwachsenden traditionelle konservative und christliche Vorstellungen vermitteln und zu Fleiß, Ordnung, Disziplin und Anstand erziehen. Das herrschende Rollenverständnis vom berufstätigen Mann und der Frau, die Kinder und Haushalt versorgt, wurde als selbstverständlich hingenommen und war auch in den Gesetzen festgeschrieben.

Jugend in den 1950er- und 60er-Jahren

Die Jugendlichen wandten sich immer mehr gegen die Strenge zu Hause und an den Schulen. Von der älteren Generation wollten sie sich durch einen eigenen Stil* unterscheiden. Sie waren begeistert von amerikanischer Kleidung und Musik. Jeanshosen, Lederjacken, Motorräder, Sonnenbrillen, Rock'n'Roll in den sogenannten Milchbars, Kino und Konzerte gehörten zum Leben der modernen Teenager – wie sie jetzt hießen.
Der ungezähmte jugendliche Rebell, „Halbstarker" genannt, wurde zum Schreckensbild der älteren Generation. Vorbilder waren Marlon Brando, James Dean, Conny Froboeß, Elvis Presley, die Rolling Stones oder die Beatles. Die „Halbstarken" wollten „lässig" sein und handelten spontan. Diese Jugendkultur provozierte zwar, drückte aber keine fundierte Gesellschaftskritik aus.

Die 68er-Generation

Das änderte sich in der sogenannten 68er-Bewegung. Dabei lehnte sich die „Protestjugend", meist Studierende, aber auch Schülerinnen und Schüler, massiv, teilweise gewaltsam, gegen die

* **Stil**
umfassendes System von Zeichen und Symbolen. Der Stil verweist auf die soziale Orientierung. Er bringt zum Ausdruck, „wer" man ist und „wofür" man steht.

gültigen Normen auf. Von der Elterngeneration verlangten sie, nicht länger die Verbrechen des Nationalsozialismus zu verdrängen. Sexualität war nun kein Tabuthema mehr. Neue Lebensformen, u. a. WGs oder alleinerziehende Eltern, wurden entwickelt. Vor allem konservative Parteien und der Kapitalismus wurden zum Feindbild.

Zu einer Fernseh-Dokumentation über die Musik der 1950er-Jahre führt dich Mediencode 30024-59

Zum Beitrag einer Nachrichtensendung von 1968 über den neuen Lebensstil Jugendlicher und ihre Proteste gegen Erwachsene gelangst du mithilfe von Mediencode 30024-60

Q3 Gegen „Unzucht“

Auszug aus dem Strafgesetzbuch vom 25. Juni 1969:

§180 Kuppelei

Wer gewohnheitsmäßig oder aus Eigennutz durch seine Vermittlung oder durch Gewährung oder Beschaffung von Gelegenheit der Unzucht Vorschub leistet, wird wegen Kuppelei mit Gefängnis von nicht unter einem Monat bestraft; auch kann zugleich auf Geldstrafen, auf Verlust der bürgerlichen Ehrenrechte sowie auf Zulässigkeit von Polizeiaufsicht erkannt werden.

Zitiert nach: www.deutschestextarchiv.de/book/view/unknown_strafgesetzbuch_1870?p=57 [15.05.2020]

Q4 „Jetzt ist Erdbeben“

Der Sänger Udo Lindenberg erzählt 1980 rückblickend von seiner Jugendzeit:

Damals 1957, ich war elf, schoss aus dem Radio Elvis Presley mit „Tutti Frutti“, und die ersten Takte verbannten meine bisherigen Lieblingslieder „Ave Maria“ [...] „Der lachende Vagabund“ [...] schlagartig aus meinem Frischlingsherzen. [...] Elvis Presley hatte mich angezündet, und ich dachte: Jetzt ist Erdbeben. Nachdem ich dann auch noch diesen Film gesehen habe, in dem Elvis als ziemlich schmales Kerlchen in einem Klub auf die Bühne springt und den bulligen Klubbesitzer ansingt: „If you're looking for trouble, look straight into my face“, verband ich mit dem deutschen Lied- und Schlagergut mehr und mehr Albträume. [...] Erst eine Weile später kriegte ich mit, was an Rock'n'Rollern* außer Musik noch wichtig war. Elvis [...] hat uns gegen unsere Eltern, denen ja sonst alles gehörte, etwas Eigenes gegeben. Bis jetzt hatten wir immer zu hören bekommen: „Dafür bist du noch zu jung.“ Mit Elvis in den Ohren konnten wir zurückbrüllen: „Dafür seid ihr schon zu alt.“

*** Rock'n'Roll** Musikstil. Rock'n'Roll heißt übersetzt Schaukeln und Wälzen; es war ein Slang-Ausdruck für Geschlechtsverkehr haben.

Christoph Kleßmann und Georg Wagner (Hrsg.), Das gespaltene Land. Leben in Deutschland 1945–1990. Texte und Dokumente, München 1993, S. 294

1 Fasst zusammen, wie es den Menschen nach dem Krieg erging, und überlegt, welche unterschiedlichen Haltungen sich daraus ergeben können (*VT*).

2 „Die Halbstarken“ war nicht nur ein Film. Analysiert das Plakat *Q 1* und erläutert, welches Bild der „Halbstarken“ vermittelt wird.

3 Dass die damals gültigen Moralvorstellungen und Werte wie Disziplin und Gehorsam infrage gestellt wurden, finden die einen wertvoll. Die anderen meinen, dass aber keine (brauchbaren) neuen Wertvorstellungen entstanden seien („Werteverlust“). Nehmt Stellung dazu und nutzt hierzu *Q 2* und *Q 3*.

4 Befragt eure Großeltern nach den Beatles oder Elvis. Was war das Besondere an der Musik, deren Auftritten und deren Erscheinung? Lest *Q 4* und stellt Vergleiche an.

5 Diskutiert, ob es auch heute noch derart spektakuläre Konzerte gibt, zu denen alle Jugendlichen gleichermaßen gehen würden? Wenn ja – woran könnte das liegen?

Jugend in der Postmoderne

M 1 Forever Youngsters?
Fotomontage, 2014

Heute sind auch viele alte Menschen abenteuerlustig und legen Wert darauf, fit zu sein. Sie achten sehr auf ihre Ernährung und ihre Gesundheit, erproben gerne neue Sportarten und haben ein Ziel: die ewige Jugend.

Werte von vorgestern wieder modern?

Untersuchungen der „Shell Jugendstudie" in den letzten Jahren ergaben, dass Werte, die ab den 1950er-Jahren kritisiert wurden, wieder an Bedeutung gewonnen haben und traditionelle Werte wieder mehr geschätzt werden. Die Einstellung der Jugend hat sich verändert: Das Verhältnis zwischen Jung und Alt wird als „stressarm" beschrieben, das politische System nur noch wenig infrage gestellt. Außerdem gibt es ein ausgeprägtes Bedürfnis nach Sicherheit und Ordnung. Dies lässt sich auch damit erklären, dass die Mehrheit der Jugendlichen in einem liberalen und verständnisvollen Erziehungsklima aufwächst. Experten sprechen von postautoritären* pädagogischen Milieus und postideologischen Zeiten.

*post- (Vorsilbe) (lat.: „nach") Wörter, die mit diesem Wort beginnen, beschreiben eine Zeit, in der die jeweiligen Kennzeichen nicht mehr gelten: post-ideologisch z. B. die Zeit nach der Epoche mit ideologischen Prägungen.

Der Einfluss neuer Medien

Eine große Bedeutung für Jugendliche haben heute Medien:

- Es gibt eine ständige Flut von Nachrichten und Informationen. Junge Menschen reagieren darauf unterschiedlich. Bei einem Großteil führt es zu chronischer Unsicherheit, was wahr und wirklich wichtig ist. Für sie hat dann (politische) Opposition weniger Sinn. Andererseits fordern viele Jugendliche z. B. angesichts der Bilder von Umweltverschmutzung und -zerstörung ein Umdenken und Umsteuern in der Politik. Äußerungen im Internet, u. a. von Rechtsradikalen, nutzen Ängste und Unzufriedenheit, um Jugendliche in ihrem Sinne zu beeinflussen.
- Sehr wichtig für einen Großteil der Jugendlichen ist die (mediale) Selbstinszenierung in sozialen Medien. Das hat auch Auswirkungen auf die Entwicklung aktueller Jugendkulturen: Diese sind nicht Ausdruck einer sozialen oder politischen Bewegung, sondern folgen ästhetischen Idealen. „Lifestyle" ersetzt oft politische Überzeugungen und die visuelle Selbstdarstellung wird zum Erkennungszeichen innerhalb einer Gruppe.

Der „Style" macht die Jugendszenen

Die Zugehörigkeit zu einer Szene ist heute ein wichtiger Bestandteil von Jugendlich-Sein und steht für einen bestimmten „Lifestyle". Die einzelne Jugendszene grenzt sich deutlich ab von „den anderen". Dies ist möglich durch Äußerlichkeiten wie Kleidung oder die Frisur. Aber auch der Musikgeschmack oder die Einstellung bestimmten Themen gegenüber sind Merkmale für eine Gruppe.

Ein Beispiel: die Gothics

Eine zahlenmäßig kleine jugendliche Subkultur stellt die Gothic-Szene dar. Im Gegensatz zum weit verbreiteten Ideal ewiger Jugend verehrt sie den Tod und die Selbstverletzung als ästhetisch. Melancholie und Ästhetisierung des Schmerzes sind Kennzeichen, um sich von anderen abzugrenzen. Die Suche nach der Todesnähe führt psychologisch betrachtet aber eher zu einer existenziellen Intensivierung des Lebens und zu einer stillen Provokation. Denn mit ihr soll das oberflächliche Konsum-, Spaß-, und Ich-AG-Verhalten der Gesellschaft kritisiert werden.

M2 Jugendalter

Zu der Frage, wie lange das Jugendalter dauert, steht in der Shell Jugendstudie von 2006:

Heute, zu Beginn des 21. Jahrhunderts, sind daraus mindestens 10, bei immer mehr jungen Menschen aber sogar 15 oder 20 Jahre geworden. Die Lebensphase Jugend hat sich zu einem umfassenden Lebensabschnitt entwickelt, der nicht mehr in erster Linie den Charakter eines Übergangs vom Kind zum Erwachsenen hat, sondern als ein eigenständiger Lebensabschnitt betrachtet werden muss.

Klaus Hurrelmann, Mathias Albert, Gudrun Quenzel und Anja Langness, Eine pragmatische Generation unter Druck – Einführung in die Shell Jugendstudie 2006, in: Jugend 2006. 15. Shell Jugendstudie, Frankfurt am Main 2006, S. 31–48, hier S. 33

M3 Wertorientierung Jugendlicher

Auf die Frage „Welche Dinge sind für dich persönlich besonders wichtig?" antworteten 2019 Jugendliche und junge Erwachsene zwischen 12 und 25 Jahren:

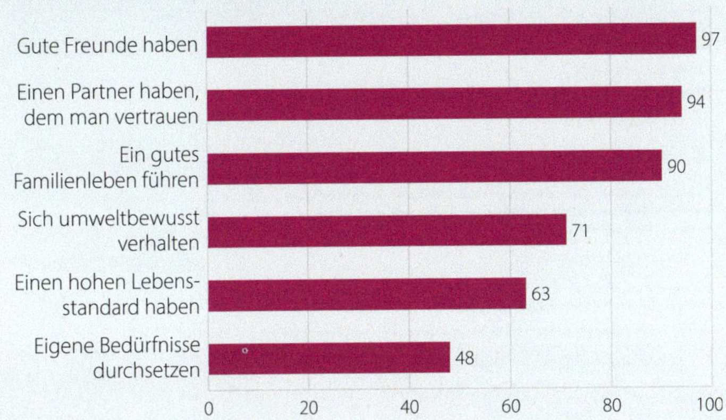

Quelle: Shell © Statista 2020

M4 „Jugend von heute"

Den Songtext der Hamburger Popband Blumfeld mit diesem Titel hat Joachim Distelmeyer verfasst. Darin heißt es:

Wie sie die Straßen langgehen
So selbstverständlich und schön
Cool in der Gegend rumstehen
Wenn man sie sieht, kann man schon neidisch werden
Die Jungen so athletisch und männlich
Und auch die Mädchen sehen fantastisch aus
Manche meinen, sie wären vielleicht etwas dämlich
Doch wer so denkt, kennt sich mit Jungsein nicht aus
Jugend von heute – die Zukunft von morgen
Mit ihren Freunden in der Innenstadt
Beim Bummeln und Shoppen wie ihre Alten
Nur andere Klamotten und mehr Taschengeld
Sie haben es wirklich nicht leicht
Aber auch nicht wirklich schwer
Vielleicht ist das ihr Problem
[...]
Wie sie die Straßen langgehen
So unaufhaltsam und schön
[...]

© Umfeld Edition
Hanseatic Musikverlag GmbH, Hamburg

1 Führt eine geheime Abstimmung durch. Schreibt dazu auf einen Zettel, welche Werte, die in *M 3* genannt werden, auch für euch wichtig sind. Wertet die Ergebnisse aus und vergleicht mit dem *M 3*.

2 Diskutiert, welches Wertverständnis bzw. was für eine Wertorientierung die gegenwärtige Generation der Jugend auszeichnet. Beschreibt in diesem Zusammenhang die Rolle der Medien.

3 Teilt euch in vier Gruppen auf und tauscht euch dann aus: Vergleicht die Erziehungs- und Bildungsideale der Wilhelminischen Zeit (Gruppe 1), des Nationalsozialismus (Gruppe 2), der frühen BRD (Gruppe 3) und der DDR (Gruppe 4) mit den heutigen Vorstellungen.

4 Nehmt Stellung: Kann sich die heutige Jugend tatsächlich nicht mehr gegen die Werte der elterlichen Generation wenden und damit eine relativ einheitliche Gegenkultur begründen? (*M 1* und *M 4*)

5 Vergleicht die Ideale der Gothics mit denen anderer Jugendlicher (*VT*, *M 3*, *M 4*). Was stellt ihr fest?

6 Diskutiert, welche Rolle Medien (für euch) spielen, und vergleicht mit dem, was dazu auf diesen Seiten steht (*VT*).

6 Längsschnitt: Menschenrechte – Rechte für alle Menschen

M1 Schokoladengenuss

Startseite ▸ Ausland ▸ Noch viel Kinderarbeit in der Schokolade

Kakaoanbau in Westafrika

Noch viel Kinderarbeit in der Schokolade

Stand: 12.06.2020 04:56 Uhr

Mehr als 2,2 Millionen Kinder arbeiten auf Kakao-Plantagen in der Elfenbeinküste und Ghana. Dabei versprachen die Produzenten, Kinderarbeit um 70 Prozent zu verringern. Doch es gibt auch Lichtblicke.

Von Norbert Hahn, ARD-Studio Nairobi

Das kleine Mädchen mit den vielen Zöpfen und dem rosa Pullover weint. Die Mutter erklärt schüchtern: "Wir hatten dieses Jahr kein Geld für die Schulgebühren."

Aber für Polizeichefin Rosa Kanda in der Region Aboissa im Süden der Elfenbeinküste

KORRESPONDENT

Norbert Hahn, WDR

VIDEO

M2 „Noch viel Kinderarbeit in der Schokolade"
Online-Artikel der „Tagesschau" vom 12. Juni 2020 (Ausschnitt)
https://www.tagesschau.de/ausland/kinderarbeit-kakao-101.html [21.07.2020]

Die meisten von uns genießen Schokolade regelmäßig, ob in Form einer Tafel, als Osterhasen, Brotaufstrich etc. Kakao ist der Rohstoff, aus dem diese Süßigkeit hergestellt wird. Aber weißt du auch, woher Kakao kommt? Er ist die Frucht einer Pflanze, die auf Plantagen in Mittelamerika, Südostasien und vor allem Westafrika angebaut wird. Für die Ernte und die Verarbeitung von Kakao müssen hunderttausende Kinder im Alter zwischen fünf und 17 Jahren zum Teil gefährliche und anstrengende Arbeiten verrichten. Zum Beispiel ernten sie die Kakaoschoten mit einer scharfen Machete, schleppen die geernteten Früchte oder Wasser für die Behandlung mit Insektiziden. Eine Schule besuchen können die meisten von ihnen nicht.

Die Kakaoproduktion ist nur ein Beispiel, wo Kinderarbeit üblich ist. Nach Schätzungen werden weltweit 215 Millionen Kinder gezwungen zu arbeiten. Das ist vor allem in Asien, Afrika und Lateinamerika der Fall. Sechs Millionen Kinder leben in Sklaverei.

Die Menschenrechte, über deren Geschichte ihr schon einiges erfahren habt, sind eigentlich universell gültig. Das heißt, dass sie bestimmte unverletzliche Ansprüche für jeden Menschen auf der Erde und damit auch für Kinder festlegen: frei und in Würde zu leben; das Recht, zur Schule zu gehen; eine eigene Meinung zu äußern etc. Umgekehrt sollen sie vor Ungerechtigkeit, Ausbeutung und Unterdrückung schützen. Allerdings werden die Menschenrechte nicht in allen Staaten anerkannt oder befolgt – auch in Europa.

Auf den folgenden Seiten erfahrt ihr anhand von Beispielen (aus der Geschichte), warum die Menschenrechte eine so große Bedeutung haben und was deren Verletzung für die Opfer bedeutet.

M3 Schwerstarbeit
Foto von 2008
Auf einer Plantage in Westafrika trägt ein Kind einen Sack voller Kakaobohnen.

M4 Kinderrechte

Artikel 32 der UN-Kinderrechtskonvention, die 1990 in Kraft getreten ist, legt fest:

(1) Die Vertragsstaaten erkennen das Recht des Kindes an, vor wirtschaftlicher Ausbeutung geschützt und nicht zu einer Arbeit herangezogen zu werden, die Gefahren mit sich bringen, die Erziehung des Kindes behindern oder die Gesundheit des Kindes oder seine körperliche, geistige, seelische, sittliche oder soziale Entwicklung schädigen könnte.

(2) Die Vertragsstaaten treffen Gesetzgebungs-, Verwaltungs-, Sozial- und Bildungsmaßnahmen, um die Durchführung dieses Artikels sicherzustellen. Zu diesem Zweck und unter Berücksichtigung der einschlägigen Bestimmungen anderer internationaler Übereinkünfte werden die Vertragsstaaten insbesondere

a) ein oder mehrere Mindestalter für die Zulassung zur Arbeit festlegen;

b) eine angemessene Regelung der Arbeitszeit und der Arbeitsbedingungen vorsehen;

c) angemessene Strafen oder andere Sanktionen zur wirksamen Durchsetzung dieses Artikels vorsehen.

https://www.unicef.de/informieren/ueber-uns/fuer-kinderrechte/un-kinderrechtskonvention [12.06.2020]

Was weißt du schon?

- Sammelt, was ihr bereits über die Entwicklung der Menschenrechte gelernt habt. Welche Ereignisse und Epochen waren dabei besonders wichtig?
- Beurteile anhand von Beispielen, welchen Nutzen die Menschenrechte für dich persönlich haben.
- Beurteile, warum Kinder und Jugendliche besonderen Schutz genießen sollten (*M 4*).
- Diskutiert, welche Motive es für Kinderarbeit gibt (*M 2*, *M 3*).

Orientierung

M 1 Allgemeine Erklärung der Menschenrechte

Die Erklärung wird im Jahr 1948 von den Vereinten Nationen (UNO) anerkannt. Im Folgenden einige Artikel daraus:

Art. 1: Alle Menschen sind frei und gleich an Würde und Rechten geboren. [...]

Art. 3: Jeder hat das Recht auf Leben, Freiheit und Sicherheit der Person.

Art. 4: Niemand darf in Sklaverei oder Leibeigenschaft gehalten werden; Sklaverei und Sklavenhandel in allen ihren Formen sind verboten.

Art. 5: Niemand darf der Folter oder grausamer, unmenschlicher oder erniedrigender Behandlung oder Strafe unterworfen werden.

Art. 7: Alle Menschen sind vor dem Gesetz gleich und haben ohne Unterschied Anspruch auf gleichen Schutz durch das Gesetz. [...]

Art. 9: Niemand darf willkürlich festgenommen, in Haft gehalten oder des Landes verwiesen werden.

Art. 14: Jeder hat das Recht, in anderen Ländern vor Verfolgung Asyl zu suchen und zu genießen. [...]

Art. 18: Jeder hat das Recht auf Gedanken-, Gewissens- und Religionsfreiheit [...].

Art. 19: Jeder hat das Recht auf Meinungsfreiheit und freie Meinungsäußerung [...].

https://www.un.org/depts/german/menschenrechte/aemr.pdf [17.07.2020]

Auch die Bundesrepublik Deutschland ist Mitglied der UNO und hat damit die „Allgemeine Erklärung der Menschenrechte" anerkannt. Außerdem sind die Menschenrechte Teil unserer Verfassung, des Grundgesetzes. Dadurch ist unser Staat verpflichtet, sie zu schützen und Verstöße zu ahnden. Denn die Grundrechte sind ohne den Schutz der Staatsgewalt gefährdet.

Dazu gehört auch, dass Menschen (in Schulen) Bildung erhalten. Denn sie benötigen Wissen, um Zusammenhänge zu verstehen, eigene Schlüsse zu ziehen und die Zukunft zu gestalten. Sie sollen sich auf der Grundlage möglichst vieler Informationen, u. a. durch Medien, eine fundierte Meinung bilden und diese vertreten.

Am Ende des Kapitels könnt ihr

- die Entwicklung der Menschenrechte in der Geschichte skizzieren und ihre Bedeutung für Verfassungen in demokratischen Staaten wie Deutschland einschätzen;
- Beispiele von Menschenrechtsverletzungen in der Geschichte aus Sicht der betroffenen Opfer erläutern;
- begründen, warum die Durchsetzung von Menschenrechtserklärungen schwierig und problematisch ist;
- nachweisen, dass die Menschenrechte in deinem eigenen Leben von großer Bedeutung sind.

18. Jh. – In der Aufklärung entsteht die Vorstellung von unveräußerlichen Naturrechten

1776 – Erster Menschenrechtskatalog in der Virginia Bill of Rights

1789 – Französische Nationalversammlung verkündet „Erklärung der Menschen- und Bürgerrechte"

Ein Erklärvideo zum Thema Menschenrechte erstellen

Meist wird über Menschenrechte nur sehr allgemein gesprochen. Wie wichtig sie aber für mehr Gerechtigkeit in den einzelnen Staaten und weltweit sind, wird viel stärker bewusst, wenn man sich im Einzelnen mit ihnen beschäftigt. Erklärvideos sind eine gute Möglichkeit, dass ihr euer Wissen festhaltet und anderen anschaulich erläutert. Ihr könnt sie dann beispielsweise bei einem Projekttag vorstellen oder auf die Homepage eurer Schule stellen.
Hier einige Tipps für Erklärvideos:

1. Vorüberlegungen:
- Was soll im Video gelernt werden können, was soll damit vermittelt werden?
- Wer ist die Zielgruppe? Welches Lernvideo ist warum für sie geeignet?
- Wie lang soll das Video werden?
- Was sind Kernaussagen, die ggf. auch wiederholt werden sollten oder auf unterschiedliche Arten erklärt werden müssen?

2. Vergleich mit anderen Beispielen:
- Was gefällt euch gut daran?
- Was würdet ihr anders machen?

3. Zum Inhalt:
- Belegt eure Kernaussage mit passenden historischen Geschichten.
- Visualisiert passend und anschaulich.
- Achtet darauf, dass gesprochene Texte und gezeigte Bilder zusammenpassen.
- Verwendet möglichst wenige Personenaufnahmen (z.B. von Experten).
- Es sollte keine Ablenkung vom Thema geben.
- Verfasst ein Drehbuch.
- Wählt einen unmissverständlichen Titel.
- Formuliert eine Einleitung und einen Schluss.

M2 Skizze für ein Drehbuch

Dauer	Was passiert	Text
3 SEK	LOGO	–

4. Gestaltung:
- Länge: 2–5 Min.
- Gesprochenes und Geschriebenes sollte möglichst einfach und an die Zielgruppen angepasst sein. Fremdwörter sollten beispielsweise bei Lernvideos für Kinder grundsätzlich vermieden oder erklärt werden.
- Oftmals helfen Zeichnungen dabei, etwas einfacher oder schneller darzustellen, aber auch hier gilt: „So einfach wie möglich".
- Kompliziertes darf gerne wiederholt werden – in veränderter Form oder in einer anderen Art, anschließend an einem Beispiel erklärt und ergänzend eingeblendet werden.

- Teilt euch in sechs Gruppen auf.
- Gruppe 1: Erstellt ein Erklärvideo, in dem die Geschichte der Menschenrechte dargestellt wird. Hierfür hilft euch die nächste Doppelseite. Aber auch auf den nachfolgenden Seiten findet ihr genauere Informationen.
- Gruppen 2–6: Wählt von der linken Seite jeweils ein Menschenrecht aus (*M 1*). Erstellt dann dazu einen Clip, in welchem ihr dem Zuschauer das Menschenrecht erklärt. Dabei ist es hilfreich, wenn ihr hierfür Beispiele von Menschenrechtsverletzungen aus Sicht der Opfer darstellt. Informationen hierfür findet ihr auf den kommenden Seiten. Denkt immer daran, den Wert und die Bedeutung des Menschenrechts zu begründen.

1849 – Erste deutsche Verfassung mit einem Katalog von Grundrechten (trat aber nicht in Kraft)

1948 – „Allgemeine Erklärung der Menschenrechte" durch die UNO

1949 – Grundgesetz der BRD tritt in Kraft

Der lange Weg der Menschenrechte

Dass jedem Menschen ohne Ausnahme Rechte zustehen, war in der Geschichte lange Zeit nicht anerkannt. Aber seit der Antike gab es wichtige Entwicklungen, die für unsere heutige Vorstellung von Menschenrechten wichtig sind:

Stände
Geburt und Abstammung bestimmen im Mittelalter darüber, zu welcher Gruppe (= Stand) man gehörte. Jeder Stand hatte bestimmte Rechte und Pflichten.

Im antiken Griechenland und in Rom galt es als selbstverständlich und vernünftig, sich für die Gemeinschaft einzusetzen und nicht individuelle Rechte einzufordern. In Athen entstand eine Demokratie. Gleichberechtigt waren aber nur die Bürger. Frauen durften nicht mitbestimmen.
Eine Gruppe von Philosophen (Stoiker) vertrat die Auffassung, dass alle Menschen mit der gleichen, göttlichen Vernunft ausgestattet sind. Deshalb sollten alle Menschen gerecht und menschlich behandelt werden. Mit dem Christentum verbreitete sich ab dem 1. Jh. auch die Vorstellung, dass Gott Menschen aller Völker nach seiner Gestalt geschaffen hat. Aber sowohl die Stoiker als auch die Christen haben damals anerkannt, dass es in den Reichen Ungleichheit und Sklaverei gab.

In Mittelalter und Früher Neuzeit lebten die Menschen in einer **Ständegesellschaft**. Genauso wie die Herrschaft der Fürsten galt diese Ordnung als gottgewollt. Umgekehrt war es in der damaligen Zeit meistens undenkbar, dass die Menschen gleichberechtigt sein sollten.
Die Fürsten wollten oft ihre Macht erweitern oder dafür nutzen, immer mehr Steuern zu erheben. Teilweise gelang es (nur) den höheren Gesellschaftsschichten, mehr Macht und Mitspracherechte auf Kosten der Fürsten zu erringen. Ein Beispiel dafür ist die Magna Carta 1215. In ihr musste der englische König u.a. versprechen, neue Steuern nur mit Zustimmung der Adligen und Städtevertreter zu erlassen.

Antike (ca. 1200 v. Chr. – 500 n. Chr.) | **Mittelalter (ca. 500–1500)**

Q1 Kyros-Zylinder

Der persische König Kyros herrschte von 559 bis 530 v. Chr. über das damals größte Reich der Erde. Der sogenannte Kyros-Zylinder entstand nach der Eroberung des babylonischen Reiches. Teile davon berichten, dass Kyros alle Völker in seinem Reich gleichstellte, ihnen Religionsfreiheit gewährte und die Sklaven befreite. Das war für die damalige Zeit ungewöhnlich.

Das Original befindet sich heute im British Museum in London, eine Nachbildung im Gebäude der UNO in New York.

Q2 „Nations Unies"
Plakat von 1948. Der Titel bedeutet übersetzt „Vereinte Nationen".

Im 17. Jh. lehnten absolutistische Fürsten wie König Ludwig XIV. von Frankreich jede Mitbestimmung anderer im Staat, auch von Adel und Klerus, strikt ab. Der Herrscher sei nur Gott untertan und sollte über den Gesetzen stehen und frei verfügen können. Daraufhin verbreiteten sich in der **Aufklärung** Vorstellungen, die auch in unseren demokratischen Staaten wichtig sind:

- **Volkssouveränität**
- **Gewaltenteilung**
- Gleichheit aller Menschen mit Rechten, die ihnen von Natur aus zustehen
- Widerstandsrecht gegen ungerechte Regierungen

Diese Ideen verbreiteten sich schnell. Schon bevor die Kolonien in Nordamerika vom Mutterland Großbritannien unabhängig wurden, entstanden Erklärungen, in denen die Menschenrechte enthalten waren (1776 Virginia Bill of Rights, 1776 Unabhängigkeitserklärung). Die USA waren der erste Staat, dessen Verfassung Grundrechte enthielt. Die Rechte und Freiheiten der einzelnen Bürger sollten damit Vorrang haben vor Ansprüchen des Staates. Ausgeschlossen waren allerdings die First Nations (Ureinwohner) und die Afroamerikaner. Die Sklaverei wurde erst 1865 abgeschafft.

Mit der Französischen Revolution begann 1789 die sogenannte Neuere Geschichte. Die Macht des (absolutistischen) Königs wurde beschränkt und schließlich beseitigt. Motiviert und beeinflusst durch die Gründung der USA verkündete die Nationalversammlung die „Erklärung der Menschenrechte". Sie wurde Teil der ersten Verfassung. Frauen wurden aber noch immer benachteiligt. Olymp de Gouges, die sich für die Gleichberechtigung einsetzte, wurde 1793 als angebliche Volksverräterin hingerichtet.

Nach den furchtbaren Erfahrungen von Holocaust und Zweitem Weltkrieg hatten die „Großen Drei" (USA, Großbritannien und Sowjetunion) das Ziel, eine neue, gerechte Weltordnung zu schaffen. Besonders für die sogenannten westlichen Mächte USA und Großbritannien waren dafür die Menschenrechte entscheidend. 1945 wurde die UNO gegründet.

In demokratischen Staaten wie der Bundesrepublik Deutschland muss der Staat Menschenrechtsverletzungen verfolgen. Darüber hinaus gibt es u.a. den Europäischen Gerichtshof für Menschenrechte.

In weiten Teilen werden die Menschenrechte nicht anerkannt bzw. durchgesetzt, vor allem in autoritären Staaten. Sie werden zum Teil als Erfindung der westlichen Demokratien abgelehnt.

Frühe Neuzeit (ca. 1500–1789) **Neuere Geschichte (ab 1789)**

Aufklärung
In dieser Epoche der Wissenschafts- und Geistesgeschichte (17. und 18. Jh.) wurde das selbstständig-kritische Denken gefordert. Die Aufklärer waren davon überzeugt, dass die Menschen mithilfe der Vernunft die Wahrheit selbst finden und sich richtig verhalten können.

Volkssouveränität
Die Macht/Staatsgewalt geht vom Volke aus.

Gewaltenteilung
Die Staatsgewalt ist nicht bei einer Person, sondern wird auf unterschiedliche staatliche Einrichtungen verteilt. Das soll Machtmissbrauch verhindern und den Staat verbessern. Es gibt die Legislative (gesetzgebende Gewalt), Exekutive (ausführende Gewalt) und Judikative (richterliche Gewalt)

1 Versuche zu erklären, warum die UNO eine Nachbildung des Kyros-Zylinders in ihrem Gebäude in New York aufstellen ließ (*Q 1*).

2 Arbeitet heraus, wann es in der Geschichte bei folgenden Kennzeichen von Menschenrechten Fortschritte gab (*VT*):
- Gleichheit aller Menschen
- Der Staat darf grundlegende Rechte nicht missachten, sondern muss sie schützen.
- Geltung für Menschen aller Völker (Universalität)

3 Begründe, warum es im Laufe der Geschichte viele Diskussionen darüber gab, für wen welche Grundrechte gelten sollten.

Ungleichheit in Antike und Mittelalter

Q1 Unterricht
Vasenmalerei, um 480 v. Chr.

Das Bild verdeutlicht, dass es im antiken Athen große Ungleichheit gab. Denn nur Söhne wohlhabender Familien gingen zu einem Lehrer (links). Der Mann rechts ist ein Sklave, der das Kind begleitet.

M1 Zusammensetzung der Bevölkerung Athens (Stadt und Umland) um 450 v. Chr.

Antikes Griechenland

Bis zum 18. Jh. galt für die meisten als selbstverständlich, dass die Menschen nicht dieselben Rechte haben. Zwar vertraten einzelne Philosophen die Meinung, dass alle Menschen frei sind. Aber zum Beispiel auch die beiden wohl berühmtesten Gelehrten in der griechischen Antike, Platon und Aristoteles, lehnten Gleichberechtigung ab. Im Vordergrund stand, dass in der Gemeinschaft (**Polis**) Vernunft herrscht und nicht individuelle Rechte durchgesetzt werden. In Athen entwickelte sich eine Demokratie. Dort waren aber nicht wie in modernen Demokratien alle gleichberechtigt. Nur die männlichen Bürger durften in Athen Häuser oder Land besitzen und sich an der Regierung der Polis beteiligen. Allerdings mussten sie auch Militärdienst leisten. Die Frauen aus der Gruppe der Bürger hatten diese Rechte nicht, aber sie waren als Ehefrauen begehrt. Denn die Kinder bekamen das Bürgerrecht nur dann, wenn Vater und Mutter Bürger waren.

⚠ Polis
(Plural: Poleis)
Die Polis ist eine Stadt mit kleinem Umland und gleichzeitig ein unabhängiger Staat: ein Stadtstaat. Im 5. Jh. v. Chr. waren Athen und Sparta die mächtigsten griechischen Poleis.

Viele Sklaven – viele Schicksale

Einige Athener ließen Sklaven für sich arbeiten. Dazu brauchte man allerdings genügend Geld, denn für gute Sklaven mussten hohe Preise bezahlt werden. Die Sklaven galten als Sache bzw. Ware. Sehr reiche Griechen besaßen 50 oder mehr Sklaven. Das waren oft Kriegsgefangene, Kinder von Sklaven, Findelkinder und Schuldner. Auch für die Polis selbst mussten viele Sklavinnen und Sklaven schuften. Besonders berüchtigt waren die Silberbergwerke von Laurion, wo bis zu 20 000 Menschen harte Arbeit verrichten mussten.

Q2 Unterschiede in der Natur

Aristoteles (384–322 v. Chr.) schreibt über die Sklaverei:

Manche Lebewesen zeigen schon bei ihrer Geburt so große Unterschiede, dass die einen zum Dienen, die anderen zum Herrschen bestimmt erscheinen. Es gibt viele Arten dienender Wesen, zum Beispiel Tiere und Sklaven. Es ist vorteilhafter über einen Menschen zu herrschen als über ein Tier, denn er leistet mehr. Alle, deren Leistungen aus körperlicher Arbeit bestehen, sind von Natur aus Sklaven, und es ist für sie besser, als solche zu leben. Denn Sklave von Natur aus ist, wer Vernünftiges zwar versteht, selbst aber keine Vernunft hat.

Aristoteles, Politik 1259bff., zitiert nach: Wilhelm Nestle, Aristoteles. Hauptwerke, Stuttgart [8]1977, S. 209f.

Freie Bauern – hörige Bauern

Im Reich des Frankenkönigs Karls des Großen (748–814) waren die allermeisten Menschen, über 90 Prozent, unfrei. Frei war neben den Geistlichen (Klerus) und dem Adel (u.a. König, Herzöge und Grafen) auch ein Teil der Bauern. Viele Bauern hatten ihre Freiheit aber auch mehr oder weniger aus eigenem Willen aufgegeben. Denn als freie Bauern mussten sie Kriegsdienst leisten und konnten wegen der zahlreichen Kriege nicht die Felder bestellen. Deshalb entschieden sich viele Bauern dazu, sich als Hörige einem **Grundherrn** zu unterstellen. Der Hof gehörte nun dem Grundherrn.

Beschütztes und bedrücktes Leben

Die unfreien Bauern waren ganz von ihrem Grundherrn abhängig. Auch ihre Kinder waren Hörige und dienten demselben Herrn. Der Grundherr musste zustimmen, wenn die hörigen Bauern heiraten oder Besitz erwerben wollten. Außerdem durfte er über seine Hörigen richten. Wenn der Herr Land verkaufte oder verschenkte, gingen auch die hörigen Bauern an den neuen Herrn. Mancher Grundherr nutzte seine Macht aus; er bot seinen Bauern wenig Schutz und verlangte erdrückende Dienste.

Q3 Freiheit und Knechtschaft

In einem mittelalterlichen Text, den der Wormser Bischof Burchard (ca. 965–1025) verbreitet hat, heißt es:

Wegen der Sünde des ersten Menschen* ist die Menschheit durch göttlichen Willen mit Knechtschaft bestraft worden. [...] Wegen der Ursünde hat der gerechte Gott die einen zu Knechten, die anderen zu Herren gemacht. Dadurch hat er durch die Macht der Herren die Möglichkeit für die Knechte eingeschränkt zu sündigen. Denn wenn alle keine Ehrfurcht hätten, wen gäbe es dann, der irgendeinen anderen vom Schlechten abhalten würde? Deshalb sind in den Völkern Fürsten und Könige ausgewählt worden, damit sie mit ihrer Macht die Völker vom Schlechten abhalten und sie den Gesetzen unterwerfen, so zu leben, wie Gott es gefällt.

Jacques-Paul Migne, Patrologia Latina 140 (übersetzt und vereinfacht von Markus Brogl)

⚠ Grundherrschaft
Herrschaftssystem im Mittelalter. Dabei verfügt der Grundherr über Land und Hörige. Die unfreien Bauern durften die Höfe und das Land bewirtschaften, mussten dafür aber einen Teil der Erträge abliefern und Dienste leisten. Die Grundherren boten ihren Leuten Schutz und Hilfe und durften über Straftaten richten.

Q4 Vertreibung aus dem Paradies

Buchmalerei, um 840

Das Bild zeigt eine Szene aus der Bibel: Ein Engel vertreibt die beiden ersten Menschen, Adam und Eva, aus dem Paradies. Die Mühen auf Erden für Mann (harte Feldarbeit) und Frau (Mutterschaft) galten als gerechte Folgen für die sogenannte Ursünde*.

*Ursünde
Mit der Sünde von Adam, der in der Bibel als erster Mensch gilt, ist gemeint, dass er mit seiner Frau Eva eine Frucht vom „verbotenen Baum" gepflückt hat, obwohl Gott es verboten hat. Deshalb wurden die beiden aus dem Paradies vertrieben.

1 Arbeite heraus, wie soziale Ungleichheit in der Antike und im Mittelalter begründet wurde (*VT, M 1, Q 1–Q 4*).

2 Erarbeitet in Gruppenarbeit Argumente gegen das, was in *Q 2* und *Q 3* steht.

3 Erläutere die Unterschiede zwischen den Sklaven im antiken Griechenland und den hörigen Bauern (*VT*). ➔ S. 201

4 Demokratie und Sklaverei – passt das zusammen? Begründe, warum Sklaverei in der Demokratie in Athen möglich war, in modernen Demokratien aber nicht erlaubt ist.

„Dass alle Menschen gleich geschaffen sind"? – Menschenrechte in den USA

Q1 Misshandelter Sklave

Foto von 1863

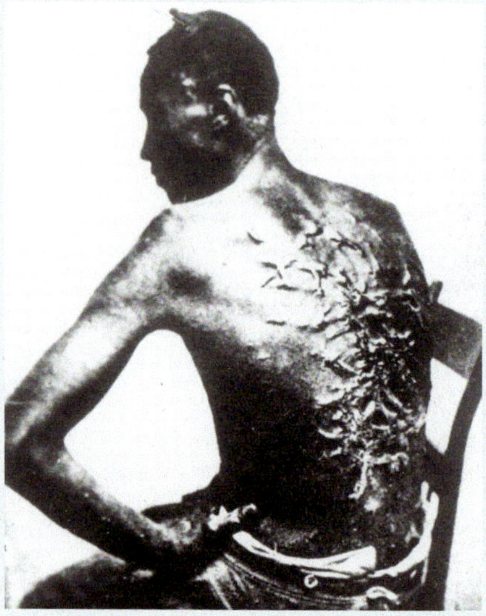

Der Mensch wurde wegen eines Fluchtversuchs mit Peitschenhieben bestraft.

Q2 Unabhängigkeitserklärung

In der Unabhängigkeitserklärung vom 4. Juli 1776 heißt es u. a.:

Folgende Wahrheiten halten wir für selbstverständlich: dass alle Menschen gleich geschaffen sind; dass sie von ihrem Schöpfer mit gewissen unveräußerlichen Rechten ausgestattet sind; dass dazu Leben, Freiheit und das Streben nach Glück gehören; dass zur Sicherung dieser Rechte Regierungen unter den Menschen eingesetzt werden, die ihre rechtmäßige Macht aus der Zustimmung der Regierten herleiten.

Zitiert nach: Willi Paul Adams und Angela Meurer Adams (Hrsg.), Die Amerikanische Revolution in Augenzeugenberichten, München 1977, S. 262

Die Menschenrechte werden Verfassungsrecht

1787 und damit vier Jahre nach ihrer Unabhängigkeit schlossen sich die amerikanischen Kolonien zu einem gemeinsamen Bundesstaat zusammen. Dieser bekam eine demokratische Verfassung, die die Menschenrechte enthielt und **Gewaltenteilung** vorsah. Die USA waren der erste Staat, in dem persönliche Freiheitsrechte Vorrang hatten gegenüber staatlichen Forderungen und deshalb von der Regierung und den Gerichten geschützt werden mussten. Frauen bekamen aber erst 1920 das volle Wahlrecht.

⚠ Gewaltenteilung
Die Staatsgewalt ist nicht bei einer Person, sondern wird auf unterschiedliche staatliche Einrichtungen verteilt. Das soll Machtmissbrauch verhindern und den Staat verbessern. Es gibt die Legislative (gesetzgebende Gewalt), Exekutive (ausführende Gewalt) und Judikative (richterliche Gewalt)

Gleiches Recht für alle?

Die Menschenrechte und damit der Schutz des Staates sollten auch nicht für die First Nations* gelten. Die weißen Siedler hielten sich wegen ihrer Lebensweise und ihres Christentums für überlegen und nahmen sich das Recht heraus, den gesamten Kontinent in Besitz zu nehmen und die First Nations zu vertreiben. Erst 1924 bekamen die First Nations die vollen Bürgerrechte.

*First Nations
Als First Nations oder Native Americans werden die Ureinwohner Amerikas bezeichnet. Die Bezeichnung „Indianer" ist falsch und außerdem negativ belegt.

Q3 Schicksal der First Nations

In einer Rede an den Kongress (beide Parlamente) sagt der damalige US-Präsident Andrew Jackson 1829 unter anderem Folgendes:

Seit Langem ist es das Ziel der Regierung gewesen, sie [die „indianischen Stämme"] zu zivilisieren, in der Hoffnung, sie allmählich von ihrem Nomadentum zu bekehren. Mit dieser Politik unvereinbar war allerdings ein weiteres Ziel, das wir verfolgten. Im gleichen Maße, in dem wir versuchten, sie zu zivilisieren und anzusiedeln, ließen wir keine Gelegenheit ungenutzt, ihr Land zu erwerben und sie weiter in die Wildnis zu treiben. Durch dieses Verhalten sind die Indianer nicht nur bei ihrer Lebensweise geblieben, sondern gelangten zu der Ansicht, dass wir ungerecht seien und gleichgültig gegenüber ihrem Schicksal.

Andrew Jackson, First Annual Message. A Compilation of the Messages and Papers of the Presidents, Ed. James D. Richardson, New York 1897, p. 1020, übersetzt von Holger Mannigel; zitiert nach: Praxis Geschichte 2/2008, S. 27

Q4 Plan eines Sklavenschiffes
Zeichnung von 1808

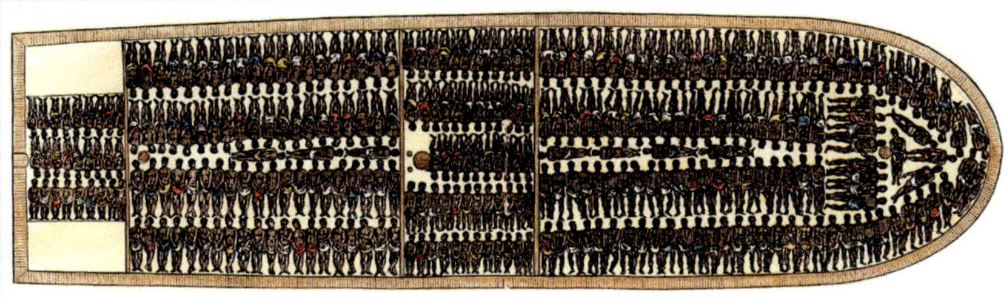

Die Zeichnung wurde angefertigt, um die „optimale Ausnutzung" des Laderaums zu zeigen.

Sklaverei

Von 1501 bis 1850 wurden insgesamt etwa 10 bis 12 Millionen Afrikaner als Sklaven nach Amerika gebracht, unter unmenschlichen Bedingungen. Ca. 400 000 davon gelangten in das Gebiet der heutigen USA. Vor allem in den Südstaaten der USA arbeiteten die Sklaven meist auf Tabak- und Baumwollplantagen. Die Besitzer erklärten, dass sie ohne die Sklavenarbeit wirtschaftlich nicht überleben könnten. Die Südstaaten drohten sogar damit, aus den USA auszutreten, wenn die Sklaverei verboten werden würde.
Mitte des 19. Jhs. war eine Mehrheit in den USA gegen die Sklaverei. Vor allem die Nordstaaten, die dichter besiedelt und stärker industrialisiert waren, lehnten sie ab. 1861 kam es zum sogenannten Sezessionskrieg. Präsident Abraham Lincoln, ein entschiedener Gegner der Sklaverei, wollte nämlich nicht hinnehmen, dass die Südstaaten aus den USA ausgetreten waren.
Die Nordstaaten siegten und die Sklaverei wurde abgeschafft. Obwohl die afroamerikanische Bevölkerung 1870 das volle Wahlrecht erhielt, war sie weiterhin stark benachteiligt. Die Rassentrennung wurde sogar erst 1964 verboten. Noch heute erfahren viele Schwarze Benachteiligung und Rassismus. Oft gibt es gewaltsame Auseinandersetzungen.

Q5 Verzweiflung

In dem folgenden Brief schreibt im Jahr 1852 Maria Perkins, eine Sklavin, an ihren Ehemann Richard über den Verkauf ihrer Kinder:

Mein lieber Mann,
ich schreibe dir einen Brief, damit du von meinem Elend weißt. Am Montag hat mein Herr Albert an einen Händler verkauft. Ich und unser anderes Kind stehen auch zum Verkauf und ich möchte sehr bald, vor dem nächsten Gerichtsmontag [Termin des Sklavenmarktes], von dir hören, wenn du kannst. Ich will nicht, dass du damit bis Weihnachten wartest. Ich will, dass du es Dr. Hamelton und deinem Herrn sagst. Wenn einer von beiden mich kaufen will, können sie sich jetzt darum kümmern, und dann kann ich dorthin gehen. Ich will nicht, dass mich ein Händler kriegt. Sie haben mich gefragt, ob ich jemanden kenne, der mich kauft, und ich habe nein gesagt. Sie haben mich auch zum Gericht gebracht, aber sie haben mich nicht zum Verkauf angeboten. Ein Mann namens Brady hat Albert gekauft und jetzt ist er weg, ich weiß nicht, wohin. Sie sagen, er wohnt in Scottesville. Meine Sachen sind an verschiedenen Plätzen, manche sind in Staunton und ich weiß nicht, was aus ihnen werden soll, falls ich verkauft werde. Ich glaube nicht, dass ich das Glück haben werde, dass alles gut wird, bevor mir mein Herz bricht. Das war's.
Ich bin für immer und ewig deine liebe Frau,
Maria Perkins

Zitiert nach: Bruce Levine u. a., Who built America? New York 1989, S. 199 (übersetzt von Verena Krus-Bühler)

1 Erkläre die Bedeutung der Verfassung von 1787 in der Geschichte (*VT*).

2 Arbeite heraus, warum bestimmte Menschengruppen trotz geltender Menschenrechte benachteiligt oder gar versklavt wurden (*VT*, *Q2*).

3 Deute, welche Einstellung aus dem Plan des Sklavenschiffes deutlich wird (*Q4*).

4 Familien wurden entführt, auseinandergerissen und auf Sklavenschiffe gebracht. Skizziert in Gruppenarbeit, welche Gedanken und Gefühle sie wohl hatten.

5 Stellt euch vor, ihr hättet in der damaligen Zeit in den USA gelebt und von dem Fall von Maria Perkins gehört (*Q5*). Verfasst einen Brief an den Präsidenten, in dem ihr die Sorgen der Frau beschreibt und begründet, warum Sklaverei menschenverachtend ist. Bezieht euch dabei auf die Menschenrechte (*Q2*).

Sklaverei im Nationalsozialismus

Q1 Flossenbürg
Foto von 1943

Von 1938 bis 1945 waren insgesamt 100 000 Häftlinge in Flossenbürg inhaftiert. In dem KZ, gebaut zur „Vernichtung durch Arbeit", starben mindestens 30 000 Menschen, viele von ihnen auf den berüchtigten Todesmärschen wenige Tage vor Kriegsende.

Q3 „Sklaven für unsere Kultur"

Auf einer SS-Gruppenführertagung sagt Himmler am 4. Oktober 1943:

Ob die anderen Völker in Wohlstand leben oder ob sie verrecken vor Hunger, das interessiert mich nur soweit, als wir sie als Sklaven für unsere Kultur brauchen, anders interessiert mich das nicht. Ob bei dem Bau eines Panzergrabens 10 000 russische Weiber an Entkräftung umfallen oder nicht, interessiert mich nur insoweit, als der Panzergraben für Deutschland fertig wird. [...] Wenn mir einer kommt und sagt: „Ich kann mit den Kindern oder den Frauen den Panzergraben nicht bauen. Das ist unmenschlich, denn dann sterben die daran" – dann muss ich sagen: „Du bist ein Mörder an deinem eigenen Blut, denn, wenn der Panzergraben nicht gebaut wird, dann sterben die deutschen Soldaten, und das sind die Söhne deutscher Mütter. Das ist unser Blut."

https://www.1000dokumente.de/pdf/dok_0008_pos_de.pdf [15.06.2020]

Wirtschaftliche Bedeutung

In Deutschland gab es während des Zweiten Weltkriegs rund 13,5 Millionen sogenannte Fremdarbeiter. Der weitaus größte Teil, 80 bis 90 Prozent, waren Sklavenarbeiter, die oft auch als Zwangsarbeiter bezeichnet werden: Menschen, die aus besetzten Gebieten verschleppt wurden, Häftlinge von Konzentrationslagern und Kriegsgefangene.

Zumal die deutschen Männer größtenteils als Soldaten dienen mussten, beuteten die Nationalsozialisten Sklavenarbeiter aus, vor allem für die Rüstungsindustrie. Aber Sklavenarbeiter waren in allen Wirtschaftsbereichen zu finden, u. a. in der Landwirtschaft, auf Baustellen, in Handwerksbetrieben oder auch in Privathaushalten.

Q2 „Unsere Lager mit Sklaven vollfüllen"

Am 9. Juli 1942 sagt der Reichsführer SS, Heinrich Himmler, dem u. a. die Polizei und die Konzentrationslager unterstehen, vor SS-Führern:

Wenn wir nicht unsere Lager mit Sklaven vollfüllen – in diesem Raum sage ich die Dinge sehr deutlich und sehr klar –, mit Arbeitssklaven, die ohne Rücksicht auf irgendeinen Verlust unsere Städte, unsere Dörfer, unsere Bauernhöfe bauen, dann werden wir auch nach einem jahrelangen Krieg das Geld nicht haben, um die Siedlungen so auszustatten, dass wirklich germanische Menschen dort wohnen [...] können.

Heinrich Himmler, Geheimreden 1933–1945, hrsg. von Bradley F. Smith und Agnes F. Peterson, Frankfurt am Main 1974, S. 146–161, hier S. 158 f.

Sklaverei und Rassenideologie

Versklavt wurden vor allem Menschen, die gemäß der NS-Ideologie „minderwertigen Rassen" angehörten (Juden, Sinti und Roma, Angehörige slawischer Völker) und solche, die aus der „Volksgemeinschaft" ausgeschlossen wurden (u. a. Homosexuelle, sogenannte „Asoziale"). Sie sollten letztendlich vernichtet werden, wenn sie nicht mehr als Arbeitskräfte dienen konnten. Von insgesamt 1,65 Millionen KZ-Häftlingen, die während des gesamten Kriegs für die deutsche Wirtschaft arbeiten mussten, überlebten nur 475 000 Menschen.

Aufarbeitung nach der NS-Herrschaft

Nach dem Ende der NS-Herrschaft wurden einige der nationalsozialistischen Sklavenhalter juristisch verfolgt: Die als „slave labour programme" bezeichnete millionenfache Verschleppung zur Zwangsarbeit war ein wichtiger Anklagepunkt der Nürnberger Prozesse. Am 1. Oktober 1946 erging das Urteil, u. a. gegen Fritz Sauckel und Albert Speer.

In den Jahrzehnten danach wurde die Zwangsarbeit dann als übliche Kriegserscheinung und „Fremdarbeit" kleingeredet. Erst in den 1990er-Jahren wurde der Begriff Sklavenarbeit wieder verwendet.

Q4 Mittelbau-Dora
Foto vom April 1945

Das Bild entstand nach der Befreiung durch US-Soldaten und zeigt einen Häftling inmitten von Toten. In Mittelbau-Dora mussten Zwangsarbeiter in Stollen, die vor alliierten Luftangriffen schützen sollten, Raketen produzieren. Dabei waren die Lebensbedingungen menschenverachtend. In 12-Stunden-Schichten waren die Häftlinge gezwungen, Schwerstarbeit zu verrichten. Auch schlafen und ihre Notdurft verrichten mussten sie im Stollen, umgeben von Staub, Gasen und Lärm.

1 Fasse zusammen, warum im nationalsozialistischen Deutschland sehr viele Sklavenarbeiter eingesetzt wurden (*VT, Q 1–Q 4*).

2 Erläutere die Zusammenhänge zwischen der Sklavenarbeit und der nationalsozialistischen Ideologie (*VT, Q 3*).

3 Beim Eintritt in ein Konzentrationslager konnte jeder den Satz „Arbeit macht frei" lesen. Begründet, inwieweit es sich hierbei um einen menschenverachtenden Spruch handelt.

4 Stellt eine Diskussion nach: Ein Vertreter ist der Meinung, dass das Wort „Fremdarbeit" die Situation im Lager ausreichend beschreibt, ein anderer ist der Ansicht, dass „Sklavenarbeit" wesentlich treffender ist. Überlegt zudem, welchen Begriff sich ein Überlebender wohl aussuchen würde und wie er dafür argumentiert.

5 Überlebende Opfer der nationalsozialistischen Diktatur erhielten sogenannte Entschädigungsleistungen: KZ- und Ghetto-Häftlinge erhielten den Maximalbetrag von 7669 Euro (Kategorie A), Zwangsarbeiterinnen und Zwangsarbeiter in der Industrie in der Regel 2556 Euro (Kategorie B). Nehmt Stellung dazu, ob der Begriff „Entschädigung" dafür angemessen ist.

Und heute?

Q1 Kindersoldatin
Foto von 1999

Nach Schätzungen werden weltweit etwa 250 000 Kindern zum Einsatz als Kindersoldaten gezwungen.

Sklaverei

Der UNO gehören heute mit sehr wenigen Ausnahmen fast alle Staaten der Erde an. Dadurch sind diese eigentlich auch zur Einhaltung der Menschenrechte verpflichtet. Dennoch werden diese oft massiv verletzt. Sogar Sklaverei ist noch immer weit verbreitet. Geschätzt leben heute mindestens 27 Millionen Menschen in sklavereiähnlichen Verhältnissen. Formen moderner Sklaverei sind Kinderarbeit, Zwangsprostitution, Rekrutierung von Kindersoldaten sowie die „klassischen Formen" der Leibeigenschaft und der wirtschaftlichen Ausbeutung.

Armut und Globalisierung

Besonders viele Menschen sind betroffen in armen Staaten. Ein Großteil gehörte in der Vergangenheit zu Kolonialreichen. Nach dem Zweiten Weltkrieg hatten die meisten noch verbliebenen Kolonien, vor allem in Afrika, Südasien (u. a. Indien) und Südostasien (z. B. Vietnam) ihre Unabhängigkeit erreicht. Aber viele wirtschaftliche und soziale Schwierigkeiten heute stehen im Zusammenhang mit der Kolonisation. Die Globalisierung verschärft die Lage in diesen Staaten oft noch zusätzlich. Denn die reicheren Staaten nutzen ihre wirtschaftliche und politische Macht, sodass beispielsweise Bauern in ärmeren Staaten ihre landwirtschaftlichen Erzeugnisse nicht zu fairen Preisen auf dem Weltmarkt verkaufen können.

Beispiel Fußball-WM 2022

Katar ist ein kleines Emirat (muslimisches Fürstentum) mit etwa 300 000 Einwohnern. Wegen des Verkaufs von Erdöl ist es sehr wohlhabend. Es bewarb sich darum, die Fußball-WM 2022 auszurichten, und bekam den Zuschlag.
Praktische Arbeit gilt in der Kultur Katars als minderwertig. Um für die WM gerüstet zu sein und die Stadien zu bauen, wurden rund 1,6 Millionen sogenannte „Gastarbeiter" ins Land geholt. Diese stammen vorwiegend aus den asiatischen Staaten Pakistan, Indien, Nepal, Bangladesch, Sri Lanka, Indonesien und den Philippinen.

Menschenrechtsverletzungen

Obwohl Katar die Bedingungen für die Arbeiter geheimzuhalten versucht, berichteten die Menschenrechtsorganisation amnesty international und mehrere Journalisten von menschenunwürdigen Arbeitsbedingungen:

- Die Arbeiter bekamen nur einen sehr geringen Mindestlohn.
- Viele von ihnen mussten auf ihre Löhne warten und betteln gehen, um überleben zu können.
- Auf den Schutz der Gesundheit wurde so gut wie gar nicht geachtet. Die genaue Zahl der Arbeiter, die wegen der sehr langen Arbeitsschichten, der extremen Hitze (etwa 50 °C), Unterernährung, mangelnder Versorgung mit Wasser oder wegen Unfällen gestorben sind, ist unbekannt.
- Den Arbeitern wurden die Pässe weggenommen. Dadurch können sie nicht ausreisen oder sich den Drangsalierungen entziehen.
- Es gibt keinen rechtlichen Schutz, beispielsweise durch Gewerkschaften.

M1 Vergabe der Fußball-WM

Plakatwand

Auf dem Foto von 2010 gibt FIFA-Präsident Josef Blatter bekannt, dass nach erfolgter Wahl die Fußballweltmeisterschaft 2022 in Katar (Emirat auf der arabischen Halbinsel) stattfinden soll.

M2 Sklaverei früher und heute

Der amerikanische Sklaverei-Forscher Kevin Bales schreibt 2001 dazu:

In der Vergangenheit bedeutete Sklavenhaltung, dass eine Person eine andere rechtmäßig besaß; in der modernen Sklaverei ist dies nicht der Fall. Heute ist Sklaverei weltweit verboten, daher ist es nicht mehr möglich, Menschen legal zu besitzen.

Kauft jemand heutzutage Sklaven, verlangt er keine Quittung oder Eigentumsurkunde, sondern erwirbt die Verfügungsmacht über einen anderen und setzt Gewalt ein, um diese aufrechtzuerhalten.

Sklavenhalter genießen alle Vorteile der Inhaberschaft, ohne gesetzlich dazu berechtigt zu sein. In Wirklichkeit ist es für Sklavenhalter sogar von Vorteil, nicht rechtmäßige Besitzer zu sein, da sie so die Sklaven völlig ihrer Kontrolle unterwerfen können, ohne eine wie auch immer geartete Verantwortung für sie zu übernehmen. Daher ziehe ich die Bezeichnung Sklavenhalter dem Begriff Sklavenbesitzer vor.

Zitiert nach: Kevin Bales, Die neue Sklaverei. Aus dem Englischen von Inge Leipold, München 2001, S. 12f.

Die Website „Planet Wissen" behandelt das Thema Sklaverei von der Antike bis heute. Du findest sie mithilfe von Mediencode 30024-61

1 Erklärt, warum die Durchsetzung der Menschenrechte in bestimmten Gegenden der Welt nicht oder kaum gelingt. ➜ S. 201

2 Beschreibt mithilfe von *M2*, wie sich die antike Form der Sklaverei von der modernen unterscheidet.

3 „Fußballstadien in Katar werden von Sklaven gebaut!" Stimmt diese Aussage? Untermauert eure Meinung mit Argumenten.

4 Recherchiert im Internet, welche Organisationen neben amnesty international sich für die Opfer der Sklavenhalter einsetzen und wie sie das tun. Präsentiert die Ergebnisse eurer Klasse. Ihr könnt dazu ein Plakat gestalten. ➜ S. 201

5 Entwerft in Gruppenarbeit ein Plakat, das zur Einhaltung der Menschenrechte in Katar auffordert.

Verantwortung für andere

Keine Person, keine Gruppe oder Organisation, kein Staat, keine Armee oder Polizei steht jenseits von Gut und Böse; sie alle untersehen moralischen Maßstäben. Jeder Mensch hat die Pflicht, unter allen Umständen Gutes zu fördern und Böses zu vermeiden.

Zitiert nach: Folker Siegert (Hrsg.), Kirche und Synagoge. Ein lutherisches Votum, Göttingen 2012, S. 174

Keine Rechte ohne Pflichten

Das Zitat oben stammt aus der „Deklaration der Menschenpflichten" von 1997. Die haben bedeutende Persönlichkeiten verfasst und dem damaligen Generalsekretär der UNO übergeben. Dahinter steht der Gedanke, dass jeder Mensch, der selbst frei leben und seine Rechte genießen möchte, auch den Wunsch der anderen respektieren muss, ebenfalls ein menschenwürdiges Leben führen zu können.

Richtig einkaufen?

In den letzten Jahren sind Menschen in reichen Ländern wie Deutschland sich immer mehr bewusst geworden, dass sie Verantwortung haben für Menschen in den sogenannten Entwicklungsländern. Das fängt schon damit an, dass wir Produkte konsumieren, die es ohne die Arbeit von Menschen in armen Ländern nicht geben würde. Gerade wenn Waren hier sehr günstig sind, stellt sich die Frage, was diese Arbeiterinnen und Arbeiter tatsächlich bekommen. Wenn Verbraucher von schlimmen Zuständen auf Plantagen oder in Fabriken hören, löst das zunehmend Unbehagen aus.

Es gibt Fairness-Siegel, die beispielsweise garantieren sollen, dass die Schokolade, die du gerade genießt, nicht durch Kinderarbeit gewonnen wurde. Es wird dabei versichert, dass die Arbeiter gerecht bezahlt wurden, sie bei ihrer Arbeit keinen gefährlichen Situationen ausgesetzt waren und die Bauern angemessen bezahlt wurden.

M1 Fallbeispiel

In einem Artikel der Deutschen Welthungerhilfe von 2011 wird Folgendes berichtet:

Ansu Lamin, ein Kakaobauer in Sierra Leone, könnte sich die aus seinem Kakao hergestellten Waren niemals leisten – weder die Tafel Milka für umgerechnet drei Euro noch das Glas Nutella für acht. Von acht Euro leben Ansu und seine Familie eine ganze Woche. Und während die europäischen Kunden Genuss mit der Süßigkeit verbinden, bedeutet sie für ihn harte Arbeit. Aber Ansu bekommt jetzt Unterstützung der Welthungerhilfe und baut jetzt bio-fairen Kakao an. Dadurch bekommt er für seine Bohnen einen einigermaßen fairen Preis. Jetzt kann sein Sohn Mohammed eine Schule besuchen und muss nur nachmittags manchmal auf der Plantage helfen.

Nach: Magazin der Deutschen Welthungerhilfe, 1/2011, S. 6 f.

M2 Kritik an Fairness-Siegeln

Der Wirtschaftswissenschaftler Matthias Döpke hat Zweifel daran, dass Fairness-Siegel den gewünschten Erfolg haben. In einem Artikel von 2010 schreibt er:

Boykotte westlicher Konsumenten oder „Fair Trade“-Zertifizierungen sind nicht nur unwirksam gegen Kinderarbeit – sie erschweren sogar deren Überwindung. Um das zu verstehen, muss man die Situation im Detail betrachten: Die Familien arbeitender Kinder sind meist extrem arm. Damit wenigstens ein oder zwei Geschwister zur Schule gehen können, müssen die anderen Geld verdienen. Werden die aber aufgrund von internationalem Druck aus einem export-abhängigen Unternehmen entlassen, verliert ihre Familie eine wichtige Einkommensquelle – und ist womöglich noch stärker als zuvor auf den Zuverdienst der Kinder angewiesen. Diese weichen dann lediglich auf andere Tätigkeiten aus [...], wo Löhne und Arbeitsbedingungen häufig noch schlechter sind.

[...]

Ein Beispiel für eine erfolgreiche Maßnahme ist das staatliche PROGRESA-Programm in Mexiko: 1998 beschloss die damalige Regierung, nicht länger den Preis von Tortillas zu subventionieren* – und damit indirekt auch reiche Familien –, sondern arme Haushalte direkt finanziell zu unterstützen. Der entscheidende Punkt: Geld bekommt nur, wer seine Kinder zur Schule statt zur Feldarbeit schickt. Zahlreiche wissenschaftliche Studien belegen den Erfolg dieses direkten wirtschaftlichen Anreizes: In Regionen, in denen das Programm eingeführt wurde, ist die Kinderarbeit deutlich rückläufig, und mehr Kinder – insbesondere ältere – besuchen die Schule.

Matthias Döpke, Hilft Fairtrade wirklich?, in: https://www.geo.de/natur/nachhaltigkeit/3066-rtkl-welthandel-hilft-fairtrade-wirklich [16.04.2020]

*subventionieren
Der Begriff bedeutet, dass der Staat u. a. Unternehmen unterstützt, zum Beispiel dadurch, dass er Geld zahlt oder weniger Steuern verlangt.

1 In einem Song der Band „Die Ärzte“ heißt es: „Es ist nicht deine Schuld, dass die Welt ist, wie sie ist. Es wäre nur deine Schuld, wenn sie so bleibt.“ Erklärt, was damit gemeint ist, und diskutiert, was jeder Einzelne von euch bereit ist, dafür zu tun.

2 Erklärt, was die Fairness-Siegel bewirken sollen (*VT*, *M 1*).

3 Arbeitet heraus, warum nach Meinung von Matthias Döpke die Fairness-Siegel nicht den gewünschten Erfolg haben (*M 2*).

4 Erläutert den Unterschied zwischen den „Fair Trade“-Siegeln und dem PROGRESA-Programm in Mexiko (*M 2*).

5 Immer wieder erfordert die Einhaltung der Menschenrechte Zivilcourage. Das betrifft nicht nur unser Konsumverhalten. Wenn am Pausenhof jemand in den Schwitzkasten genommen wird ebenso wie andere Situationen. Erkläre den Begriff Zivilcourage mithilfe anderer denkbarer Beispiele aus deinem Umfeld. → S. 201

Grundlegende Daten und Begriffe aus Jg. 6, 7 und 8

Ab 3000 v. Chr.

Hochkultur in Ägypten
Kennzeichen einer Hochkultur sind Städte, große Bauwerke, Schrift, Verwaltung, Religion und Handel.

5. Jh. v. Chr.

Blütezeit Athens
Nach dem Sieg über die Perser übernimmt Athen die Führung im Delisch-Attischen Seebund.
Prächtiger Wiederaufbau der Akropolis unter Perikles

753 v. Chr.

Mythische Gründung Roms
(„7-5-3 Rom schlüpft aus dem Ei") In diesem Jahr soll der Sage nach Romulus die Stadt gegründet haben.

1. Jh. v. Chr.

Übergang von der römischen Republik zur Kaiserzeit

Um Christi Geburt

Zeitalter des Augustus. Er begründete das Kaisertum; prächtige Ausstattung Roms und lange Friedenszeit.

962

Kaiserkrönung Ottos des Großen

um 1200

Kulturelle Blüte zur Zeit der Staufer

1453

Eroberung Konstantinopels (Hauptstadt des Byzantinischen Reiches) durch das Osmanische Reich

1492

Entdeckung Amerikas durch Christoph Kolumbus

1517

Beginn der Reformation
Am 31. Oktober 1517 veröffentlichte Martin Luther seine 95 Thesen gegen den Ablasshandel.

1618–1648

Der Dreißigjährige Krieg
Er entstand aus einem konfessionellen Konflikt zwischen Protestanten und Katholiken und entwickelte sich zu einem Kampf um politische Macht.

17./18. Jh.

Regierungsform des Absolutismus in Europa

1776

Amerikanische Unabhängigkeitserklärung

Mit ihr sagten sich die 13 Kolonien in Nordamerika von Großbritannien los.

1789

Am 14. Juli stürmten Bürger die Bastille. Dieses Ereignis gilt als Beginn der Französischen Revolution.

1806

1. Januar: Bayern wird vom Kurfürstentum zum Königreich erhoben.

6. August: Ende des Heiligen Römischen Reiches Deutscher Nation

1814/15

Wiener Kongress

Auf ihm versammelten sich die europäischen Mächte, um in einer neuen Friedensordnung das Gleichgewicht der Staaten auf dem Kontinent und die Macht der Fürsten wiederherzustellen.

1832

Hambacher Fest

Politische Veranstaltung der Opposition, bei der u. a. ein deutscher Nationalstaat mit einer Verfassung sowie Presse-, Meinungs- und Versammlungsfreiheit gefordert wurde

1848/49

Revolution in den deutschen Staaten

1871

Gründung des Deutschen Kaiserreiches; Wilhelm I. wird der erste Deutsche Kaiser und Otto von Bismarck der erste Reichskanzler.

Absolutismus
Regierungsform, bei der ein einzelner Herrscher ohne Rücksicht auf → Adel und Klerus seines Landes regieren kann. Er allein kann Gesetze einführen oder abschaffen.

Adel
Einer der → Stände im → Mittelalter. Man unterscheidet zwischen Geburts- und Amtsadel. Geburtsadel (im → Mittelalter) hat seine Stellung aufgrund seiner Herkunft. Amtsadel (in der Frühen → Neuzeit) wird vom Monarchen ernannt. Der Adel zahlte nur wenige Steuern.

Altsteinzeit
Ältester Abschnitt der Geschichte, der vor rund 2,5 Millionen Jahren begann. Die Menschen lernten das Feuer zu gebrauchen und Werkzeuge und Waffen aus Stein, Knochen und Holz herzustellen. Sie lebten als Jäger und Sammler.

Antike
Der Begriff Antike umfasst etwa den Zeitraum zwischen 1200 v.Chr. und 500 n.Chr. In diesem Zeitraum entwickelten sich die Hochkulturen rund ums Mittelmeer, vor allem die griechische und die römische.

Aristokratie
(griech.: „Herrschaft der Besten") Regierungsform, in der eine Gruppe von Adligen (→ Adel) oder besonders angesehenen Menschen herrscht

Aufklärung
In dieser Epoche der Wissenschafts- und Geistesgeschichte (17. und 18. Jh.) wurde das selbstständig-kritische Denken gefordert. Die Aufklärer waren davon überzeugt, dass die Menschen mithilfe der Vernunft die Wahrheit selbst finden und sich richtig verhalten können.

Bismarck, Otto von (1815–1898)
1862–1890 preußischer Ministerpräsident und Außenminister, 1871–1890 auch Reichskanzler. Bismarck gilt als eigentlicher Gründer des → Deutschen Kaiserreiches.

Bürger
Im → Mittelalter bezeichnete der Begriff die Einwohner einer Stadt, die vom Rat in die Gemeinde der Stadtbevölkerung ausdrücklich aufgenommen wurden. Bürger konnte nur werden, wer ein eigenes Haus oder ein bestimmtes Vermögen besaß. Der größte Teil der Einwohner einer Stadt hatte kein Bürgerrecht und durfte deshalb auch nicht mitbestimmen.

Bürgertum
Seit dem Mittelalter verstand man unter dem Begriff „Bürger" die freien Einwohner einer Stadt, die das Bürgerrecht besaßen. Im Verlauf der Französischen Revolution veränderte sich die Bedeutung und der Begriff umfasste nun alle Mitglieder einer → Nation.

Caesar
Gaius Julius Caesar war ein Feldherr und Staatsmann. Nach seinem Sieg im Bürgerkrieg wurde er → Diktator. 44 v.Chr. ermordeten ihn Senatoren, die die → Republik wiederherstellen wollten.
Augustus durfte zusätzlich den Namen seines Adoptivvaters für sich verwenden. So wurde aus dem Namen Caesar ein Titel. Später wurde aus Caesar unser Wort → Kaiser, das einen mächtigen Monarchen bezeichnet.

Christentum
Glaube, der auf Jesus Christus zurückgeht. Im Römischen Reich wurden Christen manchmal verfolgt, wenn sie sich weigerten, römischen Göttern zu opfern. Unter Konstantin dem Großen durften sie ab 313 ihren Glauben frei ausüben. 391 wurde das Christentum Staatsreligion.

Demokratie
(griech.: „Volksherrschaft") Regierungsform, in der das Volk die Regierung bestimmt

Deutscher Bund
Auf dem Wiener Kongress gegründeter lockerer Staatenbund, dem anfangs 35 souveräne Fürstentümer und vier freie Städte (Lübeck, Hamburg, Bremen und Frankfurt am Main) angehörten.
Die Fürsten meinten, dass ihre Macht von Gott gegeben war, und sahen dies als Grundlage dafür, allein und ohne das Volk zu herrschen.
Nach dem Sieg Preußens über Österreich 1866 wurde der Deutsche Bund aufgelöst.

Deutsches Kaiserreich
Deutscher Staat, der im Verlauf des Deutsch-Französischen Krieges 1871 gegründet wurde. Das Deutsche Kaiserreich war zum einen eine → konstitutionelle Monarchie und zum anderen ein Bundesstaat. An seiner Spitze stand der → König von Preußen als Deutscher → Kaiser. Der erste Reichskanzler war → Otto von Bismarck.

Diktator
Ein Diktator besitzt die ganze Macht in einem Staat. In der römischen → Republik bestimmte der → Senat Diktatoren nur für ein halbes Jahr. Gaius Julius → Caesar erhielt ein Jahr vor seiner Ermordung den Titel „Diktator auf Lebenszeit".

Gewaltenteilung
Die Staatsgewalt ist nicht bei einer Person, sondern wird auf unterschiedliche staatliche Einrichtungen verteilt. Das soll Machtmissbrauch verhindern und den Staat verbessern. Es gibt die Legislative (gesetzgebende Gewalt), Exekutive (ausführende Gewalt) und Judikative (richterliche Gewalt).

Ghetto
Abgetrenntes Wohngebiet der Juden im → Mittelalter, meist am Rand der Stadt. Die Bezeichnung stammt aus Venedig, wo Juden seit 1516 im Stadtteil „Ghetto Nuovo" wohnen mussten (→ Judentum).

Grundherrschaft
Herrschaftssystem im → Mittelalter. Dabei verfügt der Grundherr über Land und Hörige. Die unfreien Bauern durften die Höfe und das Land bewirtschaften, mussten dafür aber einen Teil der Erträge abliefern und Dienste leisten. Die Grundherren boten ihren Leuten Schutz und Hilfe und durften über Straftaten richten.

Hegemonie
Vorherrschaft eines Staates in einem Bündnis oder in einem Gebiet; sie kann auf militärischer, politischer oder wirtschaftlicher Stärke beruhen.

Industrialisierung
Entwicklung, bei der aus einer Agrargesellschaft eine Industriegesellschaft wird und der größte Teil der Erwerbstätigen in Industriebetrieben arbeitet. In Deutschland fand sie im 19. Jh. statt. Begleitet wurde die Industrialisierung von einer Bevölkerungsexplosion, einer Verstädterung (Urbanisierung), dem Entstehen der → Sozialen Frage und des → Sozialismus.

Investiturstreit
Investitur bedeutet wörtlich „Einkleidung"; feierliche Einsetzung eines Bischofs in sein Amt. Den Streit um das Recht der Investitur zwischen → Königen/dem → Kaiser und dem Papst nennt man Investiturstreit.

Islam
Im 7. Jh. von Mohammed gegründete Religion. Das arabische Wort bedeutet die völlige Hingabe an Allah (Gott).

Judentum
Religion des „Volkes Israel" sowie aller Menschen, die der jüdischen Gemeinschaft durch Geburt oder Glauben angehören. Der jüdische Glaube ist die älteste → monotheistische Religion und beeinflusste → Christentum und → Islam.

Jungsteinzeit
Sie begann etwa 10 000 v. Chr. Die Lebensweise der Menschen änderte sich radikal: Die Menschen wurden allmählich sesshaft und entwickelten Ackerbau und Viehzucht.

Kaiser
Höchster Titel eines Herrschers in einer → Monarchie. Der Kaiser war angesehener als ein → König, aber nicht immer mächtiger. Vorbild waren die römischen Kaiser. Im → Mittelalter wurde der Kaiser vom Papst eingesetzt.

Karl der Große
König der Franken (768–814): Unter ihm hatte das Frankenreich die größte Ausdehnung. Er wurde 800 vom Papst zum → Kaiser gekrönt und war Vorbild aller → mittelalterlichen Kaiser.

Kloster
(lat. claustrum: verschlossener Raum): abgeschlossener Bereich, in dem Mönche bzw. Nonnen leben und arbeiten. Ein Kloster wird nach bestimmten Regeln von einem Abt bzw. einer Äbtissin geleitet.

König
Höchster Herrscher eines Reiches. Ein König regiert eine → Monarchie.

Konstitutionelle Monarchie
Bei dieser Staatsform ist der Monarch (z. B. → König) an eine Konstitution (= → Verfassung) gebunden. Seine Macht ist dadurch gesetzlich begrenzt.

Kreuzzüge
Bezeichnung für die Kriege zwischen den Christen (→ Christentum) und Muslimen (→ Islam) in den Jahren zwischen 1095 und 1291. Der Begriff selbst war den ersten Kreuzfahrern noch nicht bekannt; sie sahen sich auf einer Reise zum Heiligen Grab in Jerusalem.

Kurfürsten
Fürsten, die seit dem 14. Jh. den → König wählten. Der Begriff kommt vom mittelhochdeutschen „kur" = die „Wahl".

Liberalismus
(lat. liber: frei) Nach dieser Lehre soll sich jeder Einzelne aus religiösen und politischen Abhängigkeiten lösen und sein Leben frei gestalten können.

Seit dem Ende des 18. Jhs. fordern Liberale den Schutz von → Menschenrechten und → Verfassungen, die den Bürgern politische Mitsprache einräumen.

Limes
Grenzbefestigungsanlage zwischen dem Römischen Reich und Germanien. Er wurde am Ende des 2. Jhs. n. Chr. erbaut und diente als Schutzwall, hinter dem in römischen Militärlagern (Kastellen) Soldaten untergebracht waren. Der Limes war keine undurchlässige Grenze, sondern ließ regen Handel zwischen Römern und Germanen zu.

Lehnswesen
Lehen bedeutet „das geliehene Gut". Ein Eigentümer (= Lehnsherr) verleiht dem Lehnsmann auf Lebenszeit Grundbesitz, Ämter oder Rechte. Dafür dient der Lehnsmann seinem Lehnsherrn und verspricht ihm Treue. Dieses System bezeichnet man als Lehnswesen.

Luther, Martin
Theologe und Reformator. Er veröffentlichte 1517 seine 95 Thesen, in denen er den Ablasshandel der Kirche kritisierte. Später lehnte er den Papst als Oberhaupt der Kirche ab. Über ihn wurde die Reichsacht verhängt. Doch der → Kurfürst von Sachsen gewährte ihm Schutz. Luthers Lehre führte zur Spaltung der Kirche (→ Reformation). Seine Übersetzung der Bibel ins Deutsche wurde weit verbreitet.

Menschenrechte
Rechte und Freiheiten, die alle Menschen von Natur aus haben

Mittelalter
In der europäischen Geschichte die Zeitspanne zwischen → Antike und → Neuzeit (ca. 500–1500)

Migration
Der Begriff Migration bezeichnet die Aus- und Einwanderung von Menschen aus einem Land in ein anderes. Bei der griechischen Kolonisation wanderten Menschen aus griechischen → Poleis aus und gründeten rund ums Mittelmeer neue Siedlungen (Kolonien).

Monotheismus
Glaube an einen Gott. Die großen monotheistischen Religionen sind → Judentum, → Christentum und → Islam.

Monarchie
Herrschaft eines → Königs/→ Kaisers oder einer Königin/Kaiserin. Der Begriff setzt sich aus den griechischen Wörtern „monos" = einer und „archein" = herrschen zusammen.

Napoleon
Napoleon Bonaparte (1769–1821) war in den Revolutionskriegen ein erfolgreicher General. Nach einem Staatsstreich errang er 1799 die Alleinherrschaft und krönte sich 1804 zum → Kaiser der Franzosen. Mit seinen Truppen eroberte er fast ganz Europa. Der erfolglose Russlandfeldzug 1812 leitete das Ende seiner Herrschaft ein. 1815 wurde er bei Waterloo endgültig besiegt und auf die Insel St. Helena im Südatlantik verbannt.

Nation
(lat. natio: Herkunft, Abstammung) Als Nation wird seit dem 18. Jh. eine große Gruppe von Menschen mit gleicher Abstammung, Geschichte, Sprache, Kultur oder mit gemeinsamer Regierung und Staatsordnung (→ Verfassung) in einem Staat bezeichnet.
Nationen sind keine natürlichen Gebilde, sondern Konstruktionen.

Nationalismus
Einstellung, die die eigene → Nation oder den eigenen Staat hochschätzt. Damit verbunden ist der Anspruch auf nationale Selbstständigkeit.
Heute wird mit dem Begriff Nationalismus ein Nationalgefühl bezeichnet, das gleichzeitig Menschen anderer Völker abwertet.

Neuzeit
in der europäischen Geschichte die Zeit, die das → Mittelalter ablöst. Die → Renaissance, der Buchdruck, die Entdeckung Amerikas und die → Reformation gelten u.a. als Gründe für den Beginn der Neuzeit, die bis in die Gegenwart reicht. Die sog. Frühe Neuzeit reicht von ca. 1500 bis 1789.

Parlament
Versammlung von Abgeordneten, die das Volk politisch vertreten

Pharao
Titel der ägyptischen → Könige. „Pharao" bedeutet wörtlich „Hohes Haus".

Polis
(Plural: Poleis)
Die Polis ist eine Stadt mit kleinem Umland und gleichzeitig ein unabhängiger Staat: ein Stadtstaat. Im 5. Jh. v. Chr. waren Athen und Sparta die mächtigsten griechischen Poleis.

Proletariat
Im antiken Rom wurden damit die Bürger bezeichnet, die keinen Besitz hatten außer ihrem eigenen Nachwuchs (lat. proles: Nachkomme) und auf Lohn angewiesen waren. Bei Karl Marx wurde Proletariat ein Kampfbegriff und bezeichnete die Arbeiter als „ausgebeutete Klasse" während der → Industrialisierung.

Provinzen
Römische Gebiete, die außerhalb Italiens lagen, bezeichnete man als Provinzen. Die dortige Bevölkerung musste Steuern und Abgaben an den Statthalter zahlen. Der musste nur eine bestimmte Summe an den römischen Staat abführen. Den Rest des Geldes konnte er behalten. Deshalb wurden die Provinzen oft von den Statthaltern ausgebeutet.

Pyramide
Pyramiden errichteten die Ägypter als Grabstätten der → Pharaonen. Die größte ist die Cheops-Pyramide. Auch die Maya und Inka in Mittelamerika bauten Pyramiden als Tempelanlagen.

Quellen
Alle Überreste aus der Vergangenheit, wie zum Beispiel Briefe, andere Texte, Bilder, Gebäude, Werkzeuge, alte Namen usw., die uns etwas über die früheren Zeiten erzählen

Reformation
Von → Martin Luther ausgehende Bewegung, die Kirche und Glaube erneuern wollte. Sie endete in der Spaltung der katholischen Kirche in verschiedene christliche Konfessionen (→ Christentum).

Reichstag
Bezeichnung für das → Parlament im → Deutschen Kaiserreich. Es wurde demokratisch durch allgemeine, geheime, freie und direkte Wahlen bestimmt (→ Demokratie). Erst ab 1918 durfte der Reichstag die Regierung (u.a. den Reichskanzler) kontrollieren.
Reichstag ist auch die Bezeichnung für das Gebäude, in dem das → Parlament des Kaiserreiches tagte (heute Sitz des Deutschen Bundestages).
Im → Mittelalter war der Reichstag die Versammlung der Großen im Heiligen Römischen Reich (u.a. → Kurfürsten, Herzöge). Sie wurde vom → König einberufen.

Renaissance
(frz.: Wiedergeburt) moderner Begriff für die „Wiedergeburt" der Kunst und Kultur der → Antike. In dieser Zeit (ca. 1350–1600) gab es in Europa außerdem starke Veränderungen in den Bereichen Politik, Wirtschaft und Religion.

Republik
Eine Republik ist ein Staat, dessen Oberhaupt gewählt wird. Nach der Vertreibung des etruskischen → Königs wurde Rom Republik.

Romanisierung
Als Romanisierung bezeichnet man den Einfluss der römischen Sprache, Denkweise, Rechtsprechung, Bauweise, Verwaltung, Technik und Zivilisation auf die unterworfenen Völker. Dazu zählt auch die Gründung von Städten als Zentren römischen Lebens. Vor allem in West- und Mitteleuropa sind die ältesten Städte von den Römern gegründet worden.

Säkularisation
(lat. saecularis: weltlich) Übernahme der Herrschaft in kirchlichen Gebieten durch weltliche Fürsten während der napoleonischen Herrschaft. Dabei handelte es sich um vier Erzbistümer, 18 Bistümer und etwa 300 → Klöster. Diese verloren dabei auch das gesamte dazugehörige Eigentum, wie z.B. den Grundbesitz.

Soziale Frage
Soziale und gesellschaftliche Probleme vor und während der → Industrialisierung. Kennzeichen waren Bevölkerungsexplosion und Massenelend der Arbeiterschaft (niedrige Löhne, schlechte Arbeits- und Lebensbedingungen). Staat, Kirche, Unternehmer, Arbeiter und politische Denker suchten nach Lösungen für diese Probleme.

Sozialgesetzgebung
Gesetze zur sozialen Absicherung der Menschen in Deutschland durch den Staat. Reichskanzler → Otto von Bismarck führte zwischen 1883 und 1890 eine Kranken-, Unfall- und Altersversicherung ein. Heute gibt es in der Bundesrepublik Deutschland außerdem eine Arbeitslosen- und Pflegeversicherung.

Sozialismus
(lat. socius: Genosse) Wirtschafts- und Gesellschaftsordnung, die den Kapitalismus abschaffen will. Dabei sollen die Produktionsmittel (Fabriken etc.) im Besitz der Gesellschaft bzw. des Staates sein. Ziel ist eine gerechte Verteilung der Güter und Gewinne.

Stadtrecht
Recht einer Stadt im → Mittelalter, sich selbst unabhängig von einem Stadtherrn zu verwalten

Stände
Geburt und Abstammung bestimmen im → Mittelalter darüber, zu welcher Gruppe (= Stand) man gehörte. Jeder Stand hatte bestimmte Rechte und Pflichten.

Senat
Der römische Senat war eine sehr angesehene Versammlung und in der römischen → Republik der wichtigste Teil der → Verfassung. In ihm saßen ehemalige Regierungsbeamte, die die anderen Politiker berieten.

Verfassung
Rechtliche Grundordnung eines Staates; in ihr werden u.a. die Rechte und Pflichten von Regierenden und Bürgern festgelegt.

Volkssouveränität
Die Macht/Staatsgewalt geht vom Volke aus.

Westfälischer Friede
Der Friede wurde 1648 in den westfälischen Städten Münster und Osnabrück geschlossen. Er beendete den Dreißigjährigen Krieg und schuf eine neue europäische Friedensordnung. Die Territorialstaaten im Heiligen Römischen Reich bekamen ein größeres politisches Gewicht.

Grundlegende Daten und Begriffe aus Jg. 9/Band 4

1 Imperialismus und Erster Weltkrieg

1914–1918

Erster Weltkrieg

Von ihm waren fast alle Staaten der Erde betroffen. Anlass war die Ermordung des österreichischen Thronfolgerehepaars in Sarajewo am 28. Juni 1914.

1917

Kriegseintritt der USA

Gründe dafür waren u. a. der uneingeschränkte U-Boot-Krieg des → Deutschen Kaiserreiches, das Eintreten für die → Demokratie und wirtschaftliche Interessen.

Russische Oktoberrevolution

Die Bolschewiki übernahmen die Macht und errichteten eine kommunistische Diktatur.

1918

Novemberrevolution

Aufstände vor allem von Soldaten und Arbeitern führten in Deutschland zur Bildung von Arbeiter- und Soldatenräten und zum Sturz der → Monarchien.

Imperialismus

Bezeichnung für das Bestreben von einzelnen Staaten, ihren wirtschaftlichen, politischen und militärischen Einflussbereich auf andere Gebiete auszudehnen. Historiker verbinden damit die Zeit zwischen 1880 und 1914, als Europäer, die USA und Japan Afrika und große Teile Asiens in Besitz nahmen.

Kommunismus

Bezeichnung für die politische Weltanschauung von Karl Marx und Friedrich Engels. Nach ihr sollen zunächst durch eine Revolution die Bourgeoisie (= Besitzbürgertum) entmachtet werden und die Produktionsmittel in die Hände des → Proletariats (= der Arbeiter) gelangen. Langfristiges Ziel ist eine Gesellschaftsordnung ohne Staat, in der die Menschen friedlich zusammenleben und die Produktionsmittel allen Menschen gehören.

Vertrag von Versailles

Friedensvertrag nach dem Ersten Weltkrieg, den die Siegermächte dem Deutschen Reich, das inzwischen → Republik war, diktierten. Der Vertrag machte das Deutsche Reich und seine Verbündeten (u. a. Österreich-Ungarn und das Osmanische Reich) verantwortlich für den Kriegsausbruch und belastete es mit großen Gebietsabtretungen und hohen Reparationszahlungen.

2 Die Weimarer Republik – die erste deutsche Demokratie

1918–1933

Weimarer Republik

1923

Krisenjahr: Besetzung des Ruhrgebiets durch britische, französische und belgische Truppen und anschließender „Ruhrkampf"; Angriffe von Links- und Rechtsradikalen auf den Staat (u. a. „Hitler-Putsch"); Hyperinflation

1929

Weltwirtschaftskrise

Weimarer Verfassung

Verfassung, die 1919 von der Nationalversammlung beschlossen wurde. Durch sie wurde das Deutsche Reich eine parlamentarische → Demokratie (→ Parlament) mit umfangreichen Grundrechten. Der Reichspräsident hatte große Vollmachten, konnte den → Reichstag auflösen und mithilfe von Notverordnungen regieren.

3 Nationalsozialismus – Ideologie und Politik bis 1939

30. Januar 1933

Reichspräsident Hindenburg ernennt Hitler zum Reichskanzler

9. November 1938

Novemberpogrome

Bezeichnung für die gegen Juden verübten Gewaltaktionen am 9./10. November 1938

Nationalsozialismus
Weltanschauung und politische Bewegung. Der Begriff verbindet in eigentümlicher Weise die Begriffe → Nationalismus (= Glaube an die Überlegenheit des eigenen Volkes) und → Sozialismus (= Verantwortung der → „Volksgemeinschaft" für den einzelnen Bürger).

Antisemitismus
Judenfeindschaft, Judenhass aufgrund der Annahme, dass Juden eine eigene Rasse seien (→ Judentum)

„Ermächtigungsgesetz"
Vom → Reichstag am 23. März 1933 beschlossenes Gesetz. Es erlaubte der Regierung unter Adolf Hitler, Gesetze ohne den Reichstag zu beschließen. Nur die Abgeordneten der SPD stimmten dagegen; die kommunistischen Abgeordneten (→ Kommunismus) waren zuvor bereits verhaftet worden oder ins Exil gegangen.

„Gleichschaltung"
Die Ausrichtung von Staat, Gesellschaft und Kultur nach den Vorstellungen einer einzigen Partei, der NSDAP

Münchner Abkommen
Die Staatschefs des Deutschen Reiches, Italiens, Englands und Frankreichs einigten sich während ihres Treffens in München (29./30. September 1938) über Streitfragen bezüglich des Sudetenlandes und der restlichen Tschechoslowakei.

„Nürnberger Gesetze"
Auf dem Reichsparteitag 1935 in Nürnberg beschlossene antisemitische Gesetze zur Entrechtung von Juden in Deutschland (→ Antisemitismus, → Judentum)

„Volksgemeinschaft"
Nach der völkischen Weltanschauung die soziale Einheit aller Deutschen – unabhängig von Stand, Beruf und Konfession

4 Nationalsozialismus, Zweiter Weltkrieg und Holocaust

1939–1945

Zweiter Weltkrieg

20. Juli 1944

Missglücktes Attentat auf Adolf Hitler durch Oberst Claus Schenk Graf von Stauffenberg; dadurch scheiterte auch der Umsturzversuch der militärischen Oppositionsgruppe um Generaloberst Ludwig Beck

8./9. Mai 1945

Bedingungslose Kapitulation des Deutschen Reiches (vollständiges Ergeben, ohne Bedingungen stellen zu können); dadurch endete der Zweite Weltkrieg in Europa.

Holocaust
(griech. „Brandopfer", wörtlich „vollständig verbrannt")
Engl. Ausdruck für Massenmorde an einem Volk

Shoa
(wörtlich „Katastrophe", „Untergang")
Hebräische Bezeichnung für alles Leid, das die Juden (→ Judentum) während der nationalsozialistischen Diktatur (→ Nationalsozialismus) erdulden mussten

Konzentrations- und Vernichtungslager
Konzentrationslager sind Massenlager, in denen politische Gegner, Kriegsgefangene und verfolgte Minderheiten gefangen gehalten, misshandelt und ermordet wurden. Ab 1941 entstanden in den von den Deutschen besetzten Ostgebieten Vernichtungslager. In diesen Tötungsanstalten wurden Millionen von Menschen systematisch ermordet.

Wissen im Überblick

zu Kap. 1 „Imperialismus und Erster Weltkrieg"

Grundlegende Daten und Begriffe sind rot unterstrichen bzw. blau unterlegt.

Warum strebten so viele Staaten im 19. Jh. nach Kolonien?

Viele europäische Staaten, aber auch die USA und Japan strebten danach, ihre Macht weltweit auszudehnen. Man nennt diese Politik Imperialismus. Aufgrund des damals verbreiteten Rassismus fühlten sich die imperialistischen Staaten dazu berechtigt, Gebiete in Amerika, Afrika und Asien zu besetzen oder abhängig zu machen. Man versprach sich davon wirtschaftliche Vorteile wegen der dort vorhandenen Rohstoffe oder betrachtete diese Gebiete als künftige Absatzmärkte für eigene Industrieprodukte.
Die Folgen der oft willkürlichen Grenzziehungen, der wirtschaftlichen Ausbeutung und der Zerstörung der gesellschaftlichen Strukturen in den Kolonien, der Kultur, Religion und Tradition wirken bis heute fort und behindern eine positive Entwicklung dieser ehemaligen Kolonien.

Der Erste Weltkrieg – die „Urkatastrophe des 20. Jahrhunderts"?

Der Erste Weltkrieg dauerte von 1914 bis 1918. Das Attentat auf den österreichischen Thronfolger Franz Ferdinand in Sarajewo war nur der Anlass zum Krieg. In Wirklichkeit waren der übersteigerte Nationalismus der europäischen Großmächte, das erwachende Nationalbewusstsein vieler Volksgruppen, die wirtschaftliche Konkurrenz im Zuge der Industrialisierung und der verbreitete Militarismus wesentliche Ursachen des Krieges.
Als kurzer Feldzug geplant, entwickelte er sich zu einem verheerenden Stellungskrieg. Moderne Waffen (Maschinengewehre, Panzer, Giftgas) führten zu enormen Verlusten bei den eingesetzten Soldaten. Auch die Zivilbevölkerung litt unter den Kriegsfolgen (fehlende Lebensmittel und Rohstoffe).
Mit dem Kriegseintritt der USA 1917 weitete sich der Krieg zum Weltkrieg. Im selben Jahr brachte die russische Oktoberrevolution den Sieg des Kommunismus in Russland. Trotz des Ausscheidens Russlands aus dem Krieg 1918 war dieser für das Deutsche Kaiserreich und Österreich-Ungarn Ende 1918 endgültig verloren. In beiden Ländern bedeutete dies auch das Ende der Monarchie. Die Novemberrevolution 1918 führte zur Abdankung der Monarchen und zur Einführung republikanischer Staatsformen.

Warum belasteten die Pariser Friedensverträge den Frieden?

Deutschland und Österreich-Ungarn mussten Anfang 1919 harte Friedensbedingungen akzeptieren. Für Österreich-Ungarn bedeutete der Vertrag das Ende dieses Großreiches, das in zahlreiche Einzelstaaten aufgeteilt wurde. Für Deutschland brachte der Vertrag von Versailles Gebietsverluste, die Besetzung des Rheinlandes, hohe Reparationszahlungen und die radikale Verkleinerung der Armee auf 100 000 Mann sowie das Verbot, schwere Waffen zu produzieren und zu besitzen. Viele Menschen in Deutschland waren empört und empfanden diesen Frieden als ungerecht. Dass Politiker der neuen demokratischen Regierung in Deutschland diesen Friedensvertrag unterschreiben mussten, belastete die Weimarer Republik. Viele politisch rechtsgerichtete Parteien bekämpften diesen Staat von Anfang an.

1 Erkläre Motive und Folgen des Imperialismus für die imperialistischen Mächte und die betroffenen Kolonien.

2 Bewerte, ob die Bezeichnung „Urkatastrophe des 20. Jahrhunderts" für den Ersten Weltkrieg angemessen ist.

3 Erkläre die Aussage: „Die Pariser Friedensverträge beenden den Krieg und belasten den Frieden."

Wissen im Überblick

zu Kap. 2 „Die Weimarer Republik – die erste deutsche Demokratie"

Grundlegende Daten und Begriffe sind rot unterstrichen bzw. blau unterlegt.

Wie wurde die Weimarer Republik regiert?

Nach dem Ende des Ersten Weltkriegs und der Novemberrevolution 1918 wurde Vertretern demokratischer Parteien (SPD und USPD) die Leitung des Staates übertragen. Der Kaiser hatte zuvor abgedankt. Es fanden Wahlen zu einer verfassunggebenden Nationalversammlung statt, bei denen erstmals auch Frauen wählen durften. Die in Weimar beschlossene Verfassung (Weimarer Verfassung) errichtete in Deutschland einen Bundesstaat auf der Grundlage einer parlamentarischen Demokratie mit Grundrechten. Sie stattete jedoch den Reichspräsidenten durch Artikel 48 mit erheblichen Machtbefugnissen aus.

Welchen Bedrohungen war die Weimarer Republik ausgesetzt?

Die Folgen des verlorenen Weltkriegs lasteten von Anfang an schwer auf der Weimarer Republik (1918–1933). Dies machten sich vor allem links- und rechtsradikale Parteien zunutze. Sie wollten die bestehende Staatsform zerstören und nutzten dafür Demonstrationen, politische Propaganda, Putschversuche oder Geschichtslügen wie die „Dolchstoßlegende" als Mittel. Zudem mussten die Bürger ihre gestiegene Verantwortung in der neuen Staatsform erst lernen.

Welche Krisen erschütterten die Weimarer Republik?

Kriegsschulden, Reparationsleistungen und der Wiederaufbau der Wirtschaft waren eine große Belastung für die Staatskasse. Nach der Besetzung des Ruhrgebiets und dem „Ruhrkampf" kam es im Krisenjahr 1923 zu einer Hyperinflation. Gustav Stresemann konnte mit einer Währungsreform die Wirtschaft stabilisieren und außenpolitisches Ansehen Deutschlands erreichen.
Mit dem Ausbruch der Weltwirtschaftskrise 1929 erschütterte eine zweite große Krise die Republik. Konkurse von Unternehmen und Massenarbeitslosigkeit zerstörten das Vertrauen der Menschen in die Demokratie.

Was waren die „Goldenen Zwanziger Jahre"?

Die wirtschaftliche und politische Entspannung zwischen 1924 und 1929 führte zu einer kulturellen und gesellschaftlichen Blütezeit. Vor allem in den Städten eroberten Massenmedien und die Massenproduktion neuer technischer Errungenschaften den Alltag der Menschen.
Auch für Frauen ergaben sich neue Berufsfelder. Laut Verfassung waren Frauen gleichberechtigt. Die selbstbewusste und finanziell unabhängige Frau blieb jedoch ein Idealbild, das gerade in den ländlichen Regionen der Realität widersprach.

Was trug zum Scheitern der Weimarer Republik bei?

An den Herausforderungen infolge der Weltwirtschaftskrise zerbrach die Koalition aus demokratischen Parteien. Auch nach Wahlen kamen keine regierungsfähigen Mehrheiten im Reichstag mehr zustande. Daher setzte Reichspräsident Hindenburg von 1930 bis 1933 Präsidialkabinette ein, die mithilfe von Notverordnungen regierten. Radikale Parteien wie die NSDAP gewannen immer mehr Anhänger.

1 Stelle in einer Tabelle Belastungen und Erfolge der Weimarer Republik gegenüber.

2 Erkläre, inwiefern die Weimarer Verfassung antidemokratischen Kräften Möglichkeiten bot.

3 In einer Rede zum 100-jährigen Jubiläum der Weimarer Verfassung sagte Bundespräsident Frank Walter Steinmeier: „Demokratie gelingt oder scheitert nicht auf dem Papier der Verfassung, sondern in der gesellschaftlichen Realität." Diskutiert in der Klasse und begründet, ob diese Aussage zutrifft.

Wissen im Überblick

zu Kap. 3 „Nationalsozialismus – Ideologie und Politik bis 1939“

Grundlegende Daten und Begriffe sind rot unterstrichen bzw. blau unterlegt.

Welche Weltanschauung verfolgten die Nationalsozialisten?

Grundpfeiler des Nationalsozialismus waren die Rassenlehre und die Vorstellung von der „Reinheit“ des deutschen Volkes. Die Nationalsozialisten vertraten die Ansicht, dass es unter den Menschen – wie überall in der Natur – einen Kampf gebe. Nur die Gesunden und Starken könnten sich durchsetzen. Dazu zählten sie eine in Deutschland und Nordeuropa beheimatete „Herrenrasse“ (Arier). Keinesfalls dürfe die deutsche „Volksgemeinschaft“ ihr Blut mit „minderwertigen Rassen“ vermischen, zu denen nach Auffassung der Nationalsozialisten vor allem die Juden zählten. Der Hass auf „die jüdische Rasse“ (= Antisemitismus) war deshalb ebenfalls eine Leitlinie ihrer Weltanschauung. Durch Eroberungskriege sollte zudem „Lebensraum im Osten“ gewonnen werden.

Wie konnten die Nationalsozialisten ihre Macht ausbauen?

Am 30. Januar 1933 wurde Adolf Hitler zum Reichskanzler ernannt. Schon kurze Zeit später verfolgten die Nationalsozialisten ihre politischen Gegner. Eine Notverordnung, die nach dem Brand des Reichstags in Kraft trat, erleichterte ihr brutales und menschenverachtendes Handeln. Durch das „Ermächtigungsgesetz“ wurde außerdem der Reichstag entmachtet. Fortan war es der NS-Regierung möglich, Gesetze zu verabschieden, auch wenn sie von der Reichsverfassung abwichen. Schließlich ermöglichte es die „Gleichschaltung“, Parteien, Verbände, Vereine und die Medien auf die politischen Ziele der Nationalsozialisten hin auszurichten.

Wie wurde mit Gegnern umgegangen?

Von der „Volksgemeinschaft“ wurde erwartet, sich uneingeschränkt in den Dienst der NS-Bewegung zu stellen. Politisch Andersdenkende und missliebige Personen wurden inhaftiert. Nur wenige Wochen nach der Machtübernahme errichteten die Nationalsozialisten zu diesem Zweck in Dachau ihr erstes Konzentrationslager.

Auf dem Reichsparteitag 1935 verkündeten sie die „Nürnberger Gesetze“. Das sogenannte „Blutschutzgesetz“ verbot die Heirat und den außerehelichen Geschlechtsverkehr zwischen Juden und Nichtjuden. Im „Reichsbürgergesetz“ wurde festgelegt, dass Juden zukünftig als Bürger minderen Rechts galten. In der Folge fanden am 9. November 1938 Novemberpogrome statt. Fanatisierte Nationalsozialisten zerstörten 1400 Synagogen sowie tausende jüdische Geschäfte, Wohnungen und jüdische Friedhöfe. Ungefähr 100 Juden verloren ihr Leben, tausende wurden in Konzentrationslagern inhaftiert. Neben den Juden wurden unter anderem Sinti und Roma, Obdachlose und Homosexuelle verfolgt.

Weshalb gab es damals unter der Bevölkerung eine große Zustimmung zum Nationalsozialismus?

Der NS-Propaganda gelang es, Hitler als tatkräftigen Alleinherrscher darzustellen, der imstande war, die Probleme der Bevölkerung zu lösen. Seine Popularität stieg, als die Arbeitslosigkeit abnahm. Dabei profitierten die Nationalsozialisten von ihren enorm hohen Investitionen in die Rüstung, von einem weltweiten Wirtschaftsaufschwung und von arbeitspolitischen Maßnahmen, die bereits in der Weimarer Republik in Gang gebracht worden waren. Ein Großteil der Deutschen wünschte sich darüber hinaus, den in ihren Augen ungerechten Versailler Vertrag rückgängig zu machen. Im außenpolitischen Bereich konnten die Nationalsozialisten Erfolge durch die Einführung der allgemeinen Wehrpflicht, die Rheinlandbesetzung oder die Angliederung der sudetendeutschen Gebiete an das Deutsche Reich (Münchner Abkommen) erzielen.

1 Erläutere, inwiefern die Nationalsozialisten sich nicht an die Prinzipien eines demokratischen Rechtsstaates hielten.

2 Stelle Zusammenhänge zwischen der Weltanschauung der Nationalsozialisten und ihrem politischen Vorgehen her.

Wissen im Überblick

zu Kap. 4 „Nationalsozialismus, Zweiter Weltkrieg und Holocaust"

Grundlegende Daten und Begriffe sind rot unterstrichen bzw. blau unterlegt.

Weshalb wird der Zweite Weltkrieg auch als „Rasse- und Vernichtungskrieg" bezeichnet?

Der Zweite Weltkrieg (1939–1945) begann mit dem deutschen Überfall auf Polen und endete am 8./9. Mai 1945 mit der bedingungslosen Kapitulation Deutschlands. Er umfasste weite Teile der Welt und brachte unfassbares Leid über die Menschen. Nach teilweise erfolgreichen „Blitzkriegen" in Europa griff die deutsche Armee im Juni 1941 die Sowjetunion an. Dabei glaubten die Nationalsozialisten, einen Kreuzzug gegen den Kommunismus zu führen. Deshalb gingen sie besonders grausam und menschenverachtend vor. Gefangene sowjetische Soldaten und die einheimische Bevölkerung wurden rücksichtslos und brutal behandelt. Die eroberten Gebiete beuteten die deutschen Besatzer gnadenlos aus.

Was versteht man unter den Begriffen „Shoa" bzw. „Holocaust"?

Angeblich rassisch Minderwertige in den von Deutschen besetzten Gebieten durften keine Gnade erwarten. Sie wurden entweder an Ort und Stelle umgebracht oder in Ghettos (= abgesonderte Stadtteile) zusammengerottet. Von dort aus brachte man die Gefangenen in Konzentrations- und Vernichtungslager, wo sie unter erbärmlichen Bedingungen leben mussten. Sie wurden zur Arbeit gezwungen, misshandelt und ermordet. Viele Insassen starben an Mangelernährung, Krankheiten und Entkräftung. Den Massenmord an den europäischen Juden, dem sechs Millionen Menschen zum Opfer fielen, nennt man auch Holocaust (wörtlich: vollständig verbrannt) oder Shoa (hebräisch für Katastrophe, Untergang).

Wer leistete Widerstand im Dritten Reich?

Von Beginn an verfolgten die Nationalsozialisten ihre Gegner mit unnachgiebiger Härte und Grausamkeit. Deshalb gehörte gerade für die einfache Bevölkerung viel Mut dazu, sich den Anordnungen der Nationalsozialisten zu widersetzen. Auf kirchlicher Seite gab es einige Priester und Gläubige, die Missstände anprangerten und Verfolgten halfen. Sozialdemokraten und Kommunisten bekämpften den NS-Staat vom Untergrund oder vom Ausland aus. Der Tischler Georg Elser verübte am 8. November 1939 im Münchner Bürgerbräukeller einen Anschlag auf führende NS-Vertreter, der jedoch scheiterte. Am 20. Juli 1944 beging Oberst Claus Schenk Graf von Stauffenberg ein Attentat auf Hitler. Hitler wurde dabei jedoch nur leicht verletzt, sodass auch der nachfolgende Umsturzversuch in Berlin scheiterte. Münchner Studenten, die sich zur Widerstandsgruppe „Weiße Rose" zusammenschlossen, übten in Flugblättern Kritik am NS-Unrechtsregime.

Was erinnert heute noch an die Schrecken des Nationalsozialismus?

Es gibt unzählige Denkmäler in verschiedenen Formen, die an den Nationalsozialismus erinnern. Das berühmteste, jedoch auch umstrittenste Mahnmal ist das „Denkmal für die ermordeten Juden Europas" in Berlin.
Auch Gedenkstätten in Konzentrationslagern wie Dachau und Flossenbürg dienen Besuchern dazu, sich zu informieren und die grausame Vergangenheit an diesen Orten nachzuempfinden. Ebenso ermöglichen es Gedenktage, wie der 27. Januar, dem Tag der Befreiung des Konzentrationslagers Auschwitz, die Erinnerung an die Schrecken der nationalsozialistischen Herrschaft wach zu halten. Reden von hochrangigen Politikern, zum Beispiel des Bundespräsidenten, fördern ebenfalls das Gedenken an die NS-Zeit.

1 Erläutere, weshalb der Zweite Weltkrieg, insbesondere der Feldzug gegen die Sowjetunion, besonders brutal und grausam geführt wurde.

2 Zum Staat Israel besitzt Deutschland auch heute noch besondere Beziehungen. Erkläre diesen Umstand mithilfe deines Geschichtswissens.

3 Erläutere, worin du die besonderen Leistungen von NS-Widerstandskämpfern siehst.

Methodenkarten aus den Jahrgangsstufen 6 bis 8

Methode: Texte verstehen

1

Öffne Schubladen im Kopf
- Lies die Überschrift. Was könnte hinter der Überschrift stecken?
- Sie dir auch die Bilder und die Überschriften der anderen Texte auf der Seite an. Was erwartest du von diesem Text?
- Was weißt du schon über das Thema?

2

Lerne den Text kennen
- Lies den Text einmal zügig. Notiere vier bis fünf Schlüsselbegriffe.
- Worum geht es in diesem Text? Formuliere zwei bis drei Sätze.

3

Erfasse den Text
Tipp: Lege eine leere Folie über den Text, so kannst du im Text markieren.
- Lies den Text genau.
- Unterstreiche alle Fachbegriffe und Fremdwörter in einer Farbe. Versuche ihre Bedeutung aus dem Zusammenhang herauszufinden.
- Unterstreiche die Zahlen und Daten in einer weiteren Farbe.
- Setze neben jeden verstandenen Absatz ein Häkchen, neben jeden unklaren Absatz ein Fragezeichen. Wiederhole unklare Absätze. Lies auch zwei bis drei Sätze davor und danach.
- Stelle selbst drei bis fünf Fragen an den Text. Was möchtest du zum Thema erfahren? Achte darauf, keine Ja-/Nein-Fragen zu stellen.
- Markiere/unterstreiche nun jede Antwort auf deine Fragen in einer unterschiedlichen Farbe.
- Fasse den Inhalt zusammen. Lasse dabei nebensächliche Informationen weg und beschränke dich auf das Wichtigste.

4

Möglichkeiten, mit dem Text weiterzuarbeiten
Die beiden folgenden Anregungen können dir helfen, den Text noch besser zu verstehen:
- Schreibe auf deine Folie Denkblasen/Sprechblasen, in die du Überlegungen/Erklärungen/Notizen ergänzen kannst.
- Erstelle ein Schaubild, eine Zeitleiste, eine Mindmap, eine Tabelle etc., um das Gelesene zu ordnen.

Methode: Textquellen deuten

Beschreiben

Autor/Autorin
- Wer hat den Text geschrieben?
- Hat evtl. jemand den Auftrag erteilt, den Text zu schreiben?

Adressat/Adressatin
- Für wen war der Text bestimmt?
- In welchem Verhältnis stehen Autor/Autorin und Adressat zueinander (Freundschaft, Verwandtschaft, Untertanenverhältnis etc.)?

Inhalt des Textes
- Lies den Text aufmerksam durch und nenne das Thema der Quelle.
- Kläre die Wörter und Formulierungen, die für dich unklar sind.
- Fasse den Inhalt in eigenen Worten zusammen.

Untersuchen

Autor/Autorin
- Wann und wo entstand der Text?
- Was war der Anlass für den Text?
- War der Autor/die Autorin Augenzeuge von dem, worüber geschrieben wird?

Adressat/Adressatin
- Welches Interesse hat der Adressat/die Adressatin an dem Text?

Inhalt und Gestaltung des Textes
- Um welche Art von Quelle handelt es sich? Bedenke dabei, dass ein Gedicht, eine Rede oder ein Brief unterschiedliche Absichten haben.
- Welche Wörter bzw. Formulierungen spielen eine besonders große Rolle?
- Untersuche, wie der Text verfasst ist: sachlich, wertend, aggressiv etc.
- Vergleiche den Inhalt des Textes mit dem, was du sonst noch darüber erfahren hast bzw. erfahren kannst.

Deuten

- Bewerte, was der Autor/die Autorin mit dem Text bewirken wollte.
- Erkläre, wie er/sie die Wirkung erzielen will.
- Beurteile, inwiefern die Art des Textes (Brief etc.) wichtig ist für die Gestaltung des Textes.

Methode: Perspektivität bei Textquellen untersuchen

Wie du eine Textquelle deuten kannst, erfärst du auf Seite 187. Hier bekommst du Hinweise, worauf du beim Vergleich von zwei Quellen achten sollst.

Beschreiben

Inhalte der Texte

- Zunächst wollen wir verstehen, was die Autoren der Quellen schreiben. Dazu erledigen wir folgende Aufgaben:
  - Lies die Texte aufmerksam durch und nenne jeweils das Thema der Quelle.
  - Nenne den Zeitpunkt/Zeitraum, wann das beschriebene Geschehen stattgefunden hat.
  - Lies den Text ein zweites Mal durch und schlage die Wörter und Formulierungen nach, die für dich unklar sind.
  - Fasse den Inhalt der Texte in eigenen Worten zusammen.

Untersuchen

Vergleich der Texte und ihrer Autoren

- Nun vergleichen wir die Texte:
  - Finde Gemeinsamkeiten, Übereinstimmungen und Ähnlichkeiten.
  - Arbeite Unterschiede heraus.
  - Wann wurden die Texte jeweils verfasst?
- Damit wir die unterschiedlichen Perspektiven verstehen können, müssen wir die Autoren der Texte unter die Lupe nehmen:
  - Wer sind die Autoren (z. B. Beruf, Stellung)?
  - Waren sie Augenzeugen des Geschehens oder berichten sie, was sie von anderen gehört haben?
  - Berichten sie zeitnah oder liegt eine längere Zeit zwischen Ereignis und Verfassen der Quelle?
  - Berichten sie einseitig, weil sie eine bestimmte Seite vertreten? Sind sie glaubwürdig?
  - Bewerten sie das Geschehen in irgendeiner Weise?

Deuten

- Warum haben die Autoren unterschiedliche Perspektiven?
- Hältst du die Autoren für glaubwürdig bzw. welchen hältst du für glaubwürdiger? Begründe.
- Was können wir aus den Quellen tatsächlich erfahren?

Methode: Bildquellen analysieren

Beschreiben

- Nenne, wann und wo das Bild geschaffen und veröffentlicht wurde.
- Nenne den Künstler des Bildes.
- Beschreibe den Bildinhalt und beantworte folgende Fragen:
  - Wie ist das Bild unterteilt?
  - Welche Personen erkennst du auf dem Bild?
  - Was tun die Personen?
  - Wie sind sie gekleidet?
  - Haben sie Gegenstände bei sich? Wenn ja, welche?
  - Welche weiteren Dinge oder Tiere kannst du erkennen?
  - Wo sind Personen, Gegenstände oder Tiere auf dem Bild platziert?

Untersuchen

- Nun solltest du die einzelnen Bildteile genauer untersuchen und Zusammenhänge herstellen.
- Beantworte die folgenden Fragen:
  - Ist auf dem Bild etwas hervorgehoben? Woran erkennst du das?
  - Wie sind die Personen dargestellt? Fällt dir dabei etwas auf?
  - Sind es wirkliche Personen oder stehen sie für etwas?
  - In welcher Beziehung zueinander sind die Personen dargestellt?
  - Welchen historischen Sachverhalt erkennst du wieder?

Deuten

- Erläutere, zu welchem Zweck das Bild geschaffen wurde.
- Beurteile, was das Bild dem Betrachter sagen soll.
- Beurteile, ob bestimmte Ereignisse oder Vorstellungen für die Darstellung eine Bedeutung haben. Wenn ja, erkläre das.

Methode: Historiengemälde deuten

Beschreiben

- Nenne deine ersten Eindrücke und Gefühle beim Betrachten des Bildes.
- Beschreibe das Bild möglichst genau. Achte dabei auf Details wie Mimik und Gestik. Welche Teile fallen dir besonders auf?
- Nenne das Thema des Bildes. Dabei hilft dir meist der Titel des Bildes.
- Was kannst du dir nicht erklären?

Untersuchen

- Um welche Art von Bild handelt es sich? Welche Farben und welche Technik verwendete der Maler?
- Was ist auf dem Bild wie dargestellt (Situation/Ereignis/Person usw.)?
- Wie ist das Bild aufgebaut? Welche Bildteile kannst du erkennen? Wie sind diese angeordnet? Was befindet sich im Mittelpunkt, was im Vorder- und Hintergrund?
- Welche Perspektive hat der Künstler gewählt?
- Sind im Bild Symbole enthalten? Was bedeuten sie?

Deuten

- Ordne das Bild in den geschichtlichen Zusammenhang ein. Beschaffe dir dafür die nötigen Informationen.
- Wer hat das Bild gemalt?
- Warum entstand das Bild bzw. wer hat es in Auftrag gegeben?
- Welche Absicht verfolgte der Künstler bzw. der Auftraggeber?
- Welche anderen Berichte, Darstellungen oder Berichte von dem Dargestellten gibt es? Welche Schlüsse kann man ziehen, wenn man sie mit dem Bild vergleicht?

Methode: Schaubilder beschreiben, untersuchen und deuten

Beschreiben

- Nenne das Thema des Schaubildes.
- Beschreibe die Form.
- Beschreibe die Zeichnungen und Zeichen, die für das Schaubild verwendet wurden.
- Nenne die weiteren Symbole, die zu sehen sind.

Untersuchen

- Erkläre, warum diese Form der Darstellung gewählt wurde.
- Erkläre die Anordnung der Zeichen und Symbole.

Deuten

- Erkläre die Aussagen und Zusammenhänge, die im Schaubild dargestellt werden.
- Beurteile, welche Wirkung die Form des Schaubildes auf den Betrachter hat.
- Vergleiche möglichst das Schaubild mit anderen Informationen zum Thema.

Methode: Schaubilder erstellen

Recherchieren

Sammle alle wichtigen Informationen.

- Überlege dir zunächst, was du mit deinem Schema darstellen willst bzw. welche Fragestellung du hast.
- Wähle Texte, Materialien und Quellen aus, die zu deinem Thema passen.
- Lies dir die Texte durch und schreibe alles heraus, was wichtig für deine Fragestellung ist.
- Arbeite aus den vorhandenen Materialien und Quellen wichtige Informationen heraus und schreibe sie auf.

Planen

Lege die Zusammenhänge des Themas fest.

- Begrenze die Auswahl deiner Informationen: Welche Schlüsselbegriffe sollten unbedingt enthalten sein? Welche weiteren Informationen sind sinnvoll?
- Überlege dir die Grundstruktur deines Schaubildes.

Gestalten

Fertige dein Schaubild an und überprüfe seine Lesbarkeit.

- Erstelle mithilfe der Schlüsselbegriffe und der ausgewählten Grundstruktur dein Schaubild.
- Achte auf klare Pfeilzuordnungen, Symbole und knappe Erklärungen.
- Überprüfe die Lesbarkeit deines Schaubildes, indem du es einem Schulfreund bzw. einer Schulfreundin zeigst. Wenn er/sie dir das Schaubild verständlich erklären kann, ist es gelungen.

Methode: Spottbilder entschlüsseln

Beschreiben

- Beschreibe zunächst die zentrale Gestalt.
- Gehe dann auf die Gebäude, Personen oder Elemente im Hintergrund ein.
- Gib ggf. den Text mit eigenen Worten wieder.

Untersuchen

- Sammle Informationen zur Entstehung (Erscheinungsdatum, -ort, Zeichner, Auftraggeber usw.).
- Entschlüssle die Bedeutung der einzelnen Elemente und Symbole, die du gefunden hast.
- Überlege, auf welche Ereignisse, Personen oder Probleme der Zeit sich das Spottbild bezieht.
- Ordne zu, aus welchem religiösen oder politischen Lager die Karikatur stammt und an wen sie sich richtet.
- Begründe, welchen Standpunkt der Autor vertritt.

Deuten

- Erkläre, welche Übertreibungen der Zeichner verwendet hat und warum er dies tut.
- Erläutere die Aussage des Spottbildes im Zusammenhang mit dem beigefügten Text.
- Fasse deine Ergebnisse zusammen und erkläre die Kernaussage/Kritik des Künstlers, die er mit seinem Werk ausdrückt.
- Stelle Vermutungen darüber an, wie das Spottbild auf die Menschen damals gewirkt hat.
- Diskutiert darüber, ob ihr den Standpunkt des Zeichners teilt oder nicht. Begründet eure Aussagen anhand historischer Fakten.

Methode: Karikaturen interpretieren

Beschreiben

- Nenne die Zeit, in der die Karikatur gezeichnet wurde.
- Beschreibe die dargestellte(n) Szene(n). Falls ein Bildtitel oder ein Text dabei sind, können sie vielleicht weiterhelfen.
- Arbeite heraus, wie die Personen dargestellt sind und was besonders auffällig ist.

Untersuchen

- Erkläre, welche Person(en) dargestellt ist/sind und woran das zu erkennen ist.
- Untersuche, warum die Personen in der Karikatur so dargestellt werden. Was wird dadurch besonders hervorgehoben?
- Erkläre, wofür die Tiere, Gegenstände und Symbole stehen. Gibt es Personen, die für eine Gruppe oder ein Volk stehen? Informiere dich ggf. im Internet oder in einem Lexikon.
- Erläutere, auf welches Ereignis bzw. auf welchen Sachverhalt die Karikatur anspielt.

Deuten

- Deute, welche Meinung bzw. Kritik der Zeichner ausdrückt.
- Beurteile, warum der Zeichner gerade diese Szene(n) gewählt hat.

Methode: Geschichtskarten lesen

Beschreiben

- Benenne, um welches Thema und um welche Zeit es bei der Karte geht. Dabei hilft dir die Über- bzw. Unterschrift.
- Der Maßstab der Karte zeigt die Größenverhältnisse an und hilft, Entfernungen zu verstehen.
- Sieh dir alle Informationen an, die in der Legende gegeben werden, und suche dazu jeweils ein Beispiel in der Karte.

Untersuchen

- Erkläre, was wir aus der Karte erfahren.
- Hole das Hintergrundwissen ein, das dir noch fehlt.
- Wenn zwischen zwei Karten verglichen werden soll:
  - Arbeite Gemeinsamkeiten und Unterschiede der Karten heraus (z.B. Länder, Orte).
  - Vergleiche die Namen der Orte und Städte.
  - Ordne die Orte Ländern zu (falls angegeben).

Deuten

Diskutiert darüber, ob interessante Informationen in der Karte fehlen.

Methode: Entwicklungskarten lesen

Beschreiben

- Benenne, um welches Thema und um welchen Zeitraum es geht.
  Dabei hilft dir die Über- bzw. Unterschrift oder die Legende der Karte.
- Welche Gebiete zeigt die Karte? Vergleiche ggf. mit geographischen Karten.
- Der Maßstab der Karte zeigt die Größenverhältnisse an und hilft, Entfernungen zu verstehen.
- Wie werden die unterschiedlichen Entwicklungsstufen in der Karte verdeutlicht?
- Welche Informationen gibt die Legende der Karte sonst noch?
- Sieh dir alle Informationen an und suche dazu jeweils ein Beispiel in der Karte.

Untersuchen

- Hole die nötigen Informationen ein, um den historischen Hintergrund der Karte zu verstehen.
- Was veränderte sich für den jeweiligen Staat bzw. die Bevölkerung? Das kann zum Beispiel folgende Aspekte betreffen:
  - Vergrößerung/Verkleinerung des Staatsgebiets
  - Zwischen Staatsgebieten, die bisher voneinander getrennt waren, gibt es nun eine Verbindung.
  - Teile der Bevölkerung bekommen ein neues Staatsoberhaupt.
  - ...

Deuten

- Begründe, warum in der Karte und in der Legende nur die jeweiligen Informationen eingetragen sind. Welche Informationen fehlen beispielsweise?
- Beurteile, ob die damaligen Änderungen für uns heute noch wichtig sind.

Methode: Bauwerke untersuchen

Beschreiben

- Nenne das Bauwerk, um das es geht.
- Beschreibe sein Äußeres und was du darüber sonst noch erfährst (Lage = Ort auf der Karte, Größe).
- Beschreibe, welche Bauwerke sich in der Nähe befinden.

Untersuchen

- Erkläre, wer das Gebäude errichten ließ und welchem Zweck es diente.
- Beschreibe die Bautechnik.
- Erkläre, welche Schwierigkeiten beim Bau überwunden werden mussten.

Deuten

- Erkläre, ob die Form und die Größe etwas mit dem Zweck des Bauwerks zu tun haben.
- Gehe dabei darauf ein, wie sie auf den Betrachter gewirkt haben bzw. immer noch wirken.
- Vergleiche mit Bauwerken heute oder aus anderen Epochen: Wie sahen oder wie sehen die Gebäude aus, die einem ähnlichen Zweck dienen?

Methode: Denkmäler verstehen

Beschreiben

- Wann wurde das Denkmal errichtet?
- Wer gab es in Auftrag?
- Welche Ausmaße hat das Denkmal?
- An welchem Standort/in welcher Umgebung steht es? An welchen Standort wurde es evtl. verlegt?
- Aus welchen Teilen besteht es und wie ist es aufgebaut?
- In welchem Verhältnis stehen die einzelnen Teile zueinander?
- Welche Inschriften, Figuren etc. weist es auf?

Untersuchen

Bedeutung der einzelnen Teile
- Was weiß ich über die dargestellte Person bzw. die dargestellten Ereignisse?
- Worauf weisen die übrigen Teile des Denkmals hin (Figuren, Inschriften, Symbole)?

Wahl des Standorts
- Welche Gründe gab es (vermutlich), das Denkmal an diesem Ort zu errichten? Dabei spielen u. a. die Lage, die Landschaft bzw. die Gebäude in der Umgebung eine Rolle.
- Falls das Denkmal versetzt wurde: Welche Gründe gab es (vermutlich) dafür? Wie hat sich die Wirkung verändert?

Deuten

- Beurteile, wie die Person oder das Ereignis, die/das das Denkmal thematisiert, gesehen werden soll.
- Erkläre, welche Absicht der Auftraggeber des Denkmals hatte.
  Nimm Stellung dazu, wie das Denkmal heute (auf dich) wirkt.
- Bewerte, ob das Denkmal zur geschichtlichen Wirklichkeit passt.

Methode: Statistiken auswerten

Beschreiben

- Nenne das Thema der Statistik bzw. des Diagramms.
- Beschreibe den Diagrammtyp, der verwendet wurde.
- Bei einer *Zahlenstatistik*: Beschreibe die Änderungen der genannten Werte.
- Beim *Liniendiagramm*: Nenne verschiedene Werte (Maximum, Minimum, weitere Werte) und den behandelten Zeitraum.
- Beim *Säulendiagramm*: Nenne die verschiedenen Wertepaare.
- Beim *Kreisdiagramm*: Nenne die einzelnen Anteile.
- Beschreibe verschiedene Farben im Diagramm und die Legende (wenn vorhanden).

Untersuchen

- Erkläre, warum das jeweilige Thema als Statistik bzw. als Diagramm dargestellt wurde.
- Stelle Unterschiede bzw. Gemeinsamkeiten in den Wertepaaren fest.
- Setze die Wertepaare in einen absoluten Bezug zueinander.

Deuten

- Fasse in eigenen Worten zusammen, welche Informationen die Statistik bzw. das Diagramm gibt.
- Begründe die statistischen Zahlen mit deinem Vorwissen.
- Stelle eigene Vermutungen zum Zusammenhang verschiedener Zahlenwerten an.
- Hinterfrage die Genauigkeit der Zahlen.

Methode: Sachquellen: Münzen – mehr als Geld

Beschreiben

- Beschreibe die Münze möglichst genau (Größe, Metall, Bild und Umschrift auf der Vorder- und Rückseite).
- Bei verschiedenen Münztypen: Nenne die Unterschiede.
- Wenn Herrscher genannt werden: Achte darauf, wie der Herrscher genannt wird.
- Stelle zusammen, welche Informationen die Münze (außer dem Herrschernamen) noch gibt.

Untersuchen

- Überlege, wann die Münze geprägt wurde. Begründe deine Vermutung.
- Erkläre, warum die Gegenstände bzw. Symbole auf der Münze abgebildet sind.
- Bei verschiedenen Münzen: Erkläre, warum sich die Münzen unterscheiden.

Deuten

- Seit der Antike sehen alle Münzen recht ähnlich aus. Vergleiche deine Münze mit anderen und erläutere, ob diese eine Besonderheit aufweist. Erkläre Ähnlichkeiten oder Unterschiede.
- Vergleiche mit heutigen Münzen (zum Beispiel mit einer Euro-Münze):
  - Welche Ähnlichkeiten und Unterschiede kannst du erkennen?
  - Wer ist heute als „Münzherr" abgebildet?

Methode: Geschirr als historische Quelle

Beschrei-ben

Beschreibe die Form und die Bemalung des Geschirrs.

Unter-suchen

- Bestimme, aus welcher Zeit das Geschirr stammt.
- Informiere dich darüber, ob es zu dieser Zeit bestimmte Moden bei der Formgebung oder der Bemalung gab und wie sich diese verändert haben.

Deuten

- Auf dem Geschirr werden oft bestimmte Themen behandelt. Erläutere, ob dies auch bei deinem Geschirr zutrifft, und wenn ja, zu welcher Art von Thema dein Geschirr gehört.
- Erläutere, was das Geschirr über das Leben der Menschen zu der damaligen Zeit aussagt.
- Oft ist es sinnvoll, das Geschirr miteinander zu vergleichen. Dann wird seine Bedeutung noch deutlicher.

Methodenkarten aus Jahrgangsstufe 9

Politische Reden deuten

Beschreiben

- Kläre die Bedeutung dir unbekannter Begriffe mithilfe des Kontextes.
- Fasse die Rede Satz für Satz oder die zentralen Aussagen in eigenen Worten zusammen.

Untersuchen

- Informiere dich über den Redner.
- Ermittle, wann, wo und warum die Rede gehalten wurde.
- Unterscheide: Wer waren die anwesenden Zuhörer? Wer waren darüber hinaus die Adressaten der Rede?
- (optional) Prüfe bei einer ausschließlich schriftlichen Überlieferung, ob die Rede unverändert überliefert ist.
- Über welches Medium wurde die Rede veröffentlicht bzw. ist sie heute noch überliefert?
- (optional) Beschreibe Stimme, Gestik und Mimik des Redners.
- Gibt es Hinweise auf die unmittelbare Reaktion der Zuhörer?

Deuten

- Stelle vor dem Hintergrund des Inhalts sowie des Entstehungshintergrundes die zentrale Absicht des Redners dar.
- Stelle Vermutungen darüber an, wie die Rede die Menschen im In- und Ausland beeinflusste.

Kriegspropaganda analysieren: Postkarten im Ersten Weltkrieg

Beschreiben

- Beschreibe die einzelnen Personen, Gegenstände, Landschaft, Farben …
- Was ist im Vordergrund, was im Hintergrund zu sehen?
- Zeige auf, dass der Betrachter aus einer bestimmten Perspektive auf das Geschehen blickt.
- Übersetze den Text (falls vorhanden) ggf. in deine Sprache.

Untersuchen

- Kläre, wofür die einzelnen Bildelemente stehen können.
- Beziehe den historischen Hintergrund bei der Entstehung der Postkarte ein.
- Ermittle, von wem die Postkarte oder das Propagandabild in Auftrag gegeben wurde.
- Erkläre, an wen sich das Bild wendet.
- Welche Emotionen löst das Bild beim Betrachter vermutlich aus?

Deuten

- Formuliere in einem Satz, welche Wirkung erzielt werden soll.
- Arbeite die Intention (= Absicht) des Auftraggebers heraus.
- Vergleiche die Darstellung mit der historischen Realität. Wo gibt es Gemeinsamkeiten, wo Unterschiede?
- Bewerte die zentrale Aussageabsicht kritisch.

Wahlplakate untersuchen

Beschreiben

- Beschreibe die Personen, Gegenstände oder Symbole, die im Mittelpunkt stehen.
- Gehe dann auf die Personen, Gegenstände, Motive oder Farben im Hintergrund ein.
- Welche Textaussagen sind enthalten?

Untersuchen

- Sammle Informationen zur Entstehung des Plakats: Erscheinungsjahr, Auftraggeber, Anlass.
- In welchem Verhältnis stehen Text- und Bildelemente?
- Erkläre die Beziehungen der Personen zueinander. Wofür stehen sie?
- Nenne Ereignisse/Probleme, auf die sich das Plakat bezieht.
- Beschreibe die Wirkung, die Farben, Symbole und Schrift haben.

Deuten

- An wen richtet sich das Plakat?
- Stelle Vermutungen darüber an, welche Gefühle beim Betrachter angesprochen werden sollen.
- Beurteile die Zielsetzungen des Plakats (Information, Appell, Argument, Anklage, Parole etc.).
- Nenne politische und gesellschaftliche Botschaften des Plakats.
- Beurteile das Plakat und seine Aussage vor dem Hintergrund historischer Fakten kritisch.

Einen Propagandafilm untersuchen

Beschreiben

- Fasse den Inhalt des Films in eigenen Worten zusammen.
- Beschreibe das jeweilige Filmplakat. Gehe insbesondere darauf ein, wie die Hauptperson dargestellt wird.

Untersuchen

- Sammle Informationen zur Entstehung des Films (z. B. Erscheinungsdatum und -ort, Produzent, Regisseur, Auftraggeber, literarische Vorlage, evtl. wahrer Hintergrund).
- Untersuche die formalen Mittel des Films.
  - Welche Requisiten und Kostüme stechen hervor?
  - Welche Bedeutung und Wirkung hat die eingesetzte Musik?
  - Welche Perspektiven/Einstellungen werden gewählt?

Deuten

- Erläutere, welche Botschaft der Regisseur mit dem Film vermitteln möchte.
- Informiere dich, wie der Film bei den Zeitgenossen ankam und ob die Propaganda gewirkt hat.
- Beurteile, ob der Film den Betrachter auch heute noch beeinflussen könnte.

Exkursion in eine KZ-Gedenkstätte

Planen

- Stimmt mit eurem Lehrer einen geeigneten Termin ab und meldet euch bei der Gedenkstätte an. Vereinbart frühzeitig eine Führung.
- Klärt ab, ob ihr für eure Klassenfahrt einen Zuschuss erhalten könnt (z. B. bei der Bayerischen Landeszentrale für politische Bildungsarbeit).
- Informiert euch über die Gedenkstätte (Internet, Bücherei, angefordertes Informationsmaterial). Zu manchen Gedenkorten sind mittlerweile spezielle Apps oder virtuelle Rundgänge verfügbar.
- Wählt gruppenweise Themen aus, die euch besonders interessieren und die ihr während des Besuches besonders berücksichtigt. Mögliche Schwerpunkte könnten sein:
  - das Lagergelände
  - die Geschichte der Gedenkstätte von den Anfängen bis zur Befreiung
  - Lagerleben und Haftbedingungen
  - Zwangsarbeit
  - Biografien einzelner Häftlinge
  - Schicksale von Häftlingsgruppen
  - Täter
  - Strafverfolgung der Täter

Durchführen

- Erweist den Opfern des Konzentrationslagers Respekt, indem ihr euch ruhig und angemessen verhaltet.
- Konzentriert euch auf die Führung bzw. euren Rundgang und lasst euch nicht von den Besuchermassen ablenken.
- Haltet Eindrücke und Empfindungen in Wort und Bild fest, damit ihr auch später darauf zurückgreifen könnt.
- Dokumentiert nur Details, die für euch persönlich oder für euer ausgewähltes Thema relevant sind.
- Nehmt euch Zeit für eure Eindrücke.

Auswerten

- Tauscht euch darüber aus, was euch bei eurem Besuch besonders bewegt hat. Fotos können euch dabei helfen.
- Diskutiert, inwiefern sich die Eindrücke vor Ort von euren Recherchen während der Vorbereitung unterschieden haben.
- Falls noch Fragen aufgekommen sind, versucht sie zu klären.
- Formuliert Botschaften, die ihr aus dem Besuch mitnehmt.

Über historisches Erinnern kritisch nachdenken – Beispiel „Stolpersteine"

Beschreiben

Betrachte die Darstellung in Ruhe.
- Nenne deine ersten Eindrücke und Gefühle beim Betrachten und Lesen.
- Welche Farbe(n) wird/werden verwendet?
- Beschreibe die äußere Form.

Untersuchen

Untersuche die Darstellung nun genauer.
- Was weißt du über den Verfasser/Schöpfer?
- Wie ist die Darstellung aufgebaut?
- Welche Informationen werden über die geschichtlichen Ereignisse gegeben?
- Welche sprachlichen Besonderheiten fallen auf?
- Welchen Zweck besitzt die Darstellung?
- Informiere dich, ob auch in deiner Stadt Stolpersteine verlegt sind.

Deuten

Interpretiere die Darstellung.
- Welche positiven Seiten besitzt diese Form der Darstellung?
- Welche Kritik kann geübt werden?
- Nutze dafür auch dein historisches Hintergrundwissen.
- Vergleiche die Darstellung (hier die Stolpersteine) mit anderen Darstellungen über diese Zeit.
- Nimm selbst Stellung dazu. Welcher Bewertung von anderen Personen stimmst du zu?
- Würdest du in Betracht ziehen, dich für dieses Projekt in deiner Stadt zu engagieren? Begründe.

Hilfestellung Kapitel 1

Themenseite (S. 19, Aufgabe 2c)
Beginne beispielsweise wie folgt:

Liebes Tagebuch,
seit die weißen Europäer unser Land in Besitz nahmen, hat sich …

Themenseite (S. 21, Aufgabe 1)
Damit ihr die Argumente abwägen und zu einem Urteil kommen könnt, ist es hilfreich, die einzelnen Argumente übersichtlich aufzulisten – beispielsweise in Form einer Tabelle. Dabei könnt ihr dann auch noch unterscheiden zwischen Ansichten der indigenen Bevölkerung und denen anderer:

	Pro	Kontra
Indigene Bevölkerung	?	Verherrlichung eines Krieges gegen die Herero
	?	…
	?	…
Weitere Argumente	Erinnerung an einen wichtigen Teil der Geschichte	…
	…	

Themenseite (S. 25, Aufgabe 3)
Ein Lotse leitet das Schiff durch schwierige oder gefährliche Gewässer.

Methodenseite (S. 27, „Beschreiben")
Worterklärungen:
1 harrt eurer = wartet auf euch
2 sühnen = bestrafen
3 Hohn sprechen = verhöhnen
4 Pardon = Entschuldigung, Verzeihung; hier auch: Gnade
5 verfallen = hier: ausgeliefert
6 scheel = schief, missgünstig

Themenseite (S. 29, Aufgabe 2)
Die Personifikationen stellen folgende Staaten dar (von links): USA, Großbritannien (hinten), Frankreich (vorne), Deutsches Reich und Österreich-Ungarn (Mitte), Italien (vorne), Serbien, Russland, Osmanisches Reich (vorne), Rumänien (vorne) und Japan.

Themenseite (S. 31, Aufgabe 2)
Die dargestellten Personen repräsentieren folgende Staaten: Deutsches Reich, Österreich-Ungarn, Frankreich, Großbritannien und Russland.

Themenseite (S. 31, Aufgabe 5)
Beispiele:
Deutsches Reich ⚡ Russland
↘
Österreich-Ungarn

Themenseite (S. 35, Aufgabe 1)
Berücksichtige dabei Verbündete, die Lage der Kriegsgegner und vergleiche mit dem ursprünglichen Plan für den Kriegsverlauf (Schlieffen-Plan).

Themenseite (S. 39, Aufgabe 2b)
Teile die Summe der Nährwerte durch die Anzahl der Wochentage.

Themenseite (S. 41, Aufgabe 1)
Der Zylinder (Kopfbedeckung) ist ein typisches Kennzeichen von „Uncle Sam" – einer Personifikation der USA.
Beachte außerdem, welchen Stellenwert der Wal als Meeressäuger hat. Ein wichtiges Schlagwort ist außerdem „Industrialisierung".

Themenseite (S. 45, Aufgabe 3)
Berücksichtige dabei die folgenden Aspekte:
- Kriegsfolgen in der Heimat (siehe S. 38/39)
- die Sorgen von Soldaten
- die Meinung über die Regierung und die Generäle

Click in Geschichte (S. 47, Aufgabe 3)
Folgende Liste mit Kriterien kannst du nutzen und ggf. ergänzen:

	„Valiant Hearts"	„Call of Duty 2"
Darstellung des Kriegs		
Aspekte des Kriegsgeschehens		
Auswirkungen des Kriegs auf den Spieler		
Rolle des Spielers		
Sichtweise des Spielers		
reelle Orte oder Ereignisse		
historische Quellen		
Spielvergnügen		
Schwierigkeitsgrad		
Art des Spiels		
…		

Click in Geschichte (S. 47, Aufgabe 6)
Tipp: Mission Centenaire 14–18

Themenseite (S. 49, Aufgabe 5)
Beispiel:
- *Behauptung: Die Folgen des Krieges werden die Menschen in Deutschland …*
- …

Hilfestellung Kapitel 2

Orientierungsseite (S. 59, Aufgabe 3)
Aktiviere dazu dein Vorwissen aus dem vorangegangenen Kapitel bzw. lies nochmals die Seiten 48–53.

Themenseite (S. 61, Aufgabe 3)
Berücksichtige bei den Schwächen besonders die Aspekte, die nur auf die Weimarer Verfassung und die Rechte des Reichspräsidenten zutreffen.
Beziehe bei deinem historischen Urteil die Ergebnisse deiner Checkliste mit ein. Berücksichtige bei den Schwächen besonders die Aspekte, die nur auf die Weimarer Verfassung zutreffen, und Art. 48.

Themenseite (S. 61, Aufgabe 4)
Denk dabei auch an Folgendes, was die Gesellschaft im Kaiserreich prägte: Militarismus; traditionelle Frauenrollen, die von der Frauenbewegung bekämpft wurden (vgl. dazu auch die Rolle der Frau im Ersten Weltkrieg → S. 38).

Themenseite (S. 67, Aufgabe 4)
Lies dazu ggf. nochmals auf der Seite 60 nach.

Themenseite (S. 67, Aufgabe 5)
Beziehe in deine Überlegungen mit ein, dass Stellen in Verwaltung, Justiz und Militär oftmals noch mit Beamten aus der Kaiserzeit besetzt waren.

Themenseite (S. 71, Aufgabe 1)
Formulierungshilfen:
Die USA gewährten deutschen Banken Kredite. Diese wiederum vergaben Kredite an Unternehmen, um Maschinen …
Mithilfe der Kredite konnte der Staat in die Infrastruktur investieren, z. B. in den Ausbau der Verkehrswege, in …

Themenseite (S. 71, Aufgabe 6)
Achte darauf, dass ein historisches Urteil immer beide Seiten (Pro und Kontra) berücksichtigt.

Themenseite (S. 73, Aufgabe 5)
Nutze dafür Stadtarchive oder befrage den Kreisheimatpfleger.

Themenseite (S. 75, Aufgabe 4)
Suche hier nach Wissenschaftlerinnen, Sportlerinnen wie Lina Radtke-Bratschauer, aber auch „Revuesternchen" wie Anita Berber und anderen.

Themenseite (S. 77, Aufgabe 1)
Beziehe in deine Erklärungen das Schaubild zum internationalen Wirtschaftskreislauf auf Seite 71 ein.

Geschichte hört nicht auf (S. 79, Aufgabe 1)
Ordne die Personen entsprechend ihrer Kleidung den gesellschaftlichen Gruppen zu: Geistliche, Kommunisten, Adel, Militär, Großunternehmer, Nationalsozialisten, Intellektuelle, Arbeiter.
Gehe dabei auch auf den Vergleich mit einer Firma ein.

Themenseite (S. 81, Aufgabe 3)
Orientiere dich an den Zahlen und erläutere das Schema beispielsweise an einem Gesetzentwurf zum Vorgehen gegen Unruhen in den Straßen.

Themenseite (S. 81, Aufgabe 4)
Bei deinem historischen Urteil solltest du möglichst viele Fakten und unterschiedliche Perspektiven berücksichtigen. Nutze ein Fischgrätendiagramm, um deine Argumente zu strukturieren:

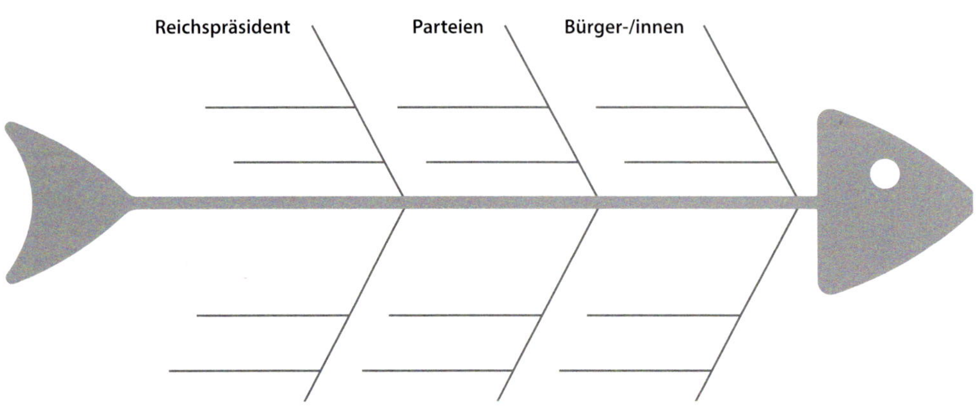

Hilfestellung Kapitel 3

Orientierungsseite (S. 87, Aufgabe 2)
Berücksichtige dabei Kleidung, Frisur, Haltung und Mimik.

Orientierungsseite (S. 87, Aufgabe 4)
Denke daran, was du in der 8. Jahrgangsstufe über die Regierungsformen in England und Frankreich gelernt hast.

Themenseite (S. 89, Aufgabe 2)
Der Künstler hat als Titel ein bekanntes Zitat aus dem Neuen Testament (Beginn des Johannesevangeliums) gewählt: „Am Anfang war das Wort und das Wort war bei Gott. Und Gott war das Wort. [...] Und das Wort ist Fleisch geworden und hat unter uns gewohnt und wir haben seine Herrlichkeit gesehen." Es wird folglich eine Verbindung zwischen dem Bildinhalt und der zitierten Bibelstelle hergestellt.

Themenseite (S. 89, Aufgabe 3)
Möglicher Aufbau der Tabelle:

„Jüdische Rasse"	„Nordische / deutsche Rasse"

Themenseite (S. 91, Aufgabe 3)
Berücksichtige bei deinem Vergleich folgende Aspekte: Art der Aufnahme (Schnappschuss oder professionelles Foto), Anzahl der Beteiligten am Fackelzug, Verhalten der Zuschauer, Wirkung des Brandenburger Tores, Gesamteindruck.

Themenseite (S. 93, Aufgabe 4)
Zusatzinfo:
Grundgesetz, Artikel 1,3:
„Die nachfolgenden Grundrechte binden Gesetzgebung, vollziehende Gewalt und Rechtsprechung als unmittelbar geltendes Recht."

Grundgesetz, Artikel 79,3:
„Eine Änderung dieses Grundgesetzes, durch welche die Gliederung des Bundes in Länder, die grundsätzliche Mitwirkung der Länder bei der Gesetzgebung oder die in den Artikeln 1 und 20 niedergelegten Grundsätze berührt werden, ist unzulässig."

Methodenseite (S. 99, „Untersuchen")
Im Folgenden Informationen zu

1. Perspektiven
   - Normal: Das Gegenüber steht auf Augenhöhe.
   - Untersicht: Die Kamera blickt leicht von unten auf die Person.
   - Aufsicht: Der Kamerastandpunkt ist leicht erhöht.
   - Froschperspektive: Die Position liegt extrem unter der normalen Blickachse.
   - Vogelperspektive: Die Kamera schaut von oben auf das Geschehen herab.
   - Schrägsicht: Seitliche Aufsicht mit leicht tiefer liegender Kamera.
2. Filmeinstellungen
   Totale: Überblick über das Geschehen, von Weitem aufgenommen
   Halbtotale: näher am Geschehen, Personen sind besser erkennbar
   Nahaufnahme: sehr nah aufgenommen, Personen sind mit Mimik und Haltung deutlich zu sehen

Themenseite (S. 103, Aufgabe 4)
Hier einige Artikel des Grundgesetzes, die in diesem Zusammenhang wichtig sind:
- Artikel 2: „Jeder hat das Recht auf die freie Entfaltung seiner Persönlichkeit. [...] Die Freiheit der Person ist unverletzlich."
- Artikel 3: „Niemand darf wegen seines Geschlechts, seiner Abstammung, seiner Rasse, seiner Sprache, seiner Heimat und Herkunft, seines Glaubens, seiner religiösen oder politischen Anschauungen benachteiligt [...] werden."
- Artikel 11: „Alle Deutschen genießen Freizügigkeit im gesamten Bundesgebiet."
- Artikel 13: „Die Wohnung ist unverletzlich."
- Artikel 14: „Eine Enteignung [...] darf nur durch Gesetz oder aufgrund eines Gesetzes erfolgen, das Art und Ausmaß der Entschädigung regelt."

Geschichte hört nicht auf (S. 105, Aufgabe 1)
Mögliches Schema für die Tabelle:

Was spricht für den 3. Oktober als Nationalfeiertag?	Was spricht gegen den 3. Oktober als Nationalfeiertag?

Geschichte hört nicht auf (S. 105, Aufgabe 2)

Mögliches Schema für die Tabelle:

Sollte der 9. November der Nationalfeiertag werden?	
Vorteile:	Nachteile:

Themenseite (S. 111, Aufgabe 1)

Gründe für die Zustimmung zu Hitler	Kritik
Missachtung des Versailler Vertrags	hohes Risiko (scharfe Reaktion der Großmächte)

Themenseite (S. 111, Aufgabe 4)

Nutze die Internetseite, zu der dich Mediencode 30024-62 führt.

Hilfestellung Kapitel 4

Auftaktseite (S. 115, Aufgabe 1)

Nimm ggf. die Methodenkarte „Bildquellen analysieren" auf S. 188 zu Hilfe und achte dabei auf den Dreischritt „Beschreiben – Untersuchen – Deuten".

Themenseite (S. 121, Aufgabe 4)

Lies dazu ggf. nochmals auf den Seiten 88/89 nach.

Themenseite (S. 123, Aufgabe 4)

Zum Kriegseintritt der USA 1917 siehe S. 40/41.

Themenseite (S. 127, Aufgabe 6)

Lies ggf. nochmals auf den Seiten 88/89 nach.

Themenseite (S. 131, Aufgabe 6)

Eine Mindmap ist eine bildhafte Darstellung. Schreibe das Thema in die Mitte eines leeren Blattes. Im Anschluss daran werden die Ergebnisse um das Zentrum herum angeordnet. Dies geschieht mithilfe von Hauptsträngen, die um den zentralen Begriff in der Mitte stehen, und durch Nebenstränge, die an die Hauptstränge angefügt werden.

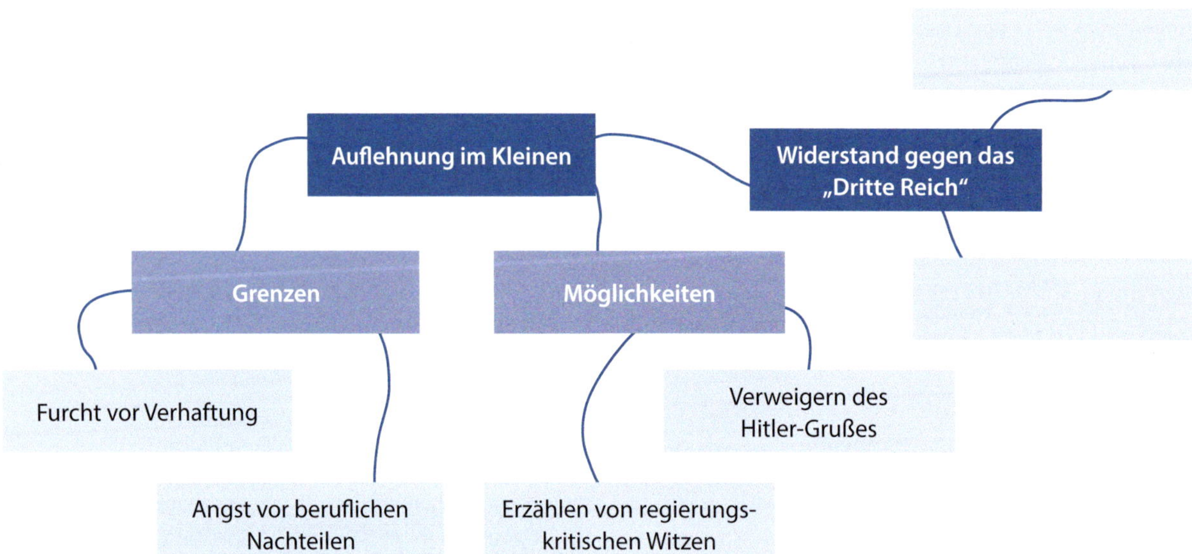

Themenseite (S. 135, Aufgabe 1)
Gehe nach dem Dreischritt „Beschreiben – Untersuchen – Deuten" vor. Überlege dir insbesondere, zu welchem Zweck die Fotografie aufgenommen wurde, und beurteile, was sie dem Betrachter sagen soll.

Themenseite (S. 137, Aufgabe 3)
Die Stadt hatte für die Hitler und die Nationalsozialisten eine besondere Bedeutung. Lies ggf. nochmals nach auf S. 94.

Hilfestellung Kapitel 5

Themenseite (S. 151, Aufgabe 1)
Berücksichtige dabei auch das, was du auf der vorherigen Doppelseite über Schule und Erziehungsideale in der wilhelminischen Zeit erfährst.

Themenseite (S. 151, Aufgabe 6)
Achtet dabei auch auf die Kleidung, die das Mädchen in der Mitte der vordersten Reihe trägt.

Themenseite (S. 153, Aufgabe 3)
Unterscheide dabei zwischen Freiwilligkeit und Zwang.

Themenseite (S. 155, Aufgabe 4)
Überlege, um wen es sich bei Lenin (auf der Tafel links) handelt. Die Fahnen unten rechts symbolisieren die DDR, die Sowjetunion, die FDJ, die Jungen Pioniere und den Sozialismus (von links).

Hilfestellung Kapitel 6

Themenseite (S. 167, Aufgabe 3)
Denke u. a. daran, welche Pflichten die Grundherren im Mittelalter gegenüber den hörigen Bauern hatten und welche Arbeiten diese machen mussten.

Themenseite (S. 173, Aufgabe 1)
Unterscheidet dabei zwischen den Verhältnissen im Staat bzw. der Staatsform, den Lebensbedingungen der Menschen und dem, wie sich die reichen Staaten verhalten.

Themenseite (S. 173, Aufgabe 4)
Einige Schlagworte wären: SOLWODI, terre des hommes

Themenseite (S. 175, Aufgabe 5)
Nutze dafür auch den Auszug aus der Kinderrechtskonvention auf S. 161.

Sachregister

Die hervorgehobenen Seitenzahlen verweisen auf Erklärungen zu den grundlegenden Begriffen.

Personenregister

Bildnachweis

© 2014 Ubisoft Entertainment. All Rights Reserved. Valiant Hearts The Great War Logo, Ubisoft and the Ubisoft logo are trademarks of Ubisoft Entertainment in the U.S. and/or other countries. – S. 46; AdobeStock / doganmesut – S. 76; – / Jaimie Duplass – S. 145; – / etfoto – S. 55; akg-images – S. 31, 32, 33, 39, 40, 44, 57 (2), 60, 62, 67, 74, 80, 83, 92, 96, 97, 102, 123, 130, 134, 142, 148, 168; – / arkivi – S. 11, 83; – / Walter Ballhause – S. 77; – / © Estate of George Grosz, Princeton, N. J., VG Bild-Kunst, Bonn 2021 – S. 114; – / Glasshouse, Circa Images – S. 171; – / André Held – S. 167; – / North Wind Picture Archives – S. 169; – / Justin Creedy Smith – S. 127; – / Ernst Voller, Chaldej – S. 136; – / Georg (Jürgen) Wittenstein – S. 132; Alamy Stock Photo / agefotostock – S. 164; – / Archive PL – S. 131; – / Heritage Image Partnership Ltd. – S. 43; – / Pictorial Press Ltd – S. 42, 64; – / PRISMA ARCHIVO – S. 164; – / WENN Rights Ltd – S. 140; – / World History Archive – S. 10, 50, 51; – / The Print Collector – S. 137; Archiv der Basler Mission / Sign. Nr. E-30.04.036 – S. 19; Archiv der deutschen Jugendbewegung / AdJb, F 3 Nr. 351 – S. 150; Archiv des Bezirks Oberbayern / Heil- und Pflegeanstalt Eglfing-Haar, Patientenakte 10454 – S. 124; © ARD-aktuell 2018 / © Reuters/ ivory-coast-cocoa-industry/screenocean – S. 161; Artothek, Spardorf / © VG Bild-Kunst, Bonn 2021 – S. 58; © Bildarchiv der Deutschen Kolonialgesellschaft / Universitätsbibliothek, Frankfurt am Main – S. 20; Sebastian Bolesch, Berlin – S. 172; bpk-Bildagentur – S. 48, 50, 78, 88, 93, 97, 116; – / Alinari Archives, © VG Bild-Kunst, Bonn 2021 – S. 120; – / Antikensammlung, SMB, Johannes Laurentius – S. 166; – / Bayerische Staatsbibliothek, Archiv Heinrich Hoffmann – S. 91, 101, 104; – / Deutsches Historisches Museum, Sebastian Ahlers – S. 72 ; – / Deutsches Historisches Museum, I. Desnica – S. 44; – / Deutsches Historisches Museum, Arne Psille – S. 72; – / Deutsches Historisches Museum, Presse-Foto Röhnert – S. 90; – / Dietmar Katz – S. 70; – / Kunstbibliothek, SMB – S. 25, 40; – / Kunstbibliothek, Staatliche Museen zu Berlin – S. 23; – / Staatsbibliothek zu Berlin – S. 89; – / Stefenelli – S. 19; Bundesarchiv – S. 63; – / Sig. Bild 152-26-20 – S. 128; – / Sig. Bild-183-B0313-0014-067, Bild 183, Allgemeiner Deutscher Nachrichtendienst, Zentralbild – S. 26; – / Sig. Bild 146-1979-056-18A, Sammlung von Repro-Negativen, Foto Hans Söhnke – S. 118; – / Sig. Bild 152-21-09, Fotograf: Friedrich Franz Bauer – S. 86; – / Sig. Bild 146-1971-037-34, Fotograf: August Scherl – S. 62; – / Sig. Bild 146-1994-022-19 A / Fotograf: Tellgmann, Oscar, Koblenz – S. 33; Bundeszentrale für Politische Bildung – S. 81; Dr. Christoph Bühler, Heidelberg – S. 36; Cartoonlobby e. V. / Heinz Behling, Königs Wusterhausen – S. 154; Deutsches Exilarchiv 1933 – 1945 der Deutschen Nationalbibliothek – S. 123; dpa Picture-Alliance / akg-images – S. 12, 16, 19, 27, 32, 35, 48, 66, 104; – / akg-images, Werner Forman – S. 21; – / akg-images, © VG Bild-Kunst, Bonn 2021 – S. 64; – / Jürgen Bätz – S. 20; – / Ulrich Baumgarten – S. 144; – / BeckerBredel, R3491 – S. 144; – / Arno Burgi – S. 78; – / DB – S. 156; – / Fotoreport – S. 137; – / Heritage-Images – S. 100; – / IMAGNO, Schostal Archiv – S. 74; – / Daniel Karmann – S. 139; – / Peter Kneffel – S. 141; – / Lehtikuva, Martti Kainulainen – S. 104; – / Uta Poss – S. 21; – / Pressefoto ULMER, Thomas Kiehl – S. 144; – / Pressefoto ULMER, Markus Ulmer – S. 173; – / Olaf Schülke – S. 144; – / ullstein bild – S. 98; – / ullstein bild, Archiv Gerstenberg – S. 106; – / ullstein bild, Heinrich Hoffmann – S. 84/85; – / vintage.de, Burkhart Jüttner – S. 10; – / Zentralbild, Nestor Bachmann – S. 73; – / Zentralbild, Berliner Verlag, Archiv – S. 38, 48, 104; – / Zentralbild, euroluftbild.de, Robert Grahn – S. 138; – / Zentralbild, Stefan Sauer – S. 36; – / Zentralbild, Sascha Steinach – S. 133; Fotolia / tom anyz – S. 145; Franziskaner Helfen / www.Franziskaner-Helfen.de – S. 21; Christian Fritsche – S. 55; Getty Images / Time & Life Pictures, Hugo Jäger – S. 119; Getty Images Plus / iStockphoto, draghicich – S. 56; – / iStockphoto, Vyacheslav Dumchev – S. 160; – / iStockphoto, Eugene_Onischenko – S. 156; – / iStockphoto, JackF – S. 145; – / Photos.com – S. 14; © M. Hahn / Welthungerhilfe – S. 174; Deutsches Hopfenmuseum Wolnzach – S. 73; HVB Stiftung Geldscheinsammlung München – S. 68; Imago Images / Schöningh – S. 57; – / United Archives – S. 38; Imago Stock / KHARBINE-TAPABOR – S. 35; Jüdisch Historischer Verein Augsburg – S. 125; Atelier & Archiv Professor Werner Klemke – S. 155; KZ-Gedenkstätte Dachau – S. 128; Laif / Daniel Rosenthal – S. 161; Mauritius Images / Alamy Stock Photo, Art Collection 2 – S. 24; – / Alamy Stock Photo, CPA Media Pte Ltd. – S. 109; – / Alamy Stock Photo, Historic Collection – S. 70; – / Alamy Stock Photo, John Frost Newspapers – S. 76; – / Alamy Stock Photo, Niday Picture Library – S. 15; – / Alamy Stock Photo, Pictorial Press Ltd. – S. 24; – / Alamy Stock Photo, Pictures Now – S. 41; – / Alamy Stock Photo, Pumkinpie – S. 46; – / Alamy Stock Photo, Shawshots – S. 135; – / Science Source, LOC – S. 44; – / TopFoto – S. 28; – / TopFoto, Between the wars – S. 107; – / United Archives – S. 11, 18; – / United Archives, TopFoto – S. 45; – / United Archives, WHA – S. 52; – / Westend61, Martin Siepmann – S. 139; Nationalmuseum Namibia, Windhoek – S. 18; Österreichische Nationalbibliothek / ANNO, Neues Österreich Nummer 381 vom 20.07.1946, In Nürnberg und anderswo – er hat mir's doch befohlen – S. 138; Andreas Reuter, Kürnach – S. 140; Sammlung Familie Höllenreiner – S. 125; Sammlung Gedenkstätte Buchenwald – S. 126; Stadtarchiv München / Foto Heinz W. Valérien – S. 94; Ernst Stascheit – S. 156; Statista GmbH, Hamburg – S. 79, 159; Süddeutsche Zeitung Photo – S. 137; – / Bilderdienst – S. 130; – / Historische Archive – S. 103; – / Historische Archive, Scherl – S. 57, 68; – / Scherl – S. 11, 75, 110, 152, 153; – / United Archives, TopFoto – S. 52; Theaterwissenschaftliche Sammlung / Universität zu Köln – S. 124; ullstein bild – S. 170; – / Lufthansa AG – S. 83; – / Süddeutsche Zeitung, Scherl – S. 151; www.wikimedia.org – S. 29, 135; – / Sammlung Superikonoskop, Ferdinand Vitzethum – S. 111; © Gerald Zugmann / MAK, MAK – Museum für angewandte Kunst, Wien – S. 83; weitere Illustrationen und Modifikationen durch zweiband.media unter Verwendung von Grafikmaterial von freepik.com und vecteezy.com – S. 54, 82, 112

Aufgaben verstehen und lösen

Die Aufgaben in diesem Buch beginnen mit sogenannten Operatoren. Diese Verben weisen darauf hin, was genau du tun sollst. Hier erklären wir dir die einzelnen Operatoren und geben Hinweise, die dir bei der Bearbeitung helfen können.

Operator	Was genau musst du tun?	Das soll dir zusätzlich helfen
analysieren, untersuchen	Werte die Materialien nach bestimmten Gesichtspunkten aus.	So wie es auf den Methodenseiten vorgeführt wird, solltest du das Material vorher → *beschreiben.*
aufzählen	Wie → *nennen*	
aufzeigen	Suche die Informationen heraus, die zu der jeweiligen Aussage passen.	Formulierungshilfen: *Die Aussage „…" wird von folgenden Informationen im Text bestätigt: Erstens … ; zweitens … usw.*
begründen, nachweisen	Gib Argumente an, die eine Aussage (z. B. Urteil, Behauptung) untermauern.	Formulierungshilfen: *Dafür spricht …. – Ein Gund dafür ist ….*
beschreiben	Eine solche Aufgabe gehört meist zu einem Bild oder einer Karte. Du sollst mit deinen eigenen Worten genau mitteilen, was du auf dem Bild oder der Karte siehst.	Formulierungshilfen: *Hier ist abgebildet, …. Die Frau/der Mann … trägt …. Ihr/Sein Gesichtsausdruck ist traurig/fröhlich … usw.* *Auf der Karte sind die Gebiete von … zu sehen. Das größte davon ist …. Außerdem zeigt die Karte ….*
beurteilen	Bilde dir eine eigene Meinung zu einer bestimmten Aussage oder zu einem Sachverhalt. Finde dabei heraus, ob diese Aussage oder der Sachverhalt überzeugend sind. Gib immer Gründe für dein Urteil an.	Formulierungshilfen: *Ich halte die Aussage für (nicht) überzeugend, weil ….* *Weniger/Nicht überzeugend ist, dass ….* *Denn ….*
bewerten, Stellung nehmen	Wie bei → *beurteilen* bildest du dir eine eigene Meinung. Hier beziehst du aber stärker das mit ein, was dir persönlich oder Menschen in unserer Zeit wichtig ist.	Formulierungshilfen: *Ich persönlich halte das für richtig (bzw. falsch), weil …. – Ich halte die Behauptung für problematisch, weil ….* *Meiner Meinung nach ist es wichtig, dass ….* *Aus diesem Grund halte ich … für gut/schlecht.*
charakterisieren	Du → *beschreibst* etwas und hebst dabei das hervor, was auffällig/typisch ist.	Überlege dir zunächst, was das Auffällige/Typische ist.
deuten	Wenn du ein Bild, einen Text etc. → *untersucht* hast, kannst du ihn deuten. Dabei bewertest du nach bestimmten Gesichtspunkten.	Beispiele findest auf den Methodenseiten mit dem Dreischritt *Beschreiben – Untersuchen – Deuten.*
diskutieren	Du tauschst mit anderen Meinungen zu einem Problem oder zu einer Frage aus. Dabei versuchst du, durch Argumente zu überzeugen.	Mache deine Position zwar deutlich, bleibe dabei aber sachlich. Dadurch wirkst du wesentlich überzeugender.